ACCESO GRATIS *a la Lectura en la Nube*

Para visualizar el libro electrónico en la nube de lectura envíe junto a su nombre y apellidos una fotografía del código de barras situado en la contraportada del libro y otra del ticket de compra a la dirección:

ebooktirant@tirant.com

En un máximo de 72 horas laborales le enviaremos el código de acceso con sus instrucciones.

La visualización del libro en **NUBE DE LECTURA** excluye los usos bibliotecarios y públicos que puedan poner el archivo electrónico a disposición de una comunidad de lectores. Se permite tan solo un uso individual y privado

HPC en Latinoamérica

Avances y desafíos en la implementación de Cómputo de Alto Rendimiento y Tecnologías Emergentes en América Latina

Procedimiento de selección de originales, ver página web:

www.tirant.net/index.php/editorial/procedimiento-de-seleccion-de-originales

HPC en Latinoamérica

Avances y desafíos en la implementación de Cómputo de Alto Rendimiento y Tecnologías Emergentes en América Latina

Coordinadores de la obra
Verónica Lizette Robles Dueñas
Jorge Lozoya Arandia

Volumen 1

tirant lo blanch
Ciudad de México, 2024

© EDITA: TIRANT LO BLANCH
DISTRIBUYE: TIRANT LO BLANCH MÉXICO
Av. Tamaulipas 150, Oficina 502
Hipódromo, Cuauhtémoc, 06100, Ciudad de México
Telf: +52 1 55 65502317
infomex@tirant.com
www.tirant.com/mex/
www.tirant.es
ISBN: 978-84-1183-920-4

Si tiene alguna queja o sugerencia, envíenos un mail a: atencioncliente@tirant.com. En caso de no ser atendida su sugerencia, por favor, lea en www.tirant.net/index.php/empresa/politicas-de-empresa nuestro procedimiento de quejas.

Responsabilidad Social Corporativa: http://www.tirant.net/Docs/RSCTirant.pdf

Avances y desafíos en la implementación de Cómputo de Alto Rendimiento y
Tecnologías Emergentes en América Latina

Primera edición 2024

Centro Universitario del Sur
Av. Enrique Arreola Silva # 883,
Colonia Centro C.P. 49000,
Ciudad Guzmán, Jalisco, México.

Verónica Lizette Robles Dueñas y Jorge Lozoya Arandia (Coordinadores)
Avances y desafíos en la implementación de Cómputo de Alto Rendimiento y Tecnologías Emergentes en América Latina. - Primera edición 2024. Ciudad Guzmán, Jalisco, México: Centro Universitario del Sur. - Colección: --------. - 294 páginas

Contenido: Prólogo / Mateo Valero Cortés. – Introducción / Lizette Robles Dueñas. - Parte 1: Redes de colaboración para el desarrollo de la Computación de Alto Rendimiento. – Conectividad para democratizar el acceso a recursos en América Latina / Tania Altamirano. - Red Nacional de Educación e Investigación en México: Transformando el país a través de Infraestructuras Robustas para el Desarrollo de la Ciencia y Tecnología / Moisés Torres Martínez. - Redes de colaboración para facilitar el desarrollo de los proyectos a través de infraestructuras robustas / Carlos Jaime Barrios Hernández. – Parte 2: Computación de Alto Rendimiento en Latinoamérica. - Colaboración interinstitucional para la formación del talento y el desarrollo de la ciencia / Jorge Lozoya Arandia.- Centralización y Desarrollo de Infraestructura de Supercomputación: El Caso del NLHPC / Ginés Guerrero. - El papel de la Computación de Alto Rendimiento en las instituciones de educación superior en México. – Raúl Rivera Rodríguez. - Importancia de las Universidades en el desarrollo del país / Luis Enrique Díaz Sánchez. - Sistema Nacional para articular los centros de supercómputo del país / Pablo Mininni. - Infraestructuras que garanticen la soberanía nacional / María del Carmen Heras Sánchez. - El supercómputo, más allá de la tecnología, la importancia del desarrollo del talento humano / Juan Carlos Rosas Cabrera. - Grandes inversiones en infraestructura para garantizar la soberanía de la Inteligencia Artificial y de los datos / Carla Osthoff. - Cuando la humanidad alcanzó 10^{18} operaciones de punto flotante por segundo / Isidoro Gitler.

La obra se realizó con la colaboración del Centro Universitario del Sur de la Universidad de Guadalajara (CUSUR) y del Laboratorio Nacional de CONAHCYT de Eneseñanza e Innovación aplicando Cómputo de Alto Rendimiento (EICAR), con fondos del proyecto de investigación ApoyosLNC-2023-143 denominado "DataAqua: Un Sistema Adaptativo para la Transformación Sostenible del Uso del Agua en Comunidades de México".

Comité Editorial

Avances y desafíos en la implementación de Cómputo de Alto Rendimiento y Tecnologías Emergentes en América Latina

Coordinadores de la obra

Verónica Lizette Robles Dueñas
Jorge Lozoya Arandia

Comité editorial

Editorial

Autores

Tania Altamirano López
Cooperación Latino Americana de Redes Avanzada (RedCLARA), Chile

Carlos Jaime Barrios Hernández
Universidad Industrial de Santander (UIS), Colombia. Sistema de Cómputo Avanzado para América Latina y el Caribe (SCALAC)

Luis Enrique Díaz Sánchez
Universidad Autónoma del Estado de México (UAEMEX), México

Ginés Guerrero
Laboratorio Nacional de Computación de Alto Rendimiento (NLHPC), Chile - España

María del Carmen Heras Sánchez
Universidad de Sonora (UNISON), México

Isidoro Gitler Goldwind
Laboratorio de Matemática Aplicada y Cómputo de Alto Rendimiento del Departamento de Matemáticas (ABACUS-Cinvestav), México

Jorge Lozoya Arandia
Universidad de Guadalajara (UDG), México

Pablo Minini
Universidad de Buenos Aires (UBA), Argentina

Carla Osthoff
Laboratorio Nacional de Computación Científica (LNCC), Brasil

Verónica Lizette Robles Dueñas
Universidad de Guadalajara, Centro de Análisis de Datos y Supercómputo (UDG-CADS), México

Raúl Rivera Rodríguez
Centro de Investigación Científica y de Educación Superior de Ensenada, Baja California (CICESE), México

Juan Carlos Rosas Cabrera
Centro Nacional de Supercómputo (CNS-IPICYT), México

Moisés Torres Martínez
Corporación Universitaria para el Desarrollo de Internet (CUDI), México

Universidad de Guadalajara
(UDG)

Universidad de Guadalajara
Centro Universitario del Sur (CUSUR)

Laboratorio Nacional CONAHCYT de Enseñanza e Innovación Aplicando Cómputo de Alto Rendimiento (EICAR)

Sistema de Cómputo Avanzado para América Latina y el Caribe (SCALAC)

Red Mexicana de Supercómputo (REDMEXSU)

Corporación Universitaria para el Desarrollo de Internet A.C. (CUDI)

Cooperación Latino Americana de Redes Avanzadas (RedCLARA)

Coordinación General de Servicios Administrativos e Infraestructura Tecnológica (CGSAIT)

Centro de Análisis de Datos y Supercómputo (CADS)

Barcelona Supercomputing Center (BSC)

Centro de Investigación Científica y de Educación Superior de Ensenada, Baja California (CICESE)

Universidad Industrial de Santander (UIS)

Centro Nacional de Supercómputo (CNS-IPICYT)

Laboratorio Nacional de Supercomputación (NLHPC)

Universidad de Sonora (UNISON)

Universidad de Buenos Aires (UBA)

Universidad Autónoma del Estado de México (UAEMEX)

Laboratório Nacional de Computação Científica (LNCC)

Laboratorio de Matemática Aplicada y Cómputo de Alto Rendimiento (CINVESTAV-ABACUS)

Agradecimientos

Dr. Ricardo Villanueva Lomelí
Rector General de la Universidad de Guadalajara

Dr. Héctor Raúl Solís Gadea
Vicerrector General de la Universidad de Guadalajara

Mtro. Guillermo Arturo Gómez Mata
Secretario General de la Universidad de Guadalajara

Dr. José Guadalupe Salazar Estrada
Rector del Centro Universitario del Sur

Dr. Andrés Valdez Zepeda
Secretario Académico del Centro Universitario del Sur

Mtra. Mariana Elizabeth Domínguez Cobián
Secretaria Administrativa del Centro Universitario del Sur

Dra. María Cristina López de la Madrid
Directora de División del Centro Universitario del Sur

Dr. Jorge Lozoya Arandia
Jefe del Departamento de Ciencias Computacionales e Innovación Tecnológica

Mtra. María Guadalupe Cid Escobedo
Coordinación General de Servicios Administrativos e Infraestructura Tecnológica

Mtro. Juan Ignacio Abundis Celis
Secretario de la Coordinación General de Servicios Administrativos e Infraestructura Tecnológica

Ing. Verónica Lizette Robles Dueñas
Líder del Proyecto del Centro de Análisis de Datos y Supercómputo

Dr. Luis Enrique Díaz Sánchez
Responsable Técnico del Laboratorio Nacional de CONAHCYT de Enseñanza e Innovación Aplicando Cómputo de Alto Rendimiento

Dr. Raúl Rivera Rodríguez
Responsable Técnico de la Red Mexicana de Supercómputo

Dr. Philippe Olivier Alexandre Navaux
Presidente del Sistema de Cómputo Avanzado para América Latina y el Caribe

Dr. Moisés Torres Martínez
Director General de la Corporación Universitaria para el Desarrollo de Internet, A.C.

Índice

MATEO VALERO CORTÉS

Barcelona Supercomputing Center (BSC)
Barcelona, España

El Profesor Mateo Valero es profesor de Arquitectura de Computadores en la Universidad Politécnica de Cataluña (UPC) y director fundador del Barcelona Supercomputing Center (BSC). Su investigación se centra en las arquitecturas de supercomputadores, o computadores de alto rendimiento (HPC), con más de 700 publicaciones en el área. Ha recibido numerosos premios, destacándose tres de los más importantes en su área: el *Eckert-Mauchly Award* en 2007, el *Seymour Cray Award* en 2015, y el *Charles Babbage Award* en 2017. Además, es miembro del "Hall of Fame" del ICT European Program y fue seleccionado como uno de los 25 investigadores más influyentes en TI entre 1983 y 2008. En 2020, recibió el *HPC Wire Reader's Choice Award* por su liderazgo excepcional en HPC.

Ha sido honrado con dos de los 10 premios nacionales de investigación de España: el Julio Rey Pastor en 2001 y el Leonardo Torres Quevedo en 2007. También fue galardonado con el *Premio Rey Jaime I* en 1997, el "*Premio Aragón*" en 2008, y la "*Creu de Sant Jordi*" en 2016. En 2018, fue condecorado con la *Orden Mexicana del Águila Azteca*, el reconocimiento más grande del gobierno mexicano a una persona no mexicana. Es Doctor Honoris Causa por 11 universidades y miembro de 10 academias. También es "*Fellow*" del IEEE, de la ACM, y de la AAIA. En 2023, SCALAC le otorgó una distinción en reconocimiento a su colaboración sobresaliente en computación avanzada entre América Latina y Europa, e institucionalizó el "*Mateo Valero Prize*" en su honor. Además, en 1998, fue elegido hijo predilecto de su pueblo, y en el año 2006, la asociación de madres y padres de alumnos de Alfamén, decidió poner su nombre al Colegio público donde el profesor Valero había estudiado. En el 2024 fue galardonado con el primer premio "*Barceloní de l'Any*".

Prólogo

Es un honor para mí el haber sido invitado a escribir el prólogo de este magnífico libro. En particular, agradezco la iniciativa de los coordinadores de la obra, Lizette Robles y Jorge Lozoya, así como a los autores de cada uno de los capítulos.

Como ellos bien saben, hemos compartido muchas horas a lo largo de los años, en países de América Latina, Estados Unidos y Europa, hablando sobre nuestra posición y deseos científicos, que no son otros más que ver a nuestros países dedicando los recursos suficientes para que la supercomputación y la inteligencia artificial, se conviertan en instrumentos esenciales para avanzar hacia un futuro más próspero y hacia una sociedad más justa.

Este libro contiene capítulos que describen desde las redes multinacionales como RedCLARA, que conecta los países de América Latina y el Caribe; CUDI, que hace lo mismo entre ciudades de México, hasta los esfuerzos que han hecho los países para invertir en estas tecnologías.

Como muchos de los autores de los capítulos y otros muchos investigadores saben, me ha dado mucho gusto colaborar con ellos y compartir sus inquietudes desde hace más de 25 años. Agradezco el cariño con el que siempre me han tratado y todos los buenos momentos que hemos pasado juntos, algunos de ellos, regados con un buen tequila. Gracias a todos, de corazón.

Ha habido muchos inventos que han cambiado la forma de vivir de los humanos. Entre ellos podemos nombrar la invención de la rueda, la máquina de vapor y la electricidad. Otro tema es plantearnos cuáles han sido los métodos, la forma de pensar de los humanos que dan lugar a esos inventos y descubrimientos. Y esos métodos han cambiado y mejorado de manera muy significativa.

Un invento como el de la rueda, seguramente fue debido al azar; y desde luego, los grupos que la inventaron no fueron muy conscientes de la gran repercusión que iba a tener en la movilidad de las personas, entre otros aspectos.

A lo largo de varios cientos de años, los métodos y técnicas utilizados en la investigación científica han mejorado notablemente, llevando a la ciencia a su estado actual. Durante mucho tiempo, los seres humanos observaban los fenómenos terrestres e intentaban encontrar una explicación científica, y en algunos casos lograron avances significativos. Un ejemplo claro fue el de la caída de la manzana, que llevó a la formulación de la ley que regula ese movimiento. Newton se hizo famoso, entre otras cosas, por proponer las matemáticas que explican la ley de la gravedad. Esta ley, no sólo explica la caída de los objetos, sino que también abarca otros fenómenos, como pueden ser el plegamiento de las proteínas o la evolución del universo.

Es indudable que la investigación básica es y será el mecanismo fundamental para que la ciencia avance. Y eso, a pesar de que, a veces, no se vea la aplicación práctica de sus resultados. Un ejemplo concreto, en nuestro campo lo constituye el Álgebra de Boole. Propuesta por George Boole en el año 1847, pasó prácticamente desapercibida hasta que Claude Shannon empezó a utilizarla en el diseño de conmutadores electrónicos en el año 1920.

Podemos decir que, sin Matemáticas, Física y Química, la Ciencia no podría existir. Sin embargo, solo con estos conocimientos, el avance es limitado. Esta fue la situación durante muchos años, hasta que se construyeron laboratorios donde era posible realizar y analizar experimentos. Estos experimentos, a su vez, confirmaban las teorías que los habían hecho posible, o bien servían para modificarlas, impulsando así el desarrollo científico.

Es un hecho probado, que la aparición de nuevas técnicas e instrumentos en los laboratorios ayudó mucho a la Ciencia. Mecanismos como el de la electroforesis hizo que se descubrieran, en un corto tiempo, muchos elementos químicos de la tabla periódica. Los microscopios empezaron a permitir ver cosas pequeñas y los telescopios objetos muy distantes que, en ambos casos, nuestros ojos no nos permiten hacerlo. Durante muchísimos años, esa colaboración entre las ideas básicas y los laboratorios permitió hacer por primera vez, una ciencia metódica y, digamos, profesionalizada.

Uno de los instrumentos únicos para el avance de la ciencia son los computadores, que empezaron a fabricarse en la segunda mitad del siglo XX. Hay un antes y un después en los cambios que están permitiendo en la sociedad, y entre sus muchos aspectos, en el tipo y calidad de las investigaciones que se llevan a cabo.

El componente básico de los computadores es el transistor, que hoy en día, se fabrica, la inmensa mayoría, utilizando el Silicio, es decir, la arena de las playas. La tecnología ha permitido disminuir drásticamente su tamaño durante los últimos 75 años de forma que esos transistores muy pequeños, rápidos y con relativamente menor coste energético y precio, permiten construir procesadores rapidísimos. En la actualidad, estamos utilizando transistores de, menos de 3 nanómetros de tamaño, lo que permite que en 10 centímetros cuadrados, los chips más avanzados, los utilizados para fabricar supercomputadores, contengan más de cien mil millones de transistores, que conmutan a más de dos mil millones de veces por segundo. Y los supercomputadores poseen centenares de miles de esos chips. Los grandes tamaños de memorias asociadas a estos procesadores permiten que estos dispositivos puedan hacer muchas operaciones por segundo, sobre grandes cantidades de datos. Los computadores, junto con la teoría y los laboratorios experimentales han sido los tres pilares fundamentales para el avance de la Ciencia.

Los supercomputadores son los computadores más rápidos del mundo. Contienen muchos procesadores y aceleradores muy rápidos, junto con sus memorias asociadas, que se conectan mediante una red de interconexión de latencia muy pequeña y ancho de banda muy grande. Esta red, y el software paralelo, permiten que los supercomputadores puedan alcanzar velocidades de vértigo, ejecutando programas sobre enormes cantidades de datos que pueden almacenar en sus memorias centrales, muchas veces.

Aunque es difícil de valorar con precisión, podemos decir que el incremento en la velocidad entre los primeros computadores diseñados en Alemania a principios de los años 40 del siglo pasado y los supercomputadores más rápidos de la actualidad ha sido superior a 10 elevado a 18. De este aumento, un factor de 10 elevado a 11 se debe al incremento en la velocidad de un solo procesador. El factor restante, 10 elevado a 7, es decir, 10 millones, corresponde al número de procesadores que pueden integrar los supercomputadores más rápidos.

Así como usar los mejores microscopios del momento ayudó a Santiago Ramón y Cajal (premio Nobel en medicina) a proponer la teoría de las neuronas y sus conexiones, el uso de los supercomputadores permite realizar investigaciones en las líneas fronterizas de la Ciencia. Nos referimos por ejemplo a todo el tema del estudio del cambio climático, o al de la medicina personalizada. En la actualidad, no hay disciplinas de las Ciencias y de la Ingeniería que no utilicen los computadores de altas prestaciones, los supercomputadores. Con ellos, los investigadores tienen una herramienta única para realizar gemelos digitales de todos aquellos sistemas que quieran conocer por primera vez (como pueden ser el comportamiento de nuevos materiales o el comportamiento del plasma en un reactor de fusión como el desarrollado en el proyecto ITER) o que quieran seguir conociendo cada vez mejor al aumentar las capacidades de cálculo y de almacenamiento de los supercomputadores (como puede ser la predicción del tiempo o el cambio climático).

En el año 1956, unas mentes preclaras se juntaron para hablar del futuro. Eran conscientes de que los computadores iban a ser cada día más potentes y que, tal vez, había llegado el momento de intentar desarrollar programas que imitaran y mejoraran, algunos aspectos del cerebro humano. Acuñaron el término de Inteligencia Artificial, IA. Prometieron cambiar el mundo en diez años y fallaron. Aquellas ideas y otras que se desarrollaron en años posteriores, llevaron a la IA a su primer invierno polar. Sin embargo, y desde hace menos de 15 años, la existencia de gran cantidad de datos para entrenar las redes neuronales y las enormes potencias de cálculo de los supercomputadores, han hecho posible un resurgimiento de la IA a niveles que eran muy difíciles de predecir. Y esos cambios continúan a una velocidad que parece aumentar día a día. Ejemplos concretos han sido la aparición de los LLM (*Large Language Models*) que han dado origen a una Inteligencia Artificial generativa, con productos tales como el *chatGPT*, Llama y Gemini. Por otra parte, la supercomputación, los datos y la IA han permitido acelerar la solución al problema de predecir la estructura 3D de las proteínas a partir de una secuencia dada de aminoácidos. Este reto ha sido candidato a premio Nobel en medicina durante muchos años y creemos que los investigadores de *DeepFold* que entrenaron la red neuronal deberían de haber recibido esta alta distinción. Curioso es ver cómo investigadores, la mayoría informáticos, pueden merecer, en la actualidad, premios Nobel en campos como la medicina y la literatura. Y tal vez, otros más serán candidatos en el futuro.

Hoy en día, estamos influenciados tremendamente por los datos, la potencia de cálculo de los computadores. La Inteligencia Artificial se ha convertido en el cuarto pilar para el avance de la Ciencia y de la sociedad. Así como "los datos y la supercomputación sacaron a la IA del armario", la IA está cambiando cada día, la forma en que se hace investigación en los centros de supercomputación. En muchos casos, la IA ha cambiado la forma de resolver algunos tipos de problemas. Podemos decir que ya no existen centros de supercomputación, tal como los entendíamos hace unos pocos años. Hoy en día, existen centros de IA y los más importantes, son aquellos que tienen supercomputadores, ya que son los instrumentos necesarios para hacer demostraciones increíbles basadas en el uso de la IA. Antes comentábamos aplicaciones que usan como entrada el lenguaje natural, voz e imágenes. Pues bien, los centros de supercomputación están desarrollando modelos con más de un billón (europeo) de parámetros (equivalentes a los usados por las últimas versiones de los *chatGPT*, Llama y Gemini). Estos modelos son multifuncionales donde las entradas son textos, imágenes, videos, datos provenientes de sensores o de resultados de las simulaciones realizadas en los propios supercomputadores. El objetivo es entrenar estas redes para que nos ayuden a hacer mejor Ciencia usando los supercomputadores. Un ejemplo es el consorcio internacional TPC (*Trillion Parameter Consortium*), iniciado por los centros de Argonne en Estados Unidos, Riken en Japón y el BSC en España, pero que, en la actualidad, hay más de 80 instituciones colaborando.

Un país que no computa, no compite. Un país que no provea a sus investigadores de supercomputadoras no avanza. Sin el acceso a esas máquinas sofisticadas, la investigación de ese país no será competitiva; no se podrán utilizar y desarrollar algoritmos de IA, necesarios para la Ciencia y la competitividad. Somos conscientes de que estas máquinas son caras en su compra, mantenimiento y coste energético. Pero es mucho más caro para un país, el no tenerlas. Los gobernantes deberían de ser conscientes del tsunami que resulta para nuestros países la eclosión de la IA; la falta de recursos materiales y humanos alrededor de estas tecnologías.

Europa no construye supercomputadores. Se han de comprar, básicamente, de los Estados Unidos. Pero Europa siempre ha sido muy consciente de la importancia estratégica de estas máquinas. Desde el origen de los supercomputadores, hace ahora 50 años, los países más ricos de Europa, como Alemania, Francia, Inglaterra e Italia, crearon centros de supercomputación, que no son sino los centros donde se usan supercomputadores para hacer Ciencia. De la misma forma, algunas empresas, asociadas a la aviación, al petróleo y a los fármacos, también lo hicieron. Eran esfuerzos económicos muy razonables y continuados, pero no estaban coordinados a nivel de la Unión Europea.

En el año 2017, la Comisión Europea decidió crear la agencia denominada EuroHPC (*European High Performance Computing*). Al principio, solo 7 países firmaron el acuerdo, pero enseguida se sumaron el resto y en la actualidad, hay países como Turquía, Reino Unido y Suiza, que no pertenecen a la Unión Europea, pero que son miembros del EuroHPC. Los objetivos del EuroHPC eran dos: el primero ayudar a los países a comprar supercomputadoras (y en invertir en proyectos que los usen), y la segunda era potenciar el diseño de chips de altas prestaciones que fueran competitivos a nivel mundial para ser usados en los futuros supercomputadores europeos.

El primer objetivo, la EC (*European Commission*), mediante el EuroHPC, y la agencia asociada, denominada EuroHPC-JU (*Joint Undertaking*) ha dedicado varios miles de millones de euros para financiar la mitad del coste de supercomputadores muy potentes en Europa. La otra mitad del coste es cubierto por los países donde se instalan los computadores. A este fin, pueden existir otros países que cofinancien los computadores, aunque no se instalen en sus centros. En el caso del BSC en España, países como Turquía, Croacia y Portugal han colaborado en la compra del supercomputador MareNostrum 5. Como consecuencia, hoy en día existen varios supercomputadores europeos entre los más potentes del mundo. Se espera que el primer computador Exascale se instale en Alemania a principios del 2025, el segundo será en Francia. Además también existen 6 computadores cuánticos, desarrollados con tecnología europea, asociados a algunos supercomputadores.

Europa también es consciente de la importancia de la IA unida a la supercomputación. Es por ello que recientemente, ha creado un programa denominado "*AI Factories*" (Factorías de Inteligencia Artificial), que consiste en dedicar grandes cantidades de dinero (se va a empezar con 4000 millones de euros) para cofinanciar la compra de máquinas orientadas totalmente a la Inteligencia Artificial y con el objetivo fundamental de ayudar a las pequeñas y medianas empresas a ser más competitivas.

España se dio cuenta muy tarde, de la importancia de los supercomputadores. Aun así, se creó en Barcelona en el año 1985, el CEPBA (Centro Europeo de Paralelismo de Barcelona). Fue producto de la colaboración entre el Gobierno de España, el Gobierno de Cataluña y la UPC, Universidad Politécnica de Cataluña. Durante 20 años, este centro tuvo máquinas de tamaño mediano a pequeño (alguna de ellas consiguió estar entre las 140 más rápidas del mundo en la lista de los Top-500). Pero lo importante es que se fueron formando investigadores en los campos de diseño y programación de los supercomputadores, así como en su uso para resolver problemas de la sociedad y de las empresas.

Tal fue su éxito, que los mismos patronos decidieron en el año 2004, promocionar el CEPBA y crear el BSC (*Barcelona Supercomputing Center*), que es el centro nacional español de supercomputación. Creado para llegar a tener entre 60 y 70 personas, tiene en la actualidad más de 1100. Hay cuatro departamentos de investigación, con más de 850 investigadores, en las áreas de Ciencias de los Computadores, Ciencias de la Vida, Ciencias de la Tierra e Ingeniería.

Figura 1.

Descripción de los 5 supercomputadores MareNostrum del BSC desde 2004

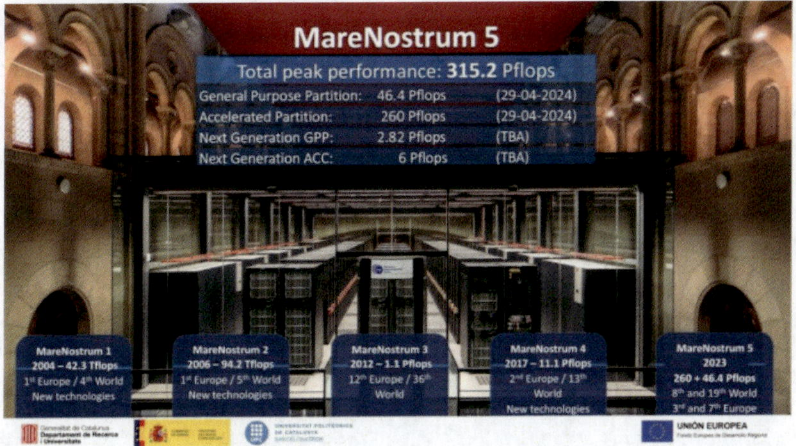

Nota: *A partir del MareNostrum 4, se optó por adquirir múltiples máquinas para adaptarse mejor a los usuarios. El MareNostrum 5, inaugurado en 2013, es 10,000 veces más rápido que su predecesor y costó 150 millones de euros, comparado con los 12 millones del MareNostrum 1. Fuente: Barcelona Supercomputing Center (BSC).*

Creemos que es muy importante que los países coordinen sus infraestructuras de supercomputación. Tomando como centro principal el BSC-Centro Nacional de Supercomputación, España creó en el año 2006, la RES (Red Española de Supercomputación). En la figura siguiente se ven los supercomputadores que componen la RES, así como su situación geográfica. Los nodos están conectados a través de la red académica española denominada IRIS. Por otra parte, existe un ancho de banda muy grande para conectar la red IRIS a la red europea Géant.

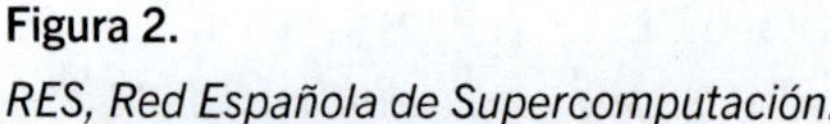

Figura 2.
RES, Red Española de Supercomputación.

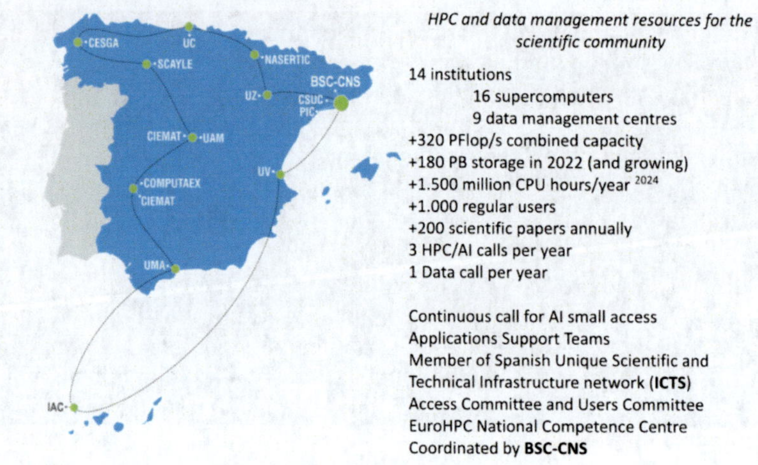

Nota. *Nodos que la forman y actividades realizadas de manera conjunta. Fuente: Barcelona Supercomputing Center (BSC)*

Es fundamental que los países provean de una financiación sostenible para los centros de supercomputación. Si no hay esa clara voluntad, lo mejor es no crear un centro de supercomputación; solo se habrá conseguido malgastar el dinero y acabar con la ilusión de muchos investigadores. De la misma forma, se ha de exigir que el centro sea rentable porque utiliza recursos económicos que son muy caros. En el caso de España, muchos colegas de otros países tenían sus serias dudas de que el BSC fuera una apuesta clara de futuro. El tiempo ha demostrado que sí que lo era. Los patronos, y últimamente el EuroHPC ha creído en él y lo han dotado de máquinas competitivas durante los 20 años de su existencia. Por otra parte, sus investigadores han obtenido gran cantidad de recursos económicos de empresas y administraciones en competencia con otros centros y grupos de investigación. Podemos decir que hoy en día, el BSC es el mayor centro de supercomputación de Europa, que produce centenares de buenos artículos en las mejores revistas y congresos en sus temas y que resuelve problemas de la sociedad, administraciones y empresas de alta tecnología. Pensado para llegar a tener 60 personas, veinte años después de su creación, el BSC cuenta con más de 1100 personas, más de 900 investigadores.

Algunos países latinoamericanos han hecho esfuerzos durante los últimos años para intentar crear este ecosistema de la supercomputación, la IA y la investigación asociada, para ayudar a resolver problemas de la sociedad y a que sus empresas sean más competitivas. Un excelente resumen de países, máquinas y periodos de estas máquinas puede encontrarse en el reporte: SCALAC "*Advanced Computing System for Latin America and the Caribbean*". Otro documento, más extenso que el anterior, pero en la misma línea es el Deliverable 2.1 de RISC 2, "*White paper-on-HPC RDI in LATAM*".

Se ve que, en la inmensa mayoría, los esfuerzos de los países han sido desiguales y nada sostenidos en el tiempo. Y esa es una mala política. Solamente Brasil ha sido bastante constante en sus inversiones tanto en centros públicos como el LNCC, como en empresas como Petrobras. Por otra parte, los esfuerzos realizados dentro de los diferentes países no parecen estar muy coordinados; y mucho menos la colaboración entre los países de Latinoamérica y el Caribe.

El caso de los investigadores es distinto. Desde el 1 de marzo de 2013, existe la alianza denominada SCALAC, mencionada anteriormente. Los investigadores de los países miembros de SCALAC se reúnen periódicamente para establecer, mantener, ampliar y coordinar las actividades relacionadas con la supercomputación. Desde el año 2014, organizan la conferencia CARLA (*Latin American High Performance Computing Conference*). En México, se han organizado diferentes ediciones del congreso ISUM (*International Supercomputing Conference in Mexico*). En definitiva, existe una sólida conexión entre los investigadores para convencer a los gobiernos que el tema de la Supercomputación y de la Inteligencia Artificial es estratégico y que deben de dedicar los recursos mínimos necesarios y de manera sostenida, para no perder el tren del desarrollo.

Latinoamérica y el Caribe han de realizar un esfuerzo bastante grande para cargarse las pilas y no quedar como países super rezagados en el uso y desarrollo de estas tecnologías.

Creemos sería adecuado realizar las siguientes acciones:

1. Cada país debe decidir cómo organizar su red de supercomputadoras. Sería aconsejable que cada país defina un centro Tier-0, o centro más importante, que pase a denominarse centro nacional de supercomputación. Los demás centros o Tier-1, deberían de estar conectados a través de sus redes de comunicación tal como es la red CUDI en México. Hemos descrito el caso de la RES y de la redIRIS en España.

2. Asociadas a estas infraestructuras, se debe dotar a los investigadores de financiación suficiente para formar a jóvenes investigadores, realizar investigación de calidad y conectar con las empresas del país que necesitan supercomputación. Estas empresas, algunas de ellas de ámbito nacional, deberían de participar en la cofinanciación de las infraestructuras y de los proyectos.

3. Debería formalizarse la alianza entre los centros de los diferentes países latinos y del caribe. Como mínimo, los centros nacionales de cada país deberían de estar conectados a través de la redCLARA. Hemos descrito el caso de los supercomputadores europeos, conectados a través de la red Géant.

4. Los países latinos y del caribe deberían de establecer proyectos multinacionales que permitieran el uso adecuado de las infraestructuras y la colaboración entre países. Este es el caso de la Unión Europea que dedica gran cantidad de recursos a financiar proyectos de investigación básica y aplicada. Podríamos haber descrito situaciones similares en Estados Unidos y Japón.

5. La alianza de los países latinos y del caribe deberían de realizar actividades conjuntas de formación, investigación y acceso a las infraestructuras con países de la comunidad Europea, Estados Unidos y Japón. Por ejemplo, se debería continuar con el proyecto RISC (Red Iberoamericana de Supercomputación) y pedir financiación a Europa para que el RISC 3 sea una realidad.

6. Se deberían potenciar proyectos de investigación entre la red latina y Europa. Ejemplos anteriores han sido los proyectos bilaterales entre México y Europa; entre Brasil y Europa. Un proyecto concreto que debería de llevarse a cabo desde ya, es la colaboración para desarrollar un LLM que potencie el mantenimiento y uso a largo término de idiomas como el portugués, el castellano y todos los otros idiomas (como el catalán, euskera y gallego en el caso de España) y todos los dialectos de todos nuestros países.

Barcelona, 17 de agosto del 2024

LIZETTE ROBLES DUEÑAS

Centro de Análisis de Datos y Supercómputo de la Universidad de Guadalajara (UdeG-CADS)
Guadalajara, México

Lizette Robles Dueñas es Ingeniera en Computación y cursa la Maestría en Tecnologías de la Información por la Universidad de Guadalajara. Actualmente ocupa el cargo de Líder de Proyecto del Centro de Análisis de Datos y Supercómputo de la Universidad de Guadalajara (CADS-UDG). A lo largo de su carrera ha desempeñado diversos cargos dentro de la Universidad relacionados con el desarrollo de sistemas de información, bases de datos, inteligencia de negocios, y la administración y operación del centro de datos.

Es miembro fundador del Comité Nacional del Congreso Internacional de Supercómputo (ISUM) y forma parte del comité de la Conferencia Latinoamericana de Cómputo de Alto Rendimiento (CARLA), además de ser una colaboradora activa en la Corporación Universitaria para el Desarrollo de Internet (CUDI) y participa en la Comunidad de Supercómputo. Está involucrada en varios proyectos nacionales e internacionales que se centran en la consolidación y uso de infraestructura de supercómputo, incluyendo la Sociedad Mexicana de Supercómputo (SOMEXSU), la Red Temática de Supercómputo de CONACYT (REDMEXSU), el Sistema de Cómputo Avanzado para América Latina y el Caribe (SCALAC) y recientemente el Laboratorio Nacional de CONAHCYT para la Enseñanza e Innovación Aplicando Cómputo de Alto Rendimiento (EICAR).

Introducción

Los esfuerzos que se han realizado en diferentes regiones de América Latina para proveer de infraestructuras de supercómputo o Cómputo de Alto Rendimiento, han sido escasos y, en muchas ocasiones, aislados, careciendo de la continuidad necesaria para mantener estas infraestructuras. Esta situación es una constante que se repite en la mayoría de los países de la región que decidieron invertir en infraestructuras robustas, siendo la excepción Brasil.

> "*La colaboración no solo permite el desarrollo y la expansión; es esencial para nuestra supervivencia. Es fundamental para enfrentar desafíos y aprovechar oportunidades de manera conjunta*" – Carlos Jaime Barrios

La intención de este libro, es poder reunir una colección de conversaciones, en las cuales se busca capturar las experiencias y puntos de vista de personas clave en el desarrollo tecnológico de la región, específicamente en lo que respecta a las redes académicas como RedCLARA y la Red CUDI, esta última siendo la Red Nacional de Investigación y Educación (RNIE) de México. Además, se incluyen testimonios de personas involucradas en la dirección y administración de centros de datos, junto con destacados investigadores y académicos de México y otras naciones de Latinoamérica. Estos protagonistas comparten sus experiencias iniciales y los retos que han enfrentado en su esfuerzo por acercar las capacidades tecnológicas a la comunidad académica y científica.

> "*Es fundamental que desarrollemos capacidades para innovar, investigar y crear nuestras propias soluciones tecnológicas*" – Moisés Torres

El objetivo planteado dentro de este libro, es el poder describir cómo se han enfrentado los desafíos inherentes a la gestión de las infraestructuras de supercómputo, identificar los retos que implica la obtención de recursos económicos para su adquisición y operación de estas infraestructuras, así como el funcionamiento de los centros de datos donde se alojan. Además de plasmar el reto que significa mantener estas infraestructuras con recursos sumamente limitados. Por otro lado, se analiza la importancia que tienen el desarrollo de políticas públicas que den continuidad a las inversiones de este tipo. Se busca resaltar la importancia de formar talento humano altamente calificado, esencial tanto en el ámbito tecnológico como a nivel de usuarios, quienes serán los encargados de utilizar estas infraestructuras para el avance de la ciencia y la resolución de algunos de los desafíos más complejos de nuestra era.

> "*Las universidades pueden ser semilleros de recursos humanos de forma invaluable en México, principalmente cuando se hace en beneficio de la sociedad a través de un plan y estrategia de desarrollo, innovación y trabajo constante para crear, innovar y producir*" – Juan Carlos Rosas

En muchos de los casos, los centros de datos que albergan estas infraestructuras, son el epicentro para la generación del conocimiento, el intercambio de ideas y la concepción de los proyectos que pueden transformar nuestro entorno. La mayoría de los centros se encuentran muy cercanos a las aulas, y con frecuencia, las operaciones de estos centros se han apoyado en el talento de los estudiantes, quienes en el futuro podrían liderar el avance hacia la integración de tecnologías que soporten el desarrollo científico y tecnológico.

> "*Invertir en supercómputo y migrar nuestros centros hacia las últimas tecnologías es crucial para formar los recursos humanos para las empresas que realmente transformarán la economía en los próximos años con inteligencia artificial*" – Pablo Mininni

Este libro busca resaltar la importancia de la colaboración y el papel fundamental que juegan las redes académicas en la región. Estas redes no solo conectan a las personas, sino que también proporcionan la infraestructura de conectividad necesaria para enlazar grandes infraestructuras tecnológicas. Actúan como la carretera esencial para el intercambio de información.

> "*Las redes nacionales son precisamente vitales para facilitar esta colaboración, que está diseñada específicamente para la parte académica de investigación y que ofrece beneficios*" – Tania Altamirano

En una región que aspira a ser competitiva, la colaboración es clave: compartir el mejor talento y la información relevante es fundamental para abordar los desafíos específicos de la región. Las redes académicas son excelentes articuladores de proyectos y facilitadores de conexiones entre personas, desempeñando un rol vital en la búsqueda de soluciones conjuntas.

> "*La supercomputación es un pilar fundamental para el desarrollo de cualquier país*" – Ginés Guerrero

Desde mis inicios como estudiante y trabajando en el Centro de Cómputo de Alto Rendimiento (CENCAR) de la Universidad de Guadalajara, hasta mi rol actual como responsable del Centro de Análisis de Datos y Supercómputo (CADS) de la misma universidad, la cual alberga una de las supercomputadoras más importantes de México, he sido testigo de los desafíos que enfrentamos para acercar estas capacidades a la comunidad académica y de investigación, desde los costos económicos para la operación y mantenimiento de estos centros de datos, hasta la falta de personas altamente capacitadas, así como la falta de políticas públicas para dar continuidad a las grandes inversiones realizadas para contar con las capacidades de almacenamiento y procesamiento. Sin embargo, también puedo afirmar, desde mi experiencia y las experiencias compartidas por los participantes de esta obra, la gran capacidad que tenemos de aprovechar al máximo el talento y los recursos disponibles para poder dar solución a los desafíos que nos enfrentamos.

> "*El supercómputo actúa como el núcleo que detona el quehacer de la ciencia*" – Raúl Rivera Rodríguez

En los últimos años, he tenido la oportunidad de participar en diferentes grupos de trabajo relacionados con el supercómputo, lo que me ha permitido conocer muchas personas cuyas experiencias han inspirado mi trabajo en este campo. A través de numerosas reuniones de trabajo y mi participación en eventos, como la organización del Congreso Internacional de Supercómputo en México (ISUM), así como mi participación en las actividades de la Red Mexicana de Supercómputo (REDMEXSU), he fortalecido mi compromiso para el desarrollo de la infraestructura en este tema. Al principio mi participación fue la de una persona entusiasta que buscaba acercar y sensibilizar sobre la importancia de esta tecnología. Hoy en día, que tengo la responsabilidad de administrar el Centro de Análisis de Datos y Supercómputo (CADS) de la Universidad de Guadalajara, donde se encuentra uno de los equipos de supercómputo más importantes de México, me siento muy comprometida e involucrada con el tema que considero de suma importancia por su gran potencial para transformar la comunidad académica y científica de mi institución, mi país y de toda Latinoamérica.

> "*No sólo es importante invertir en la infraestructura, sino también en generar expertos que puedan utilizar y participar en el desarrollo o solución de problemas que requieren HPC*" – Johnatan Pecero

El apoyo y acompañamiento que he recibido de las diferentes personas pertenecientes a las distintas comunidades vinculadas al supercómputo, han sido de gran valor para mi crecimiento profesional. Cada conversación y cada experiencia compartida a lo largo de muchos años de trabajo y colaboración me han parecido tan valiosas que merecían ser plasmadas en los capítulos de esta obra. Este libro es una recopilación de las visiones y necesidades específicas y particulares de personas de diferentes países en América Latina, todos con un objetivo en común, la intención de seguir impulsando el desarrollo tecnológico y científico en la región, con una visión a futuro. El libro se enfoca en la aplicación del cómputo de alto rendimiento y tecnologías emergentes, resaltando especialmente la importancia del desarrollo de la Inteligencia Artificial en los países de Latinoamérica.

> "*Grandes cantidades de datos sensibles, como registros de salud, información de jubilación y otros datos gubernamentales, deben permanecer dentro del país*" – Carla Osthoff

Cada uno de los testimonios aquí plasmados, ofrecen una visión única y multifacética de las oportunidades y desafíos que conllevan estas tecnologías en el contexto actual, lo cual puede convertirse en un referente para entender la situación actual para que futuras generaciones tengan la oportunidad de comprender este contexto, continúen el trabajo ya realizado y dispongan de las herramientas necesarias para llevar a cabo una investigación auténtica, especialmente en la revolución que estamos viviendo: la de la inteligencia artificial.

> "*Si queremos realmente tener investigación de punta que genere conocimiento de vanguardia y, sobre todo, que ese conocimiento se quede en México, la soberanía es fundamental en este sentido*" – Carmen Heras

Dentro de la obra se ha procurado contar con la mayor representación de las diferentes instituciones de educación superior, centros de investigación y asociaciones de varios países de Latinoamérica. Se ha buscado incluir el mayor número de personas posibles, que con su amplia experiencia acumulada a lo largo de los años puedan enriquecer profundamente el contenido del libro. Reconozco que aún quedan muchas instituciones por representar en esta obra, y que su participación sería sumamente valiosa. No obstante, espero que este sea solo el comienzo de una serie de volúmenes que nos permitan seguir capturando esas historias pendientes y, con ello, obtener una comprensión más completa del ecosistema tecnológico de la región, especialmente en lo relacionado con el cómputo de alto rendimiento.

> "*Es hora de tomar medidas concretas para fortalecer nuestras infraestructuras tecnológicas y asegurar un futuro próspero para México*" – Luis Díaz

En cada uno de los capítulos se busca compartir experiencias y retos de manera individual, desde cómo fueron inicios con el ámbito científico y tecnológico, hasta la visión a futuro para acercar el supercómputo y las tecnologías emergentes, que son un habilitador clave para el desarrollo del conocimiento. Además, se busca destacar las consideraciones e implicaciones éticas, económicas y sociales de la adopción de esta tecnología.

> "*El cómputo de alto rendimiento es un pilar esencial para el avance en aspectos prioritarios del bienestar de nuestra población*" – Isidoro Gitler

No importa cuán ajeno te sientas con relación a estos temas, esta colaboración interdisciplinaria e interinstitucional garantiza una perspectiva enriquecedora y muy variada sobre los temas aquí tratados, contribuyendo a una comprensión profunda de los retos y oportunidades que enfrenta América Latina en el ámbito tecnológico y científico.

> "*La colaboración multidisciplinaria y el desafío de resolver problemas complejos que requieren el uso de esta infraestructura son fundamentales para nuestro progreso*" – Jorge Lozoya

Esperamos poder contribuir de una manera significativa al diálogo y la acción en torno al desarrollo científico y tecnológico en cada uno de los países de América Latina, y que esta obra sea un recurso valioso para investigadores, educadores, responsables de políticas y cualquier persona interesada en el futuro tecnológico de la región. Estoy convencida que las tecnologías actúan como un habilitador clave para el progreso de una región, y eso lo creo firmemente. Por ello, quiero expresar mi profundo agradecimiento a cada uno de los participantes por la confianza depositada en este proyecto.

Lizette Robles Dueñas

Redes de colaboración para el desarrollo de la **Computación de Alto Rendimiento**

TANIA ALTAMIRANO LÓPEZ

Cooperación Latinoamericana de Redes Avanzadas
Nicaragua / Chile

Tania Altamirano es gerente de Relaciones Académicas de RedCLARA. Originaria de Nicaragua, ha residido en Chile durante más de 18 años. Inició su formación académica en comunicación social, con estudios en marketing y publicidad. Posteriormente, obtuvo la maestría en dirección y edición periodística, lo que la llevó a establecerse en Chile.

A lo largo de su carrera, Tania ha participado en diversos programas de posgrado enfocados en liderazgo y metodologías ágiles, áreas en las que se ha especializado debido a su rol laboral en los últimos años. Su experiencia y formación multidisciplinaria la han convertido en una profesional destacada en el ámbito de las relaciones académicas y la gestión de proyectos en RedCLARA, siendo parte del equipo desde 2009.

Conectividad para democratizar el acceso a recursos en América Latina

Resumen

La Cooperación Latino Americana de Redes Avanzadas, RedCLARA, impulsa la colaboración en investigación y educación a través de una infraestructura robusta y proyectos estratégicos, facilitando la conexión directa con Europa y otras regiones del mundo. La importancia del trabajo colaborativo se refleja en cómo las redes académicas y de investigación fomentan el intercambio de conocimientos y recursos, maximizando el impacto de iniciativas y superando las barreras geográficas y tecnológicas. A través de acciones como BELLA II y proyectos de alto impacto en áreas relacionadas con salud, educación y cambio climático, estas redes no solo proporcionan infraestructura y acceso a tecnologías emergentes, sino que también facilitan el intercambio de conocimientos y recursos.

El área de relaciones académicas juega un rol crucial como articulador de acciones de impacto, al coordinar esfuerzos y promover la colaboración entre diversas instituciones y actores. Las redes nacionales de América Latina desempeñan un papel muy importante en la reducción de la brecha digital y en la promoción de la cooperación internacional. Con ello buscan facilitar la colaboración académica y de investigación en la región, mientras enfrentan grandes desafíos como son la conformación de la red, procesos políticos, el acceso a la información y la falta de recursos compartidos.

Introducción

Acerca de la Cooperación Latino Americana de Redes Avanzadas

RedCLARA es la Cooperación Latino Americana de Redes Avanzadas, organización que lleva la conectividad de alta velocidad a las Redes Nacionales de Investigación y Educación (RNIEs) en América Latina. RedCLARA fue creada en 2003 mediante un acuerdo firmado en Valle de Bravo, México, para sacar adelante esta iniciativa regional. Actualmente, está constituida por 8 redes nacionales.

Cada uno de los países miembros de RedCLARA tiene su propia red nacional. Por ejemplo, en México está CUDI (Corporación Universitaria para el Desarrollo de Internet), en Guatemala a RAGIE (Red Avanzada Guatemalteca para la Investigación y Educación), en Costa Rica a RedCONARE (Red del Consejo Nacional de Rectores), en Chile a REUNA (Red Universitaria Nacional), y así en varios países de América Latina, hasta llegar a Brasil donde está RNP (Red Nacional de Enseñanza e Investigación). Cada una de estas redes nacionales posee una forma y una estrategia de trabajo de acuerdo con las condiciones locales.

RedCLARA establece conexiones directas con Internet 2 en Estados Unidos y Canarie en Canadá. Con Europa a través de la red par europea GÉANT y con otros continentes, como África a través de las redes WACREN y UbuntuNet Alliance, o con los países árabes por medio de ASREN. Esta conectividad se realiza no solo a nivel de infraestructura, sino también mediante la implementación de proyectos y estrategias de colaboración. RedCLARA está enfocada específicamente en apoyar la investigación y la educación en áreas prioritarias, y trabaja a través de proyectos en los que participa junto con las redes nacionales que la integran.

Figura 1.

Mapatopología de RedCLARA

Fuente: RedCLARA https://redclara.net/images/2024/01/12/redclara-mapatopologia-mundo-dic2021-bella-final-nvologo120623.jpg

Proyectos de conectividad

Desde que se estableció RedCLARA, se han desarrollado varios proyectos de conectividad entre América Latina y Europa que permiten el intercambio de datos dentro del segmento transatlántico que facilitan atender a la comunidad de investigación y educación entre ambos continentes. El más reciente e importante por su alcance e impacto es el Programa BELLA (*Building the European Link to Latin America*), que ya tuvo un primer proyecto exitoso con el establecimiento de BELLA-T (*Building the European Link to Latin America - Terrestrial*) y BELLA-S (BELLA Submarino). Esto permitió lograr la conectividad directa desde Sines, en Portugal, hasta Fortaleza, en Brasil.

¿Qué es lo que sigue? La siguiente etapa del Programa es el proyecto BELLA II (*Building the Europe Link to Latin America and the Caribbean*), con el que ahora se busca, por un lado, cerrar y expandir el anillo de conectividad que se construye hacia Centroamérica y el Caribe. Además, se espera fomentar el uso de esta gran infraestructura a través de proyectos significativos que demandan muchos recursos para el manejo de datos, como los observatorios astronómicos, proyectos de telemedicina para operaciones a distancia o el monitoreo de áreas afectadas por desastres naturales, donde una información precisa y oportuna puede ser decisiva para salvar vidas.

Formación de grupos de trabajo para atender necesidades comunes

En este contexto, me incorporé a RedCLARA en 2009 para trabajar en el área de comunicaciones. Empecé como editora, revisando y gestionando la información a publicar, de acuerdo con la estrategia de divulgación de contenidos de ese momento. Esta experiencia fue muy importante porque me permitió tener una visión clara del desarrollo y evolución de la red. En ese momento, mi trabajo implicaba el acercamiento con actores relevantes y la gestión de proyectos a través del contenido, la edición y la publicación de todo el material visual y textual.

En 2014, me incorporé a la coordinación de comunidades, donde empecé a trabajar con proyectos que en ese momento generaban un gran impacto. Fue entonces cuando comenzamos a construir la base del trabajo actual, con proyectos como ELCIRA (*Europe Latin America Collaborative e-Infrastructure for Research Activities*) en 2012, un proyecto dirigido específicamente a la colaboración global, y luego con MAGIC (*Middleware for collaborative Applications and Global vIrtual Communities*) en 2015. Estos proyectos se enfocaban en establecer comunidades alrededor de áreas prioritarias.

Para esto, se realizó un trabajo exhaustivo para identificar las necesidades comunes en la región, y se repitió el interés en lo relacionado con el cambio climático, salud y educación. Desde ese momento, comenzamos a articular acciones conjuntas con estos grupos, abordando estás áreas y desarrollando acciones colaborativas.

RedCLARA, en lo que respecta a la formación de grupos y comunidades de trabajo, tiene una experiencia muy amplia. Desde el inicio, en el aspecto técnico, se han llevado a cabo las reuniones de CLARATEC, el grupo de trabajo técnico de RedCLARA. En estos encuentros, se reúnen los representantes técnicos de las redes nacionales, para plantear desafíos, explorar respuestas comunes y realizar capacitaciones en temas transversales.

A partir de esta base técnica, se comenzó a pensar en comunidades y grupos de trabajo orientados hacia la parte académica. La primera experiencia fue ComClara, acrónimo de Comunidades CLARA, un proyecto realizado en colaboración con el BID (Banco Interamericano de Desarrollo). Desde esta iniciativa surgieron grandes resultados, como la comunidad SCALAC (Sistema de Cómputo Avanzado de América Latina y el Caribe), organiza e integra para la región una infraestructura estratégica en el campo de la computación de alto rendimiento basada en una arquitectura avanzada que incluye computación de alto rendimiento (HPC), computación científica y computación de alta productividad (HTC).

Posteriormente se fortaleció el trabajo con dos importantes proyectos: ELCIRA y MAGIC, en los que se establecieron comunidades en cambio climático, biodiversidad, e-Salud e Instrumentación remota. Al iniciar BELLAII se establecieron como áreas prioritarias las acciones en: salud, cambio climático y educación, en las que trabajamos actualmente.

Desde el 2018, el área de relaciones académicas de RedCLARA ha asumido un papel de liderazgo clave en la promoción de la colaboración internacional y el fortalecimiento de redes académicas. Desde la gerencia que lidero nos centramos en facilitar la colaboración entre instituciones académicas miembros, estableciendo alianzas estratégicas tanto a nivel regional como global en áreas prioritarias. En este contexto, el equipo, integrado por Laura Castellana, como Coordinadora de Proyectos Académicos y Martha Galvis, Analista de la gestión de la información, ambas de Colombia, y yo, nos hemos encargado de coordinar y promover proyectos de investigación y desarrollo conjunto, fomentando la cooperación en diversas áreas y abordando desafíos globales. Además, organizamos y participamos en eventos y actividades de innovación, como conferencias, webinars y talleres, para promover la difusión de conocimientos y el intercambio de experiencias y vinculación con el medio académico y científico. El desarrollo de capacidades también es una prioridad, con el diseño y la difusión de programas de formación y capacitación que fortalecen las habilidades y competencias en la región. Finalmente, estamos muy enfocadas en la gestión de la información, facilitando su organización y flujo, así como la preservación de la memoria institucional y de las redes socias, asegurando así un acceso eficiente y sostenido a los recursos y datos clave.

Salud, educación y cambio climático como áreas prioritarias

RUTE-AL para telemedicina

Existen grandes diferencias entre las redes nacionales de los diferentes países de la región. Hay redes que son gestionadas por una sola persona y hay otras donde trabajan más de 800 personas con 500 instituciones conectadas. Es decir, hay una diversidad de condiciones y con cada uno se adapta la estrategia de trabajo y coordinación.

Desde RedCLARA, la metodología para establecer los grupos, coordinar acciones y presentar propuestas comunes, ha tenido grandes resultados que se pueden ver en diversos ámbitos. Por ejemplo, en salud, con la Red Universitaria de Telemedicina América Latina (RUTE-AL), iniciativa que se basa en la experiencia y los principios de la Red Universitaria de Telemedicina (RUTE) de Brasil y con la que se han desarrollado capítulos en los otros países que son parte de la red (México, Ecuador, Colombia y Chile), cada uno con un esquema propio, con resultados individuales concretos y una coordinación permanente en conjunto.

Plataforma regional de formación

En el ámbito de la educación, se generó la plataforma regional de formación. Este espacio busca llevar programas de formación internacional a los miembros de las redes nacionales, con el objetivo de fortalecer las competencias en diferentes áreas del conocimiento, generar sinergias y fomentar el trabajo colaborativo.

En ese marco, se realizó un piloto en transformación digital educativa con contenido aportado por tres de las redes nacionales: México, a través de CUDI; Colombia, con RENATA; y Ecuador, con CEDIA. Este piloto tuvo una duración de 3 meses y buscó construir instancias de formación regional con certificaciones emitidas por las instituciones participantes.

Academia Copernicus

El trabajo que estamos realizando desde el Grupo de Cambio Climático ha permitido el despliegue de la Academia Copernicus Latinoamérica y el Caribe (LAC). Esta iniciativa surge del programa Copernicus en Europa, un programa de observación de la Tierra conocido como "los ojos de Europa sobre el mundo", que tiene un impacto global. Copernicus pone a disposición imágenes satelitales de contenido abierto y libre y para obtener el mayor beneficio de estos datos se requiere entender cómo acceder a ellos e identificar sus usos potenciales en distintos contextos.

Figura 2.
Equipo de trabajo de RedCLARA

Fuente: Tania Altamirano

En RedCLARA hemos desarrollado una estrategia conformada por cuatro etapas para facilitar y acompañar este trabajo en cada uno de los países. Comenzamos con la difusión de información básica a través de un webinar y un taller enfocado a un eje definido como prioritario, seguimos con el establecimiento del comité nacional en cada país y finalmente se avanza en el desarrollo de un piloto que potencie el uso de los datos disponibles. Esta estrategia integral busca maximizar el aprovechamiento de los recursos de Copernicus en América Latina y el Caribe, y que los participantes de Academia Copernicus LAC aprendan a aplicar los datos y sus usos eficazmente en sus contextos locales para abordar desafíos relacionados con el cambio climático.

Ya son varios los países donde se ha realizado el despliegue de la Academia Copernicus LAC, cada uno con diferentes fases de avance. Entre ellos están Uruguay, Costa Rica, Guatemala y México; además, estamos trabajando en Colombia y se han llevado acciones iniciales en Ecuador, gracias al proceso y articulación que lidera Laura Castellana.

Redes Nacionales y colaboración en América Latina y el Caribe

Un desafío importante para RedCLARA es la integración de los países de Centroamérica y el Caribe que todavía no cuentan con una red nacional. En estos casos, lidiamos no solo con la distancia y la lejanía geográfica, sino también con el idioma. En varios países se habla inglés o francés lo que añade un desafío adicional para compartir documentos y generar experiencias sincrónicas.

Esta integración se va dando poco a poco, y pone de relevancia cómo las redes nacionales son vitales para facilitar esta colaboración, que está diseñada específicamente para la parte académica de investigación y ofrecen beneficios muy concretos. Estos beneficios pueden abarcar desde servicios hasta el despliegue de infraestructura, además del acompañamiento temático en áreas de interés.

Mucho del trabajo que realizamos se centra en la articulación y la facilitación de espacios, desde reforzar grupos que ya existen hasta crear nuevas oportunidades de colaboración. Las redes nacionales juegan un papel crucial en este proceso, permitiendo que la colaboración académica e investigativa se fortalezca y expanda, superando los desafíos geográficos y lingüísticos.

En el marco del grupo de interés especial (SIG) del Glosario Iberoamericano de Términos Esenciales en Telesalud y Salud Digital de RUTE-Chile, como parte de las acciones conjuntas desde RUTE-AL se convocó a expertos a ser parte de la iniciativa, apoyando su integración. También tenemos un servicio dirigido a fondos de financiamiento el que permite identificar oportunidades para el desarrollo de proyectos de investigación, premios y becas de estudio, a los que se puede postular, y hemos tenido jornadas dedicadas a presentar cómo debería desplegarse una propuesta.

En este sentido, somos facilitadores, y aunque me estoy refiriendo a una parte muy específica del trabajo temático, también existe una contraparte técnica que es igualmente amplia y fundamental.

Figura 3.
Colaboración entre RedCLARA y SCALAC

Fuente: Tania Altamirano

El trabajo que realizamos con el despliegue de eduroam (contracción de education roaming, un servicio mundial de movilidad segura desarrollado para la comunidad académica y de investigación) es un excelente ejemplo de nuestros esfuerzos. Además, en temas de formación, como ciberseguridad, tenemos una colaboración integrada incluso con nuestros pares en Europa. En estos casos, observamos los grupos regionales que se están formando y las actividades que se llevan a cabo en cada uno de los países. Es importante destacar el desarrollo a nivel local y la importancia de identificar y fortalecer estos esfuerzos.

Desarrollar capacidades e involucrar a las personas que ya están han avanzado es fundamental. Por ejemplo, son vitales la conexión y el aporte a iniciativas más grandes, como la Alianza Digital América Latina, el Caribe y Europa, que es impulsada por la Unión Europea, lanzada en Bogotá en 2023 y en la que RedCLARA participa y contribuye a través del proyecto BELLA II.

La Alianza Digital tiene cuatro pilares principales. Uno de ellos está enfocado en la infraestructura, ese es el pilar de BELLA II, otro, en Copernicus y luego están los diálogos políticos y el acelerador de inversiones. Este trabajo se está realizando con el objetivo de construir, gestionar y facilitar este ecosistema digital regional para incluir a los actores relevantes, abordar los temas prioritarios y ofrecer respuestas comunes a los grandes desafíos. Nuestro objetivo es crear un entorno donde la colaboración y la innovación sean posibles, promoviendo el desarrollo digital en toda la región y asegurando que nuestras iniciativas estén alineadas con las necesidades y objetivos compartidos.

Lograr esta meta es complejo, ya que incluye muchos elementos que se deben ir integrando, pero donde efectivamente tenemos un espacio vital de desarrollo desde lo que hacemos como red regional. También es una respuesta a la demanda de los países y las comunidades para integrar tecnología emergente, mejorar en términos de seguridad, establecer alianzas estratégicas y fomentar la colaboración internacional.

Algunos de los factores que se van sumando de manera transversal, incluyendo la responsabilidad social y ambiental, donde cada una de las instituciones tiene un rol prioritario, no solo con sus miembros, sino también con su entorno en general, contribuyendo significativamente al progreso y bienestar de sus comunidades.

La importancia de compartir recursos, los grandes repositorios

Otro de los grandes trabajos y resultados que se han logrado a lo largo del tiempo es LA Referencia (La Red Latinoamericana para la Ciencia Abierta), que tuvo sus inicios como un proyecto en RedCLARA y las redes que la integraban en 2010, que contaba con el financiamiento del BID para bienes públicos regionales. Todo este gran esfuerzo, con el paso de los años se independizó y ahora es una red gigante que trabaja en el acceso abierto con Europa y otras regiones, actualmente impulsada por su secretario, Lautaro Matas. La verdad es que hacen un trabajo fantástico, y nosotros seguimos apoyando para que la generación de contenidos en la región pueda ser efectivamente compartida y abierta. Esto evita el reproceso de actividades que, probablemente, ya se realizaron en otros lugares, y en cambio, potencia acciones que ya están en marcha y pueden ser de gran valor.

Entonces, se tiene otro desafío, el de contar efectivamente con recursos compartidos y aplicar, por ejemplo, a proyectos que generen capacidades para acceder a fondos. No solo se trata de entender dónde están las fuentes y cuáles son los recursos disponibles, sino también de conocer qué requerimientos o temas deben involucrarse para poder acceder a estos recursos. Este desafío se alinea a distintos niveles: desde lo político, estratégico, hasta lo táctico, y cómo nos acercamos a cada uno de los espacios de trabajo y lo hemos potenciado con el trabajo que realiza en el equipo Martha Galvis.

Por ejemplo, ¿qué pasa con el uso de los datos? Retomando el trabajo de Academia Copernicus, ¿qué pasa con el uso de los datos para temas militares? Una parte de los datos de esta observación puede ser usada por instituciones militares y, por razones de seguridad de Estado, son de acceso restringido. O, ¿qué pasa también con la generación de documentos y el acceso a los materiales que se van generando en las comunidades, grupos de trabajo y capacitaciones? Es decir, tenemos un desafío de acompañamiento incluso para el buen uso de la información y el respeto a los derechos de autor.

Hay desafíos a distintos niveles, en respuesta a estos, se realiza un acompañamiento en cada uno de los países. Este rol es prioritario para las redes nacionales y, esencial para otros actores y alianzas estratégicas con las que colaboramos, como por ejemplo ISOC (*Internet Society*) y LACNIC (Registro de Direcciones de Internet para América Latina y Caribe), UNESCO y la CEPAL, que abordan grandes temas a nivel regional.

Estas colaboraciones son fundamentales para enfrentar los desafíos y maximizar el impacto de nuestras acciones en la región, asegurando que los avances en infraestructura digital y conocimiento sean accesibles y beneficiosos para todos los involucrados.

Proyectos que soportan las redes

El despliegue de infraestructura de RedCLARA se inició con ALICE (América Latina Interconectada Con Europa) y ALICE 2 (América Latina Interconectada Con Europa 2), marcando el comienzo de la formación de la red. Desde entonces, hemos avanzado hacia el desarrollo de capacidades y recursos; hemos pasado por varios otros proyectos hasta llegar, precisamente, al Programa BELLA y el desarrollo actual de BELLA II. BELLA II ha previsto recursos no solo para generar este ecosistema digital, sino también para crear las capacidades necesarias para sostenerlo a largo plazo. Uno de los grandes requerimientos del proyecto es la instalación de un mecanismo para obtener la contraparte de fondos que se debe aportar para lograr las metas de conectividad comprometidas. La Unión Europea proporciona una parte del financiamiento, el 43%, pero la contraparte, que es RedCLARA, debe completarlo a través de la búsqueda de coinversionistas.

Esta estructura se está construyendo a través de consorcios de coinversión en cada uno de los países objetivos de BELLA II. Además, se están involucrando otros organismos, como el BID y el CAF (Banco de Desarrollo de América Latina y el Caribe), para colaborar en estos esfuerzos. Este enfoque integral asegura que todos los actores relevantes estén alineados y contribuyan al desarrollo y sostenibilidad del ecosistema digital regional.

La idea es generar ese monto necesario para sostener toda la estructura, porque BELLA tiene un campo de acción y un rango de trabajo específicos. Lo mismo sucede con los fondos desde las redes nacionales, pero se realiza un trabajo muy intenso, y es ahora el desafío con BELLA II, construir esa otra contraparte necesaria para avanzar efectivamente.

Este proceso es una de las partes más complejas, ya que requiere un gran trabajo y despliegue en cada uno de los países para explicar e identificar a los actores precisos y sumarlos al trabajo. La colaboración y el compromiso de estos actores son esenciales para asegurar el éxito y la sostenibilidad del proyecto BELLA II a largo plazo.

Brecha digital en América Latina

Las redes nacionales son un habilitador fundamental y uno de los grandes trabajos que se realiza está precisamente enfocado en la reducción de la brecha digital desde distintos espacios. Esto puede ser desde la formación y el acceso a recursos hasta la habilitación de diversos entornos. Por ejemplo, en lugares donde la red nacional llega hasta colegios e iniciativas que involucran a jóvenes, se comienza a transmitir conocimiento sobre lo que hay disponible, cómo se usa y cuáles son las posibilidades.

Otro aspecto crucial es la generación de capacidades, especialmente cuando se abordan temas prioritarios como los desastres naturales. Esto implica proporcionar herramientas y métodos de trabajo y generar habilidades adecuadas. Esto es particularmente complejo en algunos países porque, aunque puede existir la posibilidad de implementar estas soluciones, no siempre se cuenta con recursos formados o personas capacitadas en todos los niveles.

En algunos lugares, ni siquiera hay electricidad, lo que plantea desafíos adicionales sobre cómo llevar la tecnología o habilitar recursos.

Por ejemplo, un campesino que podría beneficiarse de la georreferenciación para su siembra necesita electricidad para cargar su teléfono. ¿Cómo buscamos medidas integrales para ofrecer soluciones que respondan efectivamente a estas necesidades? Este es el tipo de desafíos complejos que enfrentamos y que requerimos abordar de manera integral y colaborativa.

Nosotros lo vimos cuando organizamos el Ideatón BELLA II: Innovación de los Sistemas Agroalimentarios en Centroamérica y el Caribe. Este evento buscaba estimular la colaboración de ideas en seguridad agroalimentaria y plantear soluciones para las siembras y el uso de recursos. Identificamos dos grandes retos: la reducción de la brecha digital y el tema de género, es decir, cómo se podía involucrar la perspectiva de género en el proceso.

Tuvimos grandes experiencias durante este evento, como la posibilidad de desarrollar herramientas para monitorear la humedad y dar seguimiento específico a los ciclos de trabajo agrícola. Este tipo de soluciones parten de grupos especializados que identifican una problemática, comparten sus visiones y colaboran para encontrar soluciones. Fue una gran experiencia de innovación en la que participaron expertos y mentores, quienes plantearon desafíos y desarrollaron plataformas para, por ejemplo, subir información sobre lluvias que podrían ayudar a prever sequías.

Este tipo de actividades muestran cómo la colaboración y la innovación pueden generar soluciones prácticas y efectivas para problemas reales en distintas comunidades.

Después de implementar una solución, viene el seguimiento y cuestionamiento: ¿Cómo se lleva esto a las personas? ¿Cómo podrán acceder? ¿De qué forma las personas van a poder usarlo? Para responder a estas preguntas es fundamental considerar las acciones que se llevan a cabo, abordando temas como la brecha digital y asegurando que las redes nacionales se involucren. Esto también se vincula con el trabajo de los gobiernos y la implementación de políticas públicas.

Este enfoque no solo promueve la continuidad educativa y profesional, sino que también facilita la inclusión digital al reducir las barreras económicas para el acceso a internet, demostrando cómo las políticas bien orientadas y la colaboración entre diferentes actores pueden resultar en beneficios tangibles para la comunidad. Hay otras experiencias que muestran el impacto de iniciativas como esa.

En el tema de la brecha de género, hemos visto cómo proyectos específicos, que incluyen a niñas, han hecho la diferencia. Esto lo vimos en el Ideatón BELLA II, cuando prestamos atención a los llamados y aseguramos la inclusión como un criterio a ser considerado. Este rol como agente sensibilizador es muy importante y va más allá de un área específica, es también el tener la capacidad de ser escuchados, de hablar con actores clave, llevar propuestas y mostrar la posibilidad de incluir el tema y compartir casos exitosos.

Es crucial lograr esa conexión en la región y con otras regiones, poder compartir conocimientos y experiencias. Me sorprendió gratamente ver al equipo de RNP de Brasil en acciones de transferencia tecnológica con la red de Mozambique (MOReNEt), en continentes distintos con una cercanía idiomática, el portugués, que facilita la colaboración.

Este tipo de experiencias demuestra cómo la cooperación internacional y la inclusión pueden generar resultados significativos, aprovechando las fortalezas de cada parte y superando las barreras lingüísticas y geográficas para lograr objetivos comunes.

Colaborar para impulsar grandes proyectos

Cuando se habla de colaboración y de las lecciones aprendidas durante el tiempo que he estado involucrada con el *community engagement*, es claro que hay varios puntos importantes a destacar. Uno de ellos es el impacto que puede tener el intercambio de conocimientos y recursos. Facilitar proyectos que sean innovadores y que optimicen los recursos disponibles representa una oportunidad excepcional, especialmente en temas como el uso de infraestructuras de grandes capacidades para aplicaciones remotas, como ocurre frecuentemente con la computación de alto rendimiento (HPC).

En este contexto, es esencial reconocer que no todas las instituciones pueden o requieren recursos disponibles las 24 horas del día. Más bien, lo que se busca es poder acceder a estos recursos de forma eficaz, eficiente y oportunamente. Esto se logra mediante acuerdos que permiten dicho acceso, optimizando el uso y la disponibilidad de estas poderosas herramientas tecnológicas.

Esta forma de trabajar no solo maximiza el uso de los recursos disponibles, sino que también abre nuevas oportunidades para instituciones que de otro modo no tendrían acceso a estas tecnologías avanzadas. Es un ejemplo claro de cómo la colaboración y el intercambio de recursos pueden generar beneficios significativos para todas las partes involucradas.

En 2021 con la iniciativa de colaboración entre RedCLARA y GÉANT llamado *Enlighten Your Research* (EYR-BELLA), se solicitaba apoyo para diversos proyectos con el fin de impulsar la cooperación internacional en investigación. En este contexto, se ofrecían horas de cómputo de alto rendimiento y acceso a plataformas científicas abiertas, beneficiando a aquellos proyectos que requerían tales recursos y permitiendo que los interesados utilizaran estas infraestructuras.

Varios proyectos pudieron acceder a grandes equipos para usos muy específicos; es decir, en esos momentos, no necesitaban adquirir un equipo específico o tener un acceso permanente, sino que requerían usar estas capacidades para correr datos específicos de su investigación. Este modelo permitió optimizar recursos y facilitar el avance de investigaciones que, de otra manera, hubiera sido complejo.

El uso y el acceso a este intercambio de conocimientos y recursos son muy importantes. La diversidad aporta un gran valor. Cuando observamos la colaboración, inevitablemente lidiamos con una gama de perspectivas y conocimientos que provienen de diferentes aproximaciones. Esto enriquece los proyectos, fomenta soluciones desde distintos puntos de vista, y hace que los procesos sean más creativos y fuertes porque se adaptan a distintas necesidades regionales. Toda esta actividad se ve facilitada por una infraestructura robusta que permite, por ejemplo, lidiar con los desafíos de la distancia mediante el trabajo remoto.

En nuestra organización, hemos adoptado el teletrabajo mucho antes de que la pandemia lo hiciera habitual. Para muchos, el teletrabajo fue una novedad impuesta por las circunstancias, para nosotros, como un equipo distribuido, era una práctica establecida que nos permitía operar de manera eficiente y flexible, conectando a equipos dispersos geográficamente y permitiendo una colaboración continua. Esto no solo ha mejorado nuestra capacidad de respuesta, sino que también ha demostrado ser una estrategia resiliente en tiempos de crisis.

En efecto, partimos trabajando con aplicaciones de mensajería remota y estábamos acostumbrados a reunirnos a distancia. Sin embargo, la colaboración pasa por buscar nuevos espacios y formas de acercarnos más allá de lo presencial. Creo que ese es otro de los puntos importantes, porque se lidia con barreras que se van superando y que después se vuelven naturales. Antes, para coordinar una sesión se usaban incluso equipos de videoconferencia H323, ahora se ha simplificado, manteniendo calidad de imagen y sin requerir equipos específicos.

Tuvimos varias experiencias compartiendo buenas prácticas, experiencias en cambio climático, en salud y en arte con investigadores y académicos de la región y de todo el mundo, superando barreras geográficas y husos horarios. Es complejo coordinar espacios con Asia, por ejemplo, con quienes tenemos hasta 12 horas de diferencia y lidiamos con ese tipo de desafíos. Sin duda son experiencias enriquecedoras.

Otro de los grandes impactos de la colaboración es el establecimiento de alianzas estratégicas con organismos e instituciones en áreas prioritarias como cambio climático, educación y salud. El valor reside en la sistematización de buenas prácticas y lecciones aprendidas, generando redes de intercambio fructífero.

Similar a las acciones en sostenibilidad y lo que hacemos a largo plazo, observamos cómo distintas redes desarrollan portafolios de servicios y apoyamos su sostenibilidad. La capacidad de una red para ser sostenible y compartir experiencias es fundamental en nuestro trabajo colaborativo. Desde los primeros proyectos hasta los actuales, hemos buscado grandes colaboraciones, especialmente en el área de relaciones académicas, un rol también desempeñado por algunas redes nacionales.

Efectivamente, y lo he mencionado antes, vamos poniendo puntos, generando vínculos, articulando temas que forman una gran red no solo de cables o de sistemas, sino también de personas. Citado el proverbio africano que dice: “Si quieres ir rápido, anda solo; pero si quieres llegar lejos, ve acompañado”. Ir acompañado efectivamente te da otra perspectiva, te da la posibilidad de sobrepasar retos en conjunto y te proporciona herramientas valiosas.

En la colaboración y en el trabajo conjunto podemos encontrar muchas respuestas a desafíos comunes. Es una oportunidad para aprender, crecer y alcanzar objetivos que serían imposibles de lograr de manera individual. Esta red de personas y conocimientos es lo que realmente nos impulsa a avanzar y a tener un impacto duradero.

Conclusión

Dentro de todo el trabajo que se hace y cómo se va desarrollando, mi visión es positiva y esperanzadora. Las redes se van a consolidar y crecer desde otros espacios, particularmente en el ámbito de la innovación. La integración de tecnologías emergentes como la inteligencia artificial, el *Big Data* y el Internet de las cosas va a jugar un papel crucial.

RedCLARA y las redes nacionales tendrán un rol muy importante, no solo en el uso de estas tecnologías, sino también en cómo se van formando y buscando posibilidades para adoptarlas de manera responsable, atendiendo a todas las necesidades involucradas para explorar tendencias futuras. Creo que RedCLARA va a avanzar no solo en su papel articulador y en este rol de proveedor de infraestructura, sino también con un enfoque hacia temas críticos como la seguridad y la resiliencia. Esto permitirá que la red se adapte y responda efectivamente a los desafíos futuros, fortaleciéndose como un actor relevante en la promoción y el apoyo a la investigación y la educación en la región.
Las redes se están preparando y están diseñando espacios con la capacidad para recuperarse de desastres, asegurar redundancia y protegerse de ataques. Partiendo de algo tan común como el teléfono, y considerando el papel de la colaboración internacional, veo que RedCLARA se consolidará como un actor estratégico en el ecosistema digital de la región, pero también en colaboración con otros actores a nivel global.

Es importante adoptar prácticas que sean sostenibles y responsables, de acuerdo con los grandes temas de trabajo comunes, pero también que avancen con los servicios que complementen el trabajo actual, posicionando distintas investigaciones. Un rol muy importante que quiero destacar es la valoración y promoción de los desarrollos y capacidades locales. Observamos y adaptamos tendencias, pero también es necesario reconocer que en nuestra región se generan respuestas innovadoras que son relevantes y de impacto para otras regiones. Podemos llevar estas innovaciones y soluciones, mostrando que se puede liderar y contribuir significativamente al desarrollo global en diversas áreas.

En este contexto, la gerencia de relaciones académicas de RedCLARA juega un papel esencial al liderar la consolidación de nuestras actividades y al fortalecer nuestra red de colaboración. Hemos trabajado para facilitar alianzas estratégicas, coordinar proyectos conjuntos y promover eventos y programas de capacitación, contribuyendo significativamente al desarrollo académico y científico en la región. Nuestra visión es seguir consolidando estas acciones, impulsando la cooperación y el intercambio de conocimientos, y posicionando a RedCLARA como un catalizador clave en el avance académico y la innovación global. A medida que nos enfrentamos a nuevos desafíos y oportunidades, estamos comprometidos en fortalecer nuestra red y en seguir liderando con un enfoque colaborativo y de impacto.

MOISÉS TORRES MARTÍNEZ

Corporación Universitaria para el Desarrollo de Internet (CUDI)
Guadalajara, Jalisco, México

Moisés Torres Martínez es actualmente el Director General de la Corporación Universitaria para el Desarrollo de Internet (CUDI), una Asociación Civil que administra la Red Nacional de Educación e Investigación de México. Anteriormente, ocupó el cargo de Coordinador de Tecnología e Innovación en la Universidad Abierta y a Distancia de México, bajo la Secretaría de Educación Pública.

El Dr. Torres es egresado de la Universidad de California, Irvine donde se recibió como ingeniero de ciencias de computación y recibió su Doctorado de la Universidad de California Los Angeles e Irvine (UCLA/UCI) en Administración Educativa y Empresarial. Con una destacada trayectoria académica, ha sido profesor en instituciones como la Universidad de Guadalajara y la Escuela Bancaria. Además, ha desempeñado roles significativos en Estados Unidos, incluyendo su trabajo como profesor adjunto en el Departamento de Educación, Información y Ciencias Computacionales en los campus Irvine y Santa Cruz de la *University of California*. Fue vicepresidente de la comisión de aprendizaje y tecnología en California, EE.UU., designado por el gobernador del estado.

Moisés Torres es cofundador y Director General de la Sociedad Mexicana de Supercómputo A.C. (SOMEXSU A.C.) y cofundador del Congreso Internacional de Supercómputo en México (ISUM). Se destaca como líder nacional en la promoción del uso del supercómputo en la investigación y desarrollo científico en México, contribuyendo significativamente al avance tecnológico y científico del país.

Red Nacional de Educación e Investigación en México: Transformando el país a través de Infraestructuras Robustas para el Desarrollo de la Ciencia y Tecnología

Resumen

El papel de la computación de alto rendimiento y redes de conectividad académicas nacionales para la educación e investigación son clave para impulsar el avance científico y el desarrollo económico en México. Estas infraestructuras proporcionan la capacidad necesaria para realizar investigaciones de vanguardia, como el modelado complejo y análisis de datos a gran escala, lo que impulsa la innovación y la competitividad en diversos sectores.

Además, se destaca la importancia de las tecnologías emergentes y la ciberseguridad, así como la necesidad de contar con una fuerza laboral calificada en la administración y análisis de datos generados por estas tecnologías. Esta capacitación especializada es fundamental para aprovechar al máximo el potencial de estas herramientas y garantizar la protección de la información sensible.

Se enfatiza la necesidad de colaboración entre instituciones de educación superior, entidades gubernamentales y el sector privado. Trabajar en conjunto permitirá fortalecer la infraestructura tecnológica del país y establecer conexiones más estrechas con diversas industrias, impulsando así el crecimiento económico y la innovación en México.

Introducción

Historia del Internet

El internet comercial surgió y creció por una necesidad que existía en la sociedad de poder conectarse. Recordemos como el ARPANET (Red de la Agencia de Proyectos de Investigación Avanzada) se creó en 1969 con el objetivo de facilitar la comunicación dentro del departamento de defensa de Estados Unidos. Con el paso de los años, esta infraestructura evolucionó, y se convirtió en el internet en 1983 y no fue sino hasta la década de los 90 que se empezó a comercializar, gracias a políticas implementadas durante la administración de Clinton.

Durante ese tiempo, el vicepresidente Al Gore fue una de las figuras importantes que impulsó lo que se denominó la "autopista de la información" (*information superhighway*), tomando el ARPANET como el fundamento para poder comercializar lo que hoy en día conocemos como el internet.

Durante los años 90, la necesidad de conectividad tuvo un gran crecimiento, impulsando la expansión de las infraestructuras en todo el mundo. Este crecimiento no se limitó solamente a Estados Unidos, sino que se expandió por diferentes regiones del mundo, generando una necesidad de comunicación no solo en el ámbito académico o militar, si no también en el sector comercial y doméstico.

Con este crecimiento del internet, surgieron nuevas economías, dando un impulso al Silicon Valley (Valle del Silicio) en el estado de California, Estados Unidos en general, y el mundo. Se creó un boom en empresas de *Internet Service Providers* (ISP), y *E-commerce*. Empresas como Amazon, Ebay, Boston Computer Exchange por nombrar algunos, fueron algunas de las empresas que surgieron con el comercio electrónico durante los 80 y 90. Estas nuevas oportunidades de negocio dejaron en claro como el internet estaba transformando el mundo, no solo en la forma como se compraba en línea, sino también como nuestras vidas cotidianas cambiarían con la llegada de estas nuevas tecnologías.

El internet se ha arraigado profundamente en nuestras vidas, que en ocasiones, parece ser una necesidad más básica que la propia energía eléctrica. La interdependencia entre el internet y otros aspectos de nuestra vida cotidiana es innegable, aunque muchas personas no tienen plena conciencia de ello. En resumen, el internet ha llegado a ser una parte esencial de nuestras vidas modernas, y su presencia es prácticamente indispensable en la sociedad contemporánea.

Redes Nacionales de Educación e Investigación

El crecimiento exponencial del internet comercial condujo a la necesidad de establecer una nueva red dedicada específicamente a las demandas de la educación y la investigación. Irónicamente, este concepto retrocede a los inicios de ARPANET, que originalmente se concibió como una infraestructura para atender las necesidades de los laboratorios nacionales de Estados Unidos. Esta nueva red se vislumbró como red exclusiva para la investigación y la educación.

Estas redes surgieron a finales de los años 90, conocidas como la Red Nacional de Educación e Investigación (RNEI) implementadas en diversos países. Si observamos cada uno de los países del continente americano, desde América del Norte y del Sur, pasando por Centroamérica, cuenta con su propia red nacional de educación e investigación, siendo Estados Unidos uno de los países que más destaca al contar con una de las redes más avanzadas a nivel mundial.

En México, también se ha desarrollado esta infraestructura, al igual que la mayoría de los países de Suramérica donde gracias a estas redes establecidas se busca fomentar la colaboración y el intercambio de conocimientos nacional e internacionalmente.

Cada país, con sus propios niveles de investigación, requiere transferir grandes volúmenes de datos a través de esta infraestructura para colaborar con instituciones en todo el mundo. Esta red no solo conecta a instituciones en América del Norte y del Sur, sino también a Europa, Asia, Australia y más allá, facilitando la colaboración internacional en la investigación y la educación. Al igual que Europa, otros países de América han establecido redes nacionales de educación e investigación para promover la cooperación y el progreso en el ámbito académico y científico.

En 1999, México tomó la iniciativa de establecer la Red Nacional de Educación e Investigación (RNEI), bajo un mandato presidencial que marcó la creación de esta red. Esta red es administrada por la Corporación Universitaria para el Desarrollo de Internet (CUDI), Asociación Civil. Usualmente las RNEI en el mundo son constituidas como asociaciones civiles que fungen como organizaciones independientes y dirigidas por las instituciones miembros de esa forma no existe un órgano único responsable de su desarrollo e implementación.

La infraestructura de la red de CUDI se creó con el objetivo de poder impulsar proyectos nacionales de gran importancia. Un ejemplo es el proyecto de *Very Large Array* (VLA), un telescopio de dimensiones colosales que produce entre 5 y 10 petabytes de información diariamente. Transferir estos datos a través del internet comercial sería extremadamente difícil, por no decir que casi imposible. Sin embargo, gracias a las redes robustas que existen en Estados Unidos, estos datos pueden ser descargados utilizando la red académica (Internet 2), permitiendo su análisis y estudio de manera eficiente usando cómputo de alto rendimiento (HPC).

México se encuentra conectado a la red académica de Estados Unidos a través de la red académica. Instituciones como la Universidad Nacional Autónoma de México (UNAM), el Instituto Politécnico Nacional (IPN), Universidad de Guadalajara (UDG), Centro de Investigación Científica y de Educación Superior de Ensenada (CICESE) y otras pueden establecer vínculos con universidades que llevan a cabo proyectos de gran envergadura, como el mencionado telescopio. Es importante destacar que esta infraestructura genera conocimiento que nos impulsa hacia nuevas fronteras en la creación y resolución de problemas de gran escala.

Este conocimiento no solo nos permite abordar desafíos de envergadura, sino también detectar oportunidades para el desarrollo de nuevas economías basadas en el conocimiento. La colaboración a través de esta red académica no solo fortalece los lazos entre instituciones, sino que también fomenta el crecimiento y la innovación en diversos campos, contribuyendo así al avance global en el mundo del conocimiento.

Tecnologías emergentes

Cada país aborda la gestión de su red académica de manera única, adaptándola a sus propias prioridades y necesidades. Por ejemplo, la red de educación e investigación en Ecuador (CEDIA) ha desarrollado una estrategia singular al ofrecer servicios no solo a instituciones académicas, sino también a entidades gubernamentales. Esta estrategia surge de la inversión gubernamental destinada a proporcionar acceso tanto a la red académica como a las instituciones de educación superior y los organismos gubernamentales. En este contexto, los objetivos y pilares de la red pueden diferir significativamente de los de México.

Como sociedad académica de la Red Nacional de Educación e Investigación en México (RNEI), se ha identificado que muchos de los diálogos y temas de interés entre sus miembros se centran en tecnologías y temas emergentes que están transformando el panorama global. Entre ellos se encuentran la expansión del aprendizaje en línea y a distancia, la inteligencia artificial, los campus y aulas inteligentes, el análisis de *big data*, el aprendizaje automático, la ciencia de datos, la telemedicina, la salud individualizada, la ciberseguridad, la automatización de procesos robóticos, la inteligencia artificial generativa, la tecnología *blockchain*, la criptoeconomía, el internet de las cosas, la realidad aumentada, y la analítica aumentada, entre otros. Estos temas no solo son parte del vocabulario académico, sino que también tienen relevancia en el ámbito político y están integrados en la agenda de discusión tanto a nivel académico como gubernamental.

En la actualidad, se habla mucho sobre tecnologías como la Inteligencia Artificial, la ciberseguridad, el *blockchain* y el *bigdata*, que son temas comunes en la conversación sobre avances tecnológicos. Estos temas son de gran importancia para el desarrollo tecnológico del país, como ello, es de suma importancia el de no solo tomar estos temas como usuarios, sino trabajar en estos temas como desarrolladores de estas tecnologías ya que es crítico para el desarrollo tecnológico de México. Por ejemplo, se habla y menciona mucho la Inteligencia Artificial (IA) cuando se habla del desarrollo e implementación de IA, no todo es *chatGPT*. El que una persona utilice una herramienta de inteligencia artificial como *chatGPT* no significa que esté siendo innovador, más bien solo es usuario de una herramienta de IA. Como país, debemos aspirar a desarrollar nuestras propias herramientas de IA generativa para facilitar acciones en áreas como la educación, la investigación y nuestras vidas cotidianas.

De la misma manera, en las instituciones de educación superior, se habla mucho sobre el análisis de grandes volúmenes de datos, conocido como *big data*, y sobre la ciencia de datos, o *data science*. Sin embargo, al hacer un análisis detallado, nos damos cuenta de que son muy pocas las personas en el país que están realmente involucradas en estas áreas. El motivo principal es que trabajar en *big data* y *data science* requiere habilidades y capacidades muy específicas, así como el uso de infraestructuras y cómputo especializado. No se trata solo de tener conocimientos teóricos (aunque son muy importante), sino de contar con la capacidad para manejar grandes conjuntos de datos, aplicar algoritmos avanzados de análisis y utilizar herramientas especializadas.

Es fundamental que desarrollemos capacidades para innovar, investigar y crear nuestras propias soluciones tecnológicas. Esto implica invertir en educación y formación de recursos humanos en áreas como la programación, la ciencia de datos, la ingeniería de software y la ciberseguridad. Además, existe la necesidad de fomentar la colaboración entre el sector académico, el sector privado y el gobierno para impulsar la investigación y el desarrollo tecnológico en el país. De esta forma, no solo estaremos adoptando tecnologías existentes, sino que también estaremos contribuyendo activamente al avance y la creación de nuevas tecnologías, lo que nos permitirá posicionarnos como líderes en la innovación a nivel global.

Agregando a estas necesidades, es de suma importancia el que el país disponga de infraestructuras de cómputo de alto rendimiento para procesar y almacenar estos enormes volúmenes de datos de manera eficiente. Sin estas infraestructuras, resulta prácticamente imposible llevar a cabo proyectos de alto impacto nacional que tengan que ver con *big data* y data science de manera precisa y eficiente. Por lo tanto, si realmente queremos avanzar en estas áreas, es imprescindible invertir en la formación de profesionales especializados y en el desarrollo de infraestructuras tecnológicas adecuadas para soportar este tipo de proyectos en nuestras instituciones educativas y en todo el país.

Los cuatro pilares de la RNEI en México

La Red Nacional de Educación e Investigación (RNEI) de México ha identificado cuatro pilares que considera son críticos para complementar la educación e investigación del país. Estos pilares son complementarios uno con el otro ya que sin uno es difícil que se pueda implementar efectivamente el otro. El primer pilar, destacamos la importancia de los recursos humanos; el segundo pilar, las infraestructuras robustas de cómputo y almacenamiento; el tercer pilar, una red de conectividad suficientemente robusta para la transferencia de altos volúmenes de datos; y el cuarto pilar que es fundamental para toda infraestructura es la ciberseguridad.

Figura 1.

Pilares de la Red Nacional de Educación e Investigación de México

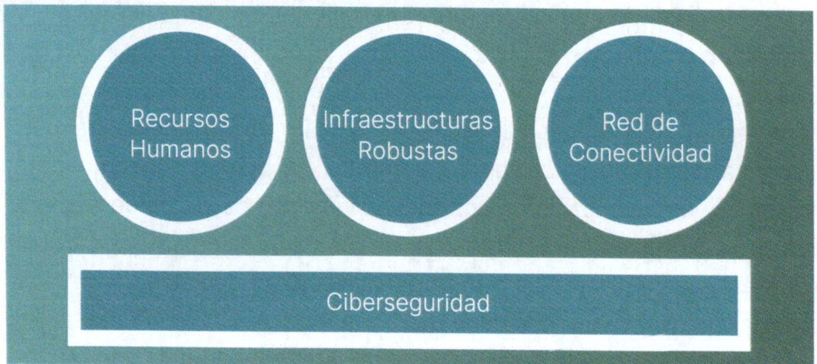

Fuente: Elaboración propia

Recursos humanos

Se requiere contar con recursos humanos capacitados en las áreas de tecnologías emergentes ya que impactan virtualmente todas las disciplinas de alguna forma u otra. El que los nuevos profesionistas, investigadores, y educadores no tengan esas competencias tecnológicas en su área de estudio, será difícil el poder avanzar en esta era tecnológica que seguirá evolucionando en todos los aspectos de nuestras vidas.

Por ejemplo, es necesario contar con programadores expertos en el desarrollo de nuevas tecnologías emergentes. Estos profesionales deben poseer habilidades en programación en paralelo, dominio de lenguajes como Python, capacidad para desarrollar algoritmos inteligentes y estar familiarizados con una amplia gama de técnicas de programación adaptadas a estas nuevas tecnologías mencionadas.

No solo se trata del recurso humano implicado en la programación, sino también del personal científico que estamos formando. Los científicos, por naturaleza, deben ser expertos en sus respectivas áreas científicas, ya sea física, biología u otras especialidades. Sin embargo, para analizar la gran cantidad de datos generados en sus investigaciones, necesitan contar con personas capacitadas en el manejo de infraestructuras de alto rendimiento, como la computación avanzada o el *High Performance Computing* (HPC).

No es necesario que los científicos sean programadores, aunque muchos se dan cuenta de la importancia de aprender a programar para analizar sus datos de manera efectiva y buscar algoritmos que revelen la información que están buscando. En resumen, es fundamental formar científicos que estén familiarizados con las tecnologías emergentes, capaces de manejar las infraestructuras necesarias para su trabajo y de obtener resultados más rápidos y precisos en sus investigaciones.

De la misma manera, se requiere contar con ingenieros capacitados en el uso y mantenimiento de las infraestructuras tecnológicas, así como con programadores que utilicen estas herramientas. Tenemos en nuestro país una gran necesidad de ingenieros especializados en el desarrollo y mantenimiento de infraestructuras robustas, pero no estamos formando suficientes profesionistas en estas áreas para atender las demandas del sector público y privado.

Otra área de oportunidad es la formación de ingenieros en ciberseguridad ya que existe una gran demanda de estos en el continente americano y el caribe. Mayormente vemos esta necesidad en México, Suramérica, Centro América y el Caribe, ya que estos países son algunos de los más vulnerables a ciberataques. Las instituciones de educación superior son particularmente vulnerables a estos ataques, sin embargo, es raro encontrar áreas dedicadas a la ciberseguridad dentro de las estructuras de tecnologías de información de estas instituciones. En los casos en que existen, suelen ser áreas limitadas, destinadas principalmente al aprendizaje básico sobre cómo implementar medidas de seguridad o mantener sistemas y software con ciertos niveles de protección.

También es fundamental considerar el papel de los médicos en el contexto de estas redes académicas. La medicina está experimentando cambios significativos, y en la actualidad, contamos con la medicina individualizada, que requiere el uso de tecnologías avanzadas y análisis específicos para lograr diagnósticos precisos y personalizados para cada paciente. Para llevar a cabo estos análisis y diagnósticos precisos, es necesario contar con infraestructuras de cómputo de alto rendimiento y redes robustas dedicadas. Estas tecnologías permiten el procesamiento rápido y eficiente de grandes volúmenes de datos médicos, lo que resulta fundamental para el avance de la medicina individualizada y la atención médica de calidad.

En resumen, el recurso humano es fundamental, y es importante considerar cómo las tecnologías están transformando cada disciplina, así como las habilidades tecnológicas que se necesitan para emplear en cada área de estudio con el fin de adaptarlas y mejorarlas en todos los aspectos.

Infraestructuras de procesamiento y almacenamiento robustas

De la misma forma que se requiere el recurso humano, se necesitan infraestructuras de procesamiento robustas para poder implementar las nuevas tecnologías disponibles. Esto implica disponer de unidades de procesamiento de alto rendimiento (CPU) y unidades de procesamiento gráfico (GPU) que puedan manejar grandes cantidades de datos de manera eficiente. Además, es fundamental contar con sistemas de almacenamiento adecuados, ya que la cantidad de datos generados diariamente continúa en aumento constante.

Las infraestructuras de alto rendimiento, como la computación de alto rendimiento (HPC) o el supercómputo, permiten acelerar significativamente el análisis de datos y la ejecución de algoritmos. Esto se logra gracias a la capacidad de las CPU y GPU para procesar datos a velocidades muy altas, lo que resulta en la obtención de resultados rápidos.

Además del procesamiento, el almacenamiento también juega un papel muy importante. Se requiere una cantidad significativa de almacenamiento para manejar la gran cantidad de datos que se generan y analizan en estos entornos de alto rendimiento. Esta infraestructura de almacenamiento debe estar lista para trabajar con problemas de alto impacto, ya sea a nivel nacional o internacional. En resumen, estas infraestructuras son fundamentales para impulsar la investigación y el avance tecnológico en diversos campos de investigación los cuales obtienen cantidades de datos que requieren análisis diariamente.

Redes de conectividad robustas

Si bien, disponer de las infraestructuras de cómputo avanzado es fundamental, estas infraestructuras de alto rendimiento requieren redes de conectividad robustas para la transferencia de altas cantidades de datos nacional e internacionalmente. En este caso, la red académica de educación e investigación desempeña un papel crucial, al estar dedicada exclusivamente a abordar estos desafíos sin tener que competir con el internet comercial. La existencia de estas redes académicas ofrece una solución para integrar investigaciones y colaboraciones tanto a nivel nacional como internacional. Esto permite no solo un procesamiento eficiente de los datos, sino también una transmisión segura y eficaz de los mismos. Es importante destacar que al acceder al internet comercial surgen varios obstáculos que pueden afectar la eficiencia y seguridad de la transmisión de datos.

Por lo tanto, contar con estas redes académicas especializadas proporciona una infraestructura confiable y segura para impulsar la investigación y la colaboración en el ámbito académico y científico, facilitando así el avance y la innovación en diversas áreas del conocimiento.

Ciberseguridad

El cuarto pilar de las redes académicas es la ciberseguridad. Bajo este eje, todas las infraestructuras, ya sean de almacenamiento, procesamiento o redes, deben de estar protegidas. Sin una adecuada seguridad, exponemos los datos a riesgos y comprometiendo su integridad.

La ciberseguridad debe ser de suma importancia para las instituciones de educación superior, gobierno, industria privada y sociedad, desde el usuario final hasta aquellos que trabajan en el *back-end*, programación y mantenimiento de las infraestructuras. La protección de datos y redes es esencial, y debe ser una preocupación compartida por todos los involucrados de esa forma ir creando una cultura de ciberseguridad en toda la sociedad en general.

Con estos cuatro pilares identificados, la Red Nacional de Educación e Investigación de México establece un escalón sólido para poder avanzar en el desarrollo de la ciencia seria en el país. No solo en la investigación de alta calidad a nivel nacional, si no también en fomentar la colaboración internacional lo que contribuye al crecimiento y desarrollo del conocimiento científico y tecnológico.

Proyectos de investigación y colaboración

CUDI como administrador de la Red Nacional de Educación e Investigación de México, y como única entidad que cuenta con las facultades de establecer conexiones internacionales con otras redes académicas fuera del país. En el caso de la RNIE-México, se tiene conexiones directas a Internet-2 de Estados Unidos desde Ciudad Juárez a la Universidad de Texas, El Paso (UTEP), y de Tijuana hacia la Universidad de California, San Diego por medio de CENIC. También se cuenta con una conexión desde Tapachula de la Universidad Autónoma de Chiapas hacia la red de RedCLARA conectando Suramérica. La presencia de estos nodos intermedios subraya la relevancia estratégica de estas conexiones para facilitar la comunicación y colaboración académica.

Figura 2.

Conectividad de la Red Nacional de Educación e Investigación de México

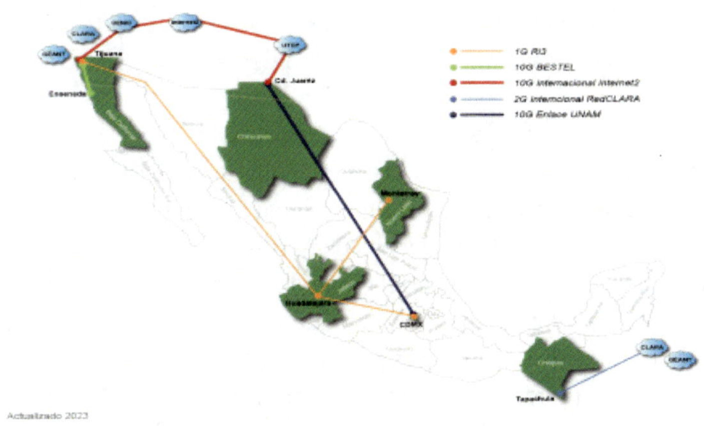

Fuente: Corporación Universitaria para el Desarrollo de Internet (CUDI)

Por su parte, Estados Unidos cuenta con una infraestructura similar llamada Internet2, una red académica que abarca los 50 estados del país. Cada estado tiene su propia red académica, siendo CENIC la entidad responsable de administrar la red académica en el estado de California, uno de los estados más avanzados en este aspecto. A través de esta red, instituciones del sistema de educación superior están interconectadas, lo que promueve la colaboración y el intercambio de conocimientos a nivel estatal y nacional en esta red académica. Entre los sistemas de educación superior incluye el sistema de la Universidad de California (UC:10 campus), Universidades Estatales de California (CSU:33 campus), Colegios Comunitarios de California (CCC: 102), Universidades Privadas y los Departamentos de educación de los Condados de California (a través del *High Speed Network* (HSN)).

Al igual como CENIC conecta a sus instituciones de educación superior y media superior, se busca crear una red similar para la RNEI mexicana, en la cual la mayoría de las universidades públicas estén conectadas a una infraestructura de red académica aislada del internet comercial y dedicada a la educación e investigación, que contribuya al desarrollo económico del país. Sin descartar la posibilidad de que la educación media superior, pueda de la misma forma, estar conectada a esta red académica para tener mayor seguridad e intercambio de datos seguros.

Al estar CUDI conectado a la red académica de Estados Unidos, todas las instituciones miembros de CUDI cuentan con acceso a una amplia gama de recursos tecnológicos. De la misma forma, esta conexión abre oportunidades para colaboraciones bilaterales en proyectos de alto impacto para los dos países y a nivel mundial. Las colaboraciones internacionales se desarrollarían desde Canadá hasta Argentina permitiendo así la participación en proyectos y programas de investigación que trascienden las fronteras nacionales. Esta red brinda una plataforma para la cooperación internacional en la búsqueda de soluciones innovadoras a desafíos globales.

Dicho lo anterior, un ejemplo importante es la conexión que tiene la Universidad Nacional Autónoma de México (UNAM) hacia Ciudad Juárez que cruza y se integra con la Universidad de Texas en El Paso enlazándose a Internet 2. Esta conexión es fundamental para la colaboración que se tiene con el proyecto *The Next Generation Event Horizon Telescope* (*ngEHT*) que es un telescopio, dicho proyecto se encuentra liderado por Estados Unidos y está fondeado por el *National Science Foundation* (NSF), equivalente al CONAHCYT en México. Este proyecto está orientado al desarrollo del telescopio *The Very Large Array* (VLA). Una iniciativa de gran envergadura en la que participan también México, Canadá, Japón y Alemania, cada uno contribuyendo al avance y desarrollo de esta impresionante tecnología telescópica de la cual se adquieren un sin número de datos que se analizan entre los países participantes. Este proyecto se inició en 2019 y se prevé que su operación completa se alcance en 2035. Durante este período, cada país colabora en distintos niveles. En el caso de México, la UNAM representa al país en este proyecto. Sería prácticamente imposible lograr eficiencia en este proyecto si la UNAM no contará con la conectividad académica proporcionada por CUDI hacia Estados Unidos.

La conectividad es muy importante, ya que, en las instalaciones de Estados Unidos, por ejemplo, se están procesando grandes cantidades de datos que se requieren analizar en centros de cómputo a una velocidad de hasta 60 petaflops por segundo. Además, se están transmitiendo datos a una velocidad que supera los 100 gigabits por segundo entre las instituciones participantes en el proyecto. Incluso las transferencias más pequeñas alcanzan los 10 gigabits por segundo. En el caso de la UNAM, su participación implica la transferencia de un nivel determinado de datos, lo que justifica su conexión de 10 gigabits por segundo.

Si no se contará con acceso a la red académica de Estados Unidos por medio de la RNEI mexicana, la UNAM y México en general no tuvieran la oportunidad de participar en este tipo de proyectos que contribuyen al desarrollo de la investigación científica de vanguardia a nivel internacional. La conexión proporcionada por CUDI juega un papel fundamental en el éxito y la eficacia de esta colaboración.

De manera similar, el Centro de Investigación Científica y Educación Superior de Ensenada (CICESE) está involucrado en proyectos colaborativos con instituciones destacadas como UC San Diego, CALTECH y la Universidad de California Davis. Entre estos proyectos se destaca la colaboración en iniciativas relacionadas con la agricultura, en particular con UC Davis. Además, el CICESE realiza transferencias de datos significativos a través de su conexión con Tijuana hacia UC San Diego, lo que les permite acceder a Internet-2 y a la red académica de California (CENIC).

Esta conexión proporciona la oportunidad de transferir datos y utilizar herramientas virtuales compartidas a través de esta red robusta. De esta manera, los investigadores del CICESE pueden colaborar de manera efectiva y aprovechar al máximo los recursos tecnológicos disponibles para avanzar en sus proyectos de investigación.

Estos son solo algunos de los proyectos más significativos que la red académica facilita. Sin esta infraestructura, los investigadores tendrían que optar por usar el internet comercial que es más vulnerable a comprometer la integridad de datos y lentitud de su transferencia. De lo que sí se trata la RNEI mexicana es de garantizar el acceso a recursos y colaboraciones en cualquier momento y desde cualquier lugar para los investigadores con una infraestructura de red suficientemente robusta para sus proyectos. Estos proyectos son solo ejemplos de la amplia gama de investigaciones en las que están involucrados algunos de los miembros de la red académica.

Desarrollo de la Red

En CUDI, también estamos enfocados en expandir estas redes mediante la creación de anillos en distintos estados del país. Actualmente, estamos trabajando en la posible creación de un anillo en Baja California, otro en Sonora y uno más en Mérida Yucatán. Estos anillos nos permitirán establecer una conectividad interna a nivel nacional, lo que facilitará el acceso a los centros de supercomputación distribuidos por todo el país. Además, con esta infraestructura de red académica, podremos unir capacidades y brindar a las instituciones de educación superior acceso a recursos de cómputo de alta calidad. Esto nos permitirá colaborar en proyectos de alto impacto con colegas en Estados Unidos, Canadá, Centroamérica, Sudamérica, Europa y Asia. La creación de estos anillos fortalecerá nuestra capacidad interinstitucional en proyectos de investigación y colaboración a nivel nacional e internacional.

Las acciones necesarias para impulsar el desarrollo de la red son diversas, pero una de las más importantes es alinear las políticas públicas con las necesidades científicas del país. Es fundamental que las políticas de telecomunicaciones y digitales vayan de la mano con las instituciones académicas, de manera que estemos coordinados para garantizar que todo lo que se haga contribuya al beneficio del país en su conjunto, más allá de intereses políticos partidistas.

Se requiere establecer una continuidad en las políticas públicas que apoyen el desarrollo científico, asegurando que se aborden las necesidades de investigación, infraestructura, recursos humanos, redes y ciberseguridad que existen en el país. Estas políticas deben estar alineadas con las demandas y desafíos específicos del ámbito científico, promoviendo así un entorno propicio para el avance científico y tecnológico que beneficie a toda la sociedad.

Otra acción para el desarrollo de la red, es el reto de fomentar la colaboración entre las instituciones de educación superior, no solo en proyectos de infraestructura compartida, sino también en el desarrollo del recurso humano. En muchas ocasiones, las instituciones de educación superior tienden a no colaborar entre sí, ya que buscan destacar individualmente como poseedoras de la mejor red, el mejor centro de supercomputación o el programa de capacitación más destacado del país.

Si bien es positivo tener estas metas individuales, es fundamental comprender que para lograr avances significativos se requiere una colaboración real, donde los recursos puedan transferirse a otras instituciones con menos recursos para beneficiar a un mayor número de personas. Esta colaboración interinstitucional debe fortalecerse, aunque hay pocos casos en los que se haya avanzado significativamente en este aspecto. Necesitamos más iniciativas de este tipo, con una mayor colaboración no solo entre instituciones académicas, sino también con las entidades gubernamentales que proveen fondos para proyectos de desarrollo humano y de alto impacto en áreas como ciencias ambientales, urbanización, petróleo, energía y otros temas relevantes.

Se requiere que dependencias como el CONAHCYT reconozcan el valor de estos proyectos y proporcionen financiamiento continuo, ya que las tecnologías evolucionan constantemente y requieren mantenimiento y actualizaciones de equipos en un promedio de 3-5 años. Esta colaboración no solo fortalecerá el desarrollo académico y científico del país, sino que también contribuirá significativamente al progreso en áreas vitales para el desarrollo nacional.

Colaboración con la Industria Privada

En el futuro, las Redes Nacionales de Educación e Investigación (RNEI) de México estarán colaborando estrechamente con la industria privada, no solo con aquellas relacionadas con la tecnología, que sería la más lógica, sino también con sectores como la energía, la industria alimentaria y otros sectores diversos presentes en el país. Actualmente, con la emergencia de la nueva industria del nearshoring, se presentarán numerosos temas de investigación y desarrollo que podrían beneficiarse enormemente de una red académica de este nivel.

La colaboración entre las RNEI y la industria privada no solo facilitaría el intercambio de conocimientos y recursos, sino que también promovería el desarrollo económico del país al impulsar la innovación y la competitividad en diversos sectores. Al unir fuerzas, tanto el ámbito académico como el industrial pueden trabajar en sinergia para abordar los desafíos y aprovechar las oportunidades que surjan en el cambiante panorama económico y tecnológico, promoviendo así un crecimiento sostenible y beneficioso para toda la sociedad.

Conclusión

En el futuro, la red académica de México debería colaborar estrechamente con el gobierno, continuando y mejorando las asociaciones con las instituciones de educación superior. Sin embargo, también se debería considerar la inclusión de la educación media superior dentro de esta red de conectividad, que ofrece un entorno más seguro que el comercial. Hay que imaginar un escenario en el que todas las escuelas de educación media superior estén conectadas a la red académica; esto proporcionaría un mayor control en términos de seguridad y de las actividades que pueden llevarse a cabo a través de estas redes.

Se espera que las instituciones de educación superior, desde las más pequeñas hasta las más grandes, en un futuro estén conectadas y colaboren en iniciativas de educación e investigación. Esto no sólo promovería la colaboración y el intercambio de conocimientos entre las instituciones, sino que también ofrecería una plataforma más segura y confiable para el intercambio de información. Integrar la educación media superior en esta red ampliaría aún más el alcance y el impacto de estas colaboraciones, permitiendo un flujo de conocimientos y recursos en todos los niveles educativos del país.

Hay que imaginar que el país tenga una red académica suficientemente robusta complementándose a la fibra óptica que se está desplegando en la Red del Tren Maya, lo que permitiría tener una conectividad total en el sur del país. Esta conexión no solo sería para uso comercial, sino que también podría aprovecharse para conectar toda la península sur del país a través de la red académica. Entrelazando a las instituciones de educación superior del sur de México y especialmente se podría enlazar a los centros antropológicos. Esto daría acceso no solo a las instituciones de educación superior, sino también, una vez conectada la educación media superior, a todos los estudiantes de esta etapa. Hay que imaginar que todos los jóvenes de educación media superior tienen acceso a contenidos increíbles generados en lugares como Chichén Itzá, Monte Albán y otros sitios arqueológicos del sur. Esto abriría una puerta hacia un conocimiento más amplio y enriquecedor, aprovechando la riqueza cultural e histórica de nuestro país.

Figura 3.

Posible Conexión de Fibra que complemente de la RNEI de México

Fuente: Corporación Universitaria para el Desarrollo de Internet (CUDI)

Finalmente, visualizo un México conectado en dos aspectos: bien conectado en la parte comercial y bien conectado en la parte de educación e investigación del país. Es importante el poder distinguir el propósito de cada una de las redes (Internet comercial e Internet académico); no compiten entre sí, sino que se complementan. El tener claro el propósito del internet académico (RNEI México) nos garantiza que la educación e investigación en México siga creciendo e impulsando el crecimiento económico del país, como lo ha estado haciendo hasta ahora.

CARLOS JAIME BARRIOS HERNÁNDEZ

Universidad Industrial de Santander (UIS)
Colombia

Carlos Jaime Barrios Hernández es un destacado académico y profesional en el campo del cómputo avanzado. Actualmente, se desempeña como profesor en la Universidad Industrial de Santander (UIS) en Bucaramanga, Colombia, y es el director del Centro de Super Computación y Cálculo Científico de la Universidad Industrial de Santander (SC3UIS). También coordina el Sistema de Cómputo Avanzado para América Latina y el Caribe (SCALAC).

Barrios Hernández es reconocido por su habilidad para facilitar proyectos de investigación y promover conferencias académicas y escuelas de verano sobre cómputo avanzado. Su experiencia abarca áreas como arquitecturas escalables, la computación científica y los modelos de programación. Además, ha participado en diversos proyectos de colaboración internacional entre América y Europa.

En cuanto a su formación académica, Carlos Jaime Barrios Hernández obtuvo un doctorado en Informática de la Université Nice-Sophia Antipolis en Niza, Francia, y una maestría en Matemáticas Aplicadas e Informática de la Université de Grenoble-Alpes en Grenoble, Francia. Su pregrado lo realizó en Colombia, donde se graduó como Ingeniero en Sistemas de la Universidad Industrial de Santander en Bucaramanga.

Redes de colaboración para facilitar el desarrollo de los proyectos a través de infraestructuras robustas

Resumen

La colaboración es fundamental para maximizar los recursos y competencias relacionadas con el supercómputo en América Latina. Redes como SCALAC y RedCLARA facilitan el acceso a datos y la creación de comunidades científicas robustas. La cooperación internacional y el acceso compartido a infraestructuras permiten avances significativos en la región y el desarrollo de proyectos que requieren capacidades computacionales avanzadas para superar los desafíos compartidos y maximizar el potencial de la región.

Es fundamental contar con una educación integral en ingeniería y ciencias que mantenga un enfoque equilibrado para formar profesionales con una base científica sólida. Las universidades deben preparar a los estudiantes para la vida, no solo para el empleo inmediato. La educación debe centrarse en principios universales y fomentar la capacidad de adaptación e innovación. De la misma manera, se analiza el impacto de la inteligencia artificial y la ética en su desarrollo y aplicación, destacando la importancia de un uso responsable y sostenible de las tecnologías avanzadas.

El desarrollo del supercómputo en América Latina depende de una visión compartida, una colaboración efectiva y políticas a largo plazo que aseguren la sostenibilidad y el progreso tecnológico de la región.

Introducción

El papel que he desempeñado dentro de mi institución en Colombia y dentro de SCALAC se relaciona con ser un facilitador de proyectos. Aunque tengo una formación en investigación, me he dado cuenta de que en la región no solo se necesitan equipos de cómputo robustos, sino también gente competente que sepa cómo soportar estas infraestructuras y proyectos que involucren dichos equipos, por supuesto, de manera colaborativa.

Al volver a mi país, después de una estancia de varios años en Europa, mi idea inicial era generar en Colombia un centro de investigación que pudiera soportar este tipo de proyectos, con infraestructura de gran escala. En ese momento, en Colombia los esfuerzos estaban muy atomizados y los usuarios que demandaban grandes capacidades de cómputo interactuaban principalmente con centros fuera del país. Por otro lado, mi idea era construir este centro para que apoyara tanto proyectos académicos como industriales. Por ello, se comenzó a trabajar en la iniciativa del Parque Tecnológico de Guatiguará, donde se desarrollan actividades conjuntas con la industria, la sociedad y la academia.

Esta experiencia me hizo ver que en América Latina compartimos muchos problemas, visiones y objetivos. Juntos, podemos ser mucho más fuertes que de manera individual. Al observar lo sucedido con proyectos anteriores, principalmente aquellos proyectos de computación GRID (como EELA, EELA-2, GISELA) y sus predecesores, y otros tantos en los cuales participé durante mi estancia en Europa (como Grid5000), vi la oportunidad de implementar infraestructuras de mayor escala en América Latina, compartir no sólo recursos físicos, sino también conocimiento.

Mi objetivo no sólo es liderar iniciativas que impulsen la investigación, sino también contribuir al desarrollo de habilidades en personas de diversos niveles educativos y profesionales dentro del sector productivo y social, para mejorar la calidad de vida.

Así fue como comencé a observar las experiencias de otros países con los que había trabajado, principalmente como las que vi en Francia y Brasil. Durante unos 5 o 6 años (aun lo sigo haciendo), colaboré estrechamente con ellos y me di cuenta de que habían desarrollado sistemas que podrían ser replicados en América Latina, adaptándolos a nuestros intereses y necesidades. Me percaté de que compartimos muchas inquietudes, objetivos y desafíos, lo que me llevó a pensar en la importancia de integrar ese conocimiento y recursos para avanzar más rápidamente.

Mi rol, entonces, se centra en cómo puedo contribuir a unir esfuerzos, aprovechando mi experiencia como investigador y profesor para fomentar la colaboración. Busco no solo crear iniciativas que permitan a la región desarrollar sus propios proyectos de manera eficiente y competir a nivel global, sino también soportar y apoyar iniciativas creadas por otros que sigan los mismos objetivos. En los proyectos que he participado, pude ver que en América Latina tenemos personas muy talentosas con excelentes ideas y preguntas por resolver, pero necesitamos una mayor integración y colaboración para maximizar nuestro potencial y posicionarnos mejor en el ámbito mundial; además de valorar ese talento humano, las personas que con su iniciativa y conocimiento construyen comunidad académica. En esto último, como región hemos fallado mucho, más allá de nuestras supuestas limitaciones económicas: es necesario que valoremos nuestros científicos.

Se diría que esa posición externa, que a veces asumimos, no nos permite negociar y colaborar de igual a igual con otras regiones, como Europa, Estados Unidos y Canadá. Mi rol, en ese sentido, es buscar la integración y estar preparado para facilitar la colaboración, tal como se menciona en el título del artículo que se está elaborando. Mirarnos a los ojos y negociar y colaborar como pares, no como subordinados. Además, buscó desarrollar iniciativas altamente competitivas que no solo involucren recursos físicos de infraestructura, sino también el conocimiento y las competencias necesarias para aprovechar esos recursos, impactando en la sociedad, en los tomadores de decisiones y por supuesto, buscando esa sostenibilidad y responsabilidad con la vida.

Retos del supercómputo en Colombia y América Latina.

Los desafíos para implementar infraestructuras robustas en Colombia y América Latina (y el Caribe) lo dividiría en tres ejes: infraestructura, conocimiento y tomadores de decisiones. Desde el punto de vista de la infraestructura, se trata de integrar laboratorios y plataformas computacionales robustas que sean altamente utilizadas y sostenibles en el tiempo. La sostenibilidad no solo se refiere al consumo energético, sino a prolongar la vida útil de estas infraestructuras, considerando realidades económicas y principios ecológicos. Es clave asegurar que haya recursos humanos capacitados para operar y mantener estas infraestructuras de manera eficiente.

En Colombia y en muchos países de Hispanoamérica (Brasil tiene una historia diferente), la tendencia centralista a menudo resulta en la concentración de infraestructuras en las capitales, dejando de lado el potencial de desarrollo en otras regiones donde podría ser igualmente o más sostenible, por ejemplo contar con un centro que albergue estas infraestructuras, donde incluso podrían ser más sostenibles.

El otro eje es el que tiene que ver con el conocimiento. A menudo encontramos personas con las competencias necesarias para administrar y operar infraestructuras robustas, pero estas competencias suelen ser subexplotadas y subvaloradas. Esto puede deberse a que el entorno no está adecuadamente preparado para aprovechar estas habilidades, o porque el uso de la infraestructura puede resultar demasiado complicado. A su vez puede desmotivar a los investigadores que podrían beneficiarse de utilizar estas herramientas para desarrollar proyectos, ya que no ven claro cómo integrarlas o aprovecharlas al máximo. Por otro lado, está más allá de la formación técnica, la creación de capacidades intelectuales para científicos no solo como usuarios sino como creadores o integradores de tecnología (en este caso de computación de alto rendimiento). Y ahí las universidades juegan un rol importante: no se trata de formar gente para un trabajo o para seguir una moda, sino para la vida, para transformar el mundo desde nuestra región.

El último eje se refiere a los tomadores de decisiones. Lamentablemente, en nuestros países, incluyendo Colombia, quienes están a cargo de tomar decisiones muchas veces carecen del conocimiento necesario sobre estas tecnologías, y tienen motivaciones inmediatas, en las que sus políticas se convierten de gobierno y de no estado, y pero aun, para nada integrada con sus vecinos y con la realidad global. Además, nosotros como científicos y especialistas en el tema, no hemos logrado comunicarles de manera efectiva la importancia de este conocimiento.

No somos para nada influyentes en las decisiones de largo plazo (que prácticamente son inexistentes en nuestros paises) y los cientificos y academicos estamos relegados como gente que simplemente dicta una clase y hace un examen, y los ingenieros gente que instala y repara lo que hacen otros. Estamos aislados, muchas veces por arrogancia intelectual, otra por comodidad o apatía (en alguno casos por miedo a perder una posición o empleo), y a eso hay que sumarle la desvalorización que sufren los científicos e ingenieros en nuestros países, como mencioné anteriormente, (solo hay que ver las tablas salariales comparadas con otras áreas como los abogados, los políticos, sin entrar a los personajes de moda, ya sean cantantes, influenciadores y similares).

Esto conlleva a una serie de consecuencias nefastas para nuestros países; por ejemplo, la falta de inversiones adecuadas y la incapacidad para aprovechar al máximo las infraestructuras y recursos disponibles. Al no haber planes de largo plazo, se genera incertidumbre y no hay claridad para mantener un desarrollo constante y esto igualmente evita que se cree una comunidad académica y científica fuerte, pues ante ese caos, hay desunión, egoísmo y desconfianza; desmotivación de los jovenes por seguir carreras en ciencia y tecnología, la discriminación de genero, la fuga de cerebros de nuestros paises hacia otros paises (no necesariamente unicamente Estados Unidos de América), con todo el atraso y dependencia tecnologica que implica. Es una cadena de consecuencias que es bastante evidente y frustrante en Colombia, pero tampoco somos tan originales pues se repite en nuestros países (incluyendo Brasil, aunque en menor medida por su historia que difiere un poco al del resto) donde aunque hay personas competentes y deseos de colaborar, las dificultades mencionadas anteriormente impiden una integración y una proyección como comunidad.

Reto de la continuidad de las inversiones a largo plazo

Aunque lo he dicho antes, ocurre algo relacionado con los tomadores de decisiones, y es que a menudo se enfocan en el corto plazo, en tiempos "electorales". Por ejemplo, en México puede suceder que se convenza a un tomador de decisiones para realizar una inversión durante su mandato. Sin embargo, al llegar un nuevo período electoral o un cambio de gobierno, no se mantiene una política de estado consistente. Esto hace que cualquier proyecto sea insostenible a largo plazo y que por supuesto los que de alguna manera quedaron por fuera de la decisión busquen con el cambio hacer o que los recursos se diluyan con ellos o que se le quiten a los otros para que ellos puedan obtenerlos. Aunque se puedan obtener recursos durante un gobierno específico, es crucial que haya un compromiso político continuo e independiente de cualquier tomador de decisiones para asegurar el crecimiento y mantenimiento de esos recursos.

Esta falta de continuidad afecta negativamente la capacidad de traer más investigadores y de proporcionarles el entorno necesario para realizar contribuciones significativas, que benefician no solo al área específica donde trabajan, sino también al país en su conjunto, ya sea Colombia, México u otro país. Ahora, el reto para que eso no ocurra es que en medio de la diversidad, pueda desarrollarse una comunidad científica y competente fuerte, con una visión común.

También es cierto que se realizan inversiones en laboratorios robustos porque la comunidad exige mejores recursos, y demanda que estos sean realmente sostenibles. En algunos países del otro lado del mundo, he observado que incluso se desarrollan arquitecturas computacionales propias según sus necesidades específicas, alcanzando un nivel bastante avanzado. En América Latina, creo que los países que parecen estar más cerca de lograr esto son Brasil y México, y hasta cierto punto, Argentina, que históricamente han sido los que más invierten en ciencia y tecnología en la región. Aunque en el ámbito computacional y de chips aún estamos lejos; el problema es que muchos proyectos prometedores nunca se concretan, algo que, según mi experiencia, parece deberse a una desarticulación de los tres retos principales que mencioné antes. Y el problema no es de dinero. Si lo comparas, por ejemplo, con lo que cuesta organizar un campeonato del mundo, un festival popular, un carnaval o un reinado de belleza, mantener un proyecto de computación por 10 años costaría unas 200 veces menos.

Proyectos que demandan grandes capacidades computacionales en la región

Los proyectos en nuestra región que requieren grandes capacidades de infraestructura computacional son variados y algunos de los más interesantes están vinculados a los retos del desarrollo sostenible, un tema de preocupación global. Uno de estos retos es el cambio climático, un problema que nos afecta profundamente en América Latina, posiblemente más que en otras regiones debido a la ubicación de muchos países en la zona ecuatorial, que son especialmente vulnerables a los cambios climáticos extremos. Esto nos lleva a preguntarnos qué tipo de computación sería la más adecuada para desarrollar modelos de predicción climática, que incluso tienen una importante influencia en otras áreas como la logística, el transporte, la seguridad alimentaria, el urbanismo y la gestión de desastres, entre otros.

También se plantea la cuestión de dónde ubicar las infraestructuras para brindar el mejor servicio posible inmediato a la comunidad, tanto en términos de impacto inmediato como a largo plazo, observando las competencias, riesgos sociales y ambientales para garantizar la sostenibilidad de estos proyectos, así como la modelización de diferentes escenarios y sus impactos. Lamentablemente en eso hemos fallado muchísimo porque en la competencia machista se concursa por quien la tiene más grande (la supercomputadora), pero muchas veces sin usar convenientemente.

En Colombia, por ejemplo, no existe la infraestructura de cómputo para atender la parte climática que debería haber. Se han generado centros con un fin específico, con inversiones altísimas, pero son instituciones altamente politizadas, hacen de todo menos para lo que fueron creadas, con un impacto en la comunidad muy bajo (pero si con presupuestos de propaganda altos). Esta situación se repite en casi todos los países de latinoamérica, excepto quizás en Argentina y Brasil, donde ha habido mayores inversiones en tecnología y tienen un poco de madurez en ese sentido. Sin embargo, el problema persistente es la falta de continuidad en las políticas gubernamentales para mantener esas inversiones; un cambio de gobierno cada pocos años puede resultar en la interrupción o el abandono de estos proyectos esenciales, como ocurre en México.

México es un gran país, quizás el gran país hispanoamericano. En México se tiene ventajas a corto plazo pero tiende a ser malo en el manejo a largo plazo, tener a Estados Unidos de América puede ser bueno, en el sentido de que México utiliza mucha infraestructura y conocimiento de ese país para abordar los problemas interesantes. Sin embargo, esto también genera una fuerte dependencia tecnológica, un desvalorización de su comunidad y desprecio hacia sus vecinos científicos del sur, lo que representa un problema porque, en el momento en que se requieran acciones inmediatas y conocimiento detallado de la situación en México, y la integración con sus vecinos diferentes a Estados Unidos de América, no se podrá obtener la prioridad necesaria, ya que tanto la industria como el país estadounidense priorizará sus propias necesidades. La enseñanza nos la dió la crisis del COVID-19 y eso debería ser un aprendizaje, no sólo para México.

Otro tema sumamente interesante y con gran potencial de trabajo es el relacionado con la biodiversidad en Colombia, en América Latina y el Caribe. Esta riqueza biológica de la región es relevante para múltiples áreas, desde la salud hasta los problemas de alimentación. En este contexto, la simulación y el uso de inteligencia artificial se presentan no sólo como un medio, sino como una técnica clave. La inteligencia artificial, aunque es una técnica y no un fin en sí misma, implica el uso de algoritmos que requieren procesamiento en paralelo intensivo y masivo, y por supuesto, un conocimiento profundo más allá de su mera aplicación.

El desafío radica en cómo podemos utilizar técnicas avanzadas, como la inteligencia artificial, para abordar problemas fundamentales relacionados con la biodiversidad. Lo importante aquí es cómo puedo vincular estos conocimientos y herramientas tecnológicas a la gestión y aprovechamiento de nuestra biodiversidad, lo cual es de suma importancia para la región.

Los problemas sociales derivados de las configuraciones de los países de América Latina y el Caribe, es otro de los temas que se han identificado. Por ejemplo, el rápido crecimiento de las ciudades (la ciudad en la que vivo se parece mas a Guadalajara que a Estocolmo), el manejo de migraciones y problemas económicos relacionados con diferentes tipos de desarrollo, incluidas las empresas de manufactura (el continente americano, incluso desde la época precolombina siempre ha sido de migrantes, por motivos ambientales, sociales, políticos). Estos problemas se abordan a menudo desde las humanidades digitales. Y las humanidades digitales en nuestra región es un área en la cual somos (en América Latina y el Caribe) muy reconocidos a nivel mundial.

En Colombia, se ha identificado cierta capacidad de cómputo instalada para enfrentar estos desafíos, y esto también se observa en otros países de la región. Por ejemplo, se ha trabajado en una serie de proyectos en torno a comunidades digitales que han permitido identificar importantes focos de corrupción. Estos proyectos utilizan técnicas de *big data* y *blockchain* y, aunque a los corruptos les interese poco su divulgación, ayudan a entender y mitigar estos focos. Además, tratar estos problemas implica una complejidad que puede modelarse matemáticamente y permitir descubrimientos significativos. Quizá el único problema sea la falta de visibilidad de estos proyectos y el hecho de que a menudo no se percibe su impacto inmediato, aunque definitivamente lo tiene.

Volviendo a los problemas migratorios, este es un tema del que todos hablan, especialmente sobre el flujo de migración de un lugar a otro y lo que está ocurriendo actualmente. Sin embargo, pocos investigadores se han sumergido en este asunto tan profundamente como en México, donde han tomado la iniciativa de usar datos de diversas fuentes para obtener estadísticas reales. Una revelación interesante que surgió hace aproximadamente seis meses es que, contrariamente a la creencia popular de que la cantidad de emigrantes estaba aumentando, muchos están regresando y se está produciendo un proceso de gentrificación. Incluso personas que antes emigraban a Estados Unidos y Canadá están retornando debido a problemas económicos y de calidad de vida. Además, ciudadanos originarios de esos dos países están viendo a México y otros países del sur como lugares atractivos para vivir.

La migración y el rápido crecimiento de las ciudades también se han estudiado, ya que han afectado la reconfiguración urbana, por ejemplo, durante la pandemia. Estos estudios han sido bastante interesantes y aún hoy en día el mundo observa atentamente sus resultados. Investigadores en este país y en otros lugares de América Latina están utilizando información satelital para analizar estos fenómenos, realizando modelamiento de sistemas complejos que consideran tanto datos cuantitativos como cualitativos. Este es un campo excitante de las humanidades digitales, donde se mezclan diferentes disciplinas, incluyéndonos a nosotros como computistas.

Estos son desafíos que puedo mencionar y que se suman a los tradicionales en todas las áreas, como la física de altas energías, la astrofísica, los materiales, la química, las neurociencias y las industrias tradicionales como el petróleo y la minería. En particular, dentro de estas áreas tradicionales, la investigación en energía es un tema crucial, especialmente en relación con el cambio climático y la crisis de recursos. La inversión en energía no solo se busca por su costo, sino también por su menor huella de carbono, que impacta directamente el clima global.

Arquitecturas computacionales para el desarrollo de la IA.

La inteligencia artificial nos desafía no solo a ser usuarios, sino desarrolladores de algoritmos y arquitectos computacionales que permitan ese procesamiento eficientemente. El reto computacional es significativo, especialmente por la necesidad de avances en paralelismo y el incremento de la capacidad de cómputo. Esto permite utilizar diversas arquitecturas computacionales y procesadores híbridos simultáneos. Sin estos avances, aún estaríamos experimentando con la inteligencia artificial como en los años 70, 80 o 90. Hoy en día, tenemos la posibilidad de implementar algoritmos de manera efectiva, pero también de simplemente utilizar herramientas.

El primer paso debe ser enfatizar en las universidades la creación de herramientas en lugar de solo su uso. Una crítica fuerte al sistema educativo es que, al responder a modas y con la excusa de formar para el empleo, olvidan que la educación debe ser profesional y para toda la vida, destinada también a impactar en la sociedad. Debemos insistir en cómo la gente va a aprender a construir estas herramientas más allá de solo utilizarlas. Aprender a usar una herramienta de inteligencia artificial puede tomar solo una hora, pero crearlas requiere un enfoque fuerte en las ciencias básicas, especialmente en matemáticas, sin olvidar el aspecto ético.

Existe una preocupación disminuida a nivel mundial sobre el impacto social y ambiental de la inteligencia artificial. Por ejemplo, el uso de procesadores para inteligencia artificial, que son muy eficientes para ciertas tareas (y si, son maravillosos), consume 50 veces más energía que un procesador normal, generando un impacto ambiental significativo. Además, estos chips se desgastan más rápido. Se vuelve una cuestión ética utilizar arquitecturas computacionales eficientes y sostenibles, con un impacto ambiental reducido.

El aspecto ético también es esencial. Debe haber una discusión abierta y transparente entre la comunidad de desarrolladores y la sociedad sobre el impacto de estas tecnologías. Por ejemplo, las herramientas de transcripción automática pueden parecer útiles, pero debemos preguntarnos si realmente capturan las ideas correctamente o si están influenciadas por los sesgos del sistema pre-entrenado. Esto podría estandarizar el discurso y reducir la diversidad en las comunicaciones. Estos son aspectos que deben discutirse abiertamente, pues tienen un impacto significativo en la sociedad.

Volviendo al tema de los procesadores, algunas empresas están orientando sus arquitecturas de investigación hacia la reducción del consumo de energía, algo que es sumamente interesante porque cada vez que se lanza una solución, afecta el mercado de manera impresionante. Esto me recuerda a lo que ocurrió hace años cuando una de estas empresas, bien conocidas por todos, hizo el salto a las arquitecturas que involucraban no solo procesamiento masivamente paralelo, sino también cambio del manejo de punto flotante y la comunicación. Aquella fue una transición brutal hacia una oferta de mercado que dominó por mucho tiempo, antes de avanzar hacia una tecnología más eficiente, Pero, este cambio resultó en ventas masivas de un producto que no fue suficientemente utilizado (solo meses en los países que denominamos desarrollados), generando una cantidad significativa de basura tecnológica, una afectación negativa en los precios de mercado y un alto consumo de energía. Son muchos los aspectos a considerar en el impacto de este tipo de desarrollos.

En ese sentido, la discusión en torno a la arquitectura computacional que debemos utilizar se podría desarrollar de la siguiente manera: primero, determinar qué arquitectura es la adecuada no solo para utilizar herramientas, sino también para crearlas. Esto implica no sólo los aspectos técnicos sino también los éticos, incluyendo las consideraciones ambientales y el impacto potencialmente negativo o cuestionable de nuestras acciones. Segundo, quiénes, dónde, cuánto y cómo se garantiza que funcione y que se use adecuadamente en un alto grado y finalmente qué va a pasar después, qué voy a hacer con ese residuo que queda cuando ya no solo sea obsoleta sino insostenible.

Para esto, es necesario que la gente conozca estos aspectos. En la ciencia y tecnología, siempre ha sido importante que cuando aparece algo nuevo, la gente lo conozca para evitar tomar decisiones equivocadas y para no convertirse en esclavos de tecnologías equivocadas o que no comprenden. Por eso hay divulgación científica especializada y divulgación (o vulgarización) hacia el público no especializado, pero también por eso hay propaganda (o marketing de producto). Esto es especialmente relevante ahora con la inteligencia artificial, donde muchas personas la perciben como algo misterioso o incluso amenazante, como un autómata estilo película de ciencia ficción, sin entender las diversas aplicaciones y algoritmos, como el *machine learning*, que subyacen a estos avances.

La inteligencia artificial no es simplemente una herramienta; implica una serie de algoritmos, como el aprendizaje automático, que requieren una comprensión profunda tanto matemática como de su implementación en programas. Desde nuestra perspectiva, trabajamos con procesamientos masivamente paralelos que son intensivos y masivos, utilizando diversas unidades de procesamiento, comunicación, almacenamiento y configuraciones de memoria para optimizar el manejo de datos. Además, existe un enfoque en utilizar matemáticas continuas y, en algunos casos, chips analógicos para ciertos algoritmos de inteligencia artificial, mostrando que lo que está detrás va más allá que usar un *prompt*.

En ese orden de ideas, es esencial que nosotros, junto con la comunidad académica, comprendamos que estos fundamentos deben enseñarse y aplicarse adecuadamente y elegir las mejores opciones sin olvidar los posibles impactos sociales y ambientales.

Formación de ingenieros para el desarrollo del país

Cuando surgen nuevas tecnologías, también emergen cambios que a veces son mal asumidos. Recuerdo claramente mis tiempos de pregrado en los años 90, cuando ocurrieron dos eventos interesantes que llevaron a algunas universidades, afortunadamente no en la mía en ese momento, a cambiar sus currículos en respuesta a modas pasajeras.

Primero fue la adopción de la programación orientada a objetos. De repente, todos decían que todo sería programación orientada a objetos. En otras universidades, especialmente privadas, comenzaron a modificar sus currículos para enfocarse exclusivamente en esto, olvidándose de otros aspectos importantes. Para nosotros, era simplemente un paradigma de programación más, de hecho, teníamos una asignatura llamada 'Paradigmas de Programación', y manteníamos una base fundamental tanto en la descripción matemática como en la implementación incremental.

Posteriormente, ocurrió algo similar con el auge del mundo web. Algunas universidades empezaron a graduar no ingenieros en computación, sino ingenieros en programación web. Para nosotros, esto simplemente era una aplicación más dentro de los sistemas distribuidos, y el resto del campo no se veía influenciado por esta moda.

En la ingeniería y la ciencia, es crucial reconocer los principios fundamentales que son universales, aplicables en cualquier parte del mundo, ya sea en México, Mongolia, Estados Unidos de América, Rusia o el Polo Norte. La ciencia y la ingeniería transforman estos principios en tecnología útil. Por ejemplo, un avión vuela efectivamente debido a principios como los de Bernoulli, independientemente de si fue construido en Brasil, China o en Canadá.

En los programas de ingeniería, no debemos olvidar esta base fundamental. Aunque es tentador seguir las tendencias y crear programas especializados (me refiero a las formaciones de base fundamentales no a los postgrados), como una ingeniería en inteligencia artificial aplicada al sector agrícola, porque se ha vuelto popular, es esencial mantener un enfoque equilibrado (y reconocer cuando son formaciones especializadas post un grado de base). En lugar de renombrar completamente nuestros programas por modas pasajeras, con nombres rimbombantes, deberíamos enfocarnos en fortalecer la base científica y técnica de nuestros estudiantes. Repito, no cayendo en la moda o en lo que se nos dice que debemos hacer desde otros países más fuertes. A partir de ahí, pueden especializarse en áreas específicas donde sean más fuertes, como mencionaba, la inteligencia artificial en agricultura, o la inteligencia artificial para la salud, pero sin descuidar los fundamentos de la ingeniería y la ciencia. Este enfoque asegura que, mientras nuestros estudiantes se capaciten en aplicaciones específicas, también están profundamente arraigados en los principios universales de la ingeniería que les permitirán adaptarse e innovar en cualquier campo y si, a partir de una profesión para la vida.

Para que nuestro enfoque educativo funcione, no podemos aislarnos; necesitamos estar en diálogo constante con la comunidad académica mundial. Curiosamente, ellos enfrentan problemas similares, incluida la presión de seguir modas para atraer más estudiantes, ya que lamentablemente muchas universidades se han convertido en fábricas de diplomas en lugar de centros de producción de conocimiento. A veces por administraciones que no son realmente académicas.

He comentado a mis colegas que si vamos a formar gente basándonos en modas, podríamos llegar al extremo de ofrecer una ingeniería en "modelos *webcam*", dado que parece ser muy lucrativo o en "influenciadores". Pero, claramente, más allá del cinismo eso carecería de fundamentos serios, y aquí radica un dilema que enfrentamos, especialmente en América Latina y el Caribe, donde tendemos a imitar tendencias sin la madurez necesaria para cuestionarlas críticamente.

Es primordial reconocer que, aunque formamos ingenieros y científicos, el conocimiento es global y tiene aplicaciones universales. Nuestra misión no es solo preparar estudiantes para un empleo, sino para la vida en general, especialmente en las universidades públicas de América Latina y el Caribe, donde la responsabilidad hacia nuestro entorno es aún mayor que el de las universidades privadas (partamos que usamos fondos públicos para ello). No debemos pensar que se forman ingenieros solo para que sean contratados en el extranjero al graduarse; se forman para que contribuyan al desarrollo de nuestro país y de nuestra región, y por ende, del mundo.

Es esencial recordar que los recursos que recibimos a través de impuestos de los ciudadanos para operar como universidad pública deben usarse de manera que retorne beneficios a la comunidad (que va más allá de ser una fábrica de diplomas). Esto es crucial para justificar el apoyo público que recibimos. El resto, por decisiones personales es parte del entorno social y las metas personales, eso es claro, pero en la base, la responsabilidad e importancia de la universidad pública es muy clara (y fue por ello que decidí volver a vincularme a ella también. Siempre, tanto en Colombia, como en Francia y Brasil fui beneficiario en mi formación por la universidad pública).

La importancia de la colaboración

La colaboración es fundamental. Contrario a la idea popularizada por la teoría darwiniana, que sugiere que los más fuertes y competitivos son los que triunfan, la biología ha demostrado que ha sido la capacidad de colaborar la que permite que las especies tan débiles individualmente como la nuestra (y en general la mayoría de mamíferos) sobreviviera y más aún en nuestro caso como primates superiores, que trascendiéramos y dominaramos. De hecho, está documentado por los especialistas que en el caso de los primates, notamos que empezaron a evolucionar cuando formaron manadas, se vieron obligados a comunicarse, a generar estructura social, generar tecnología y si a realizar cosas extraordinarias como no abandonar a los débiles, enseñar, cuidar y sanar a sus heridos. Este fenómeno no es exclusivo de los humanos; también lo vemos en otras especies como las abejas y los delfines. La colaboración ha sido una clave para la supervivencia y el progreso de muchas especies a lo largo de la historia.

La colaboración, vista desde un punto de vista natural, permite la supervivencia y el desarrollo. En el ámbito del cómputo, recuerdo una frase de Mateo Valero: *"El que no computa no compite"*. Yo digo hoy en día que *"el que no colabora no sobrevive"*, y esto es una realidad. Un claro ejemplo de esto se vio durante la pandemia; si no hubiera existido una colaboración global para secuenciar y analizar el virus, no se habrían desarrollado las vacunas ni avanzado en ciertas ideas de aceleramiento de procesos. Fue, probablemente por primera vez en muchos años, un momento en que la humanidad colaboró conjuntamente de manera global para sobrevivir, en principio (ya lo que pasó después con la comercialización y malas prácticas tanto de las farmacéuticas, los gobiernos y demás, hacen parte de esa naturaleza capitalista basada en la codicia, pero me atrevo a decir que no es generalizada).

Si aplicamos esta idea a nuestra región, es evidente que separados somos extremadamente débiles, pero unidos podemos alcanzar grandes logros. La colaboración permite aprovechar competencias dispersas geográficamente y realizar grandes proyectos. El acceso a recursos también es crucial. A veces, por economía, responsabilidad o incluso caprichos, se adquieren laboratorios robustos, pero garantizando un acceso colaborativo, podemos tener un impacto significativo. Trascender. Son muchas las oportunidades que la colaboración puede abrir, permitiendo verdaderos avances y desarrollo.

La colaboración nos permite aprovechar al máximo nuestras competencias y recursos, lo que resulta en un desarrollo mucho más significativo y sostenible. Es fundamental que trabajemos juntos para enfrentar los desafíos y aprovechar las oportunidades que se nos presentan

Siempre he apostado fuertemente por la colaboración. Por ejemplo, durante los siete años que viví en Europa, principalmente en Francia, observé que, aunque muchos países son ricos y pueden sostenerse con menos recursos, se dieron cuenta de que al unir sus riquezas podrían lograr mucho más. En el ámbito del supercómputo, la creación de iniciativas como PRACE y posteriormente EuroHPC *Joint Undertaking* ha permitido establecer más de 25 infraestructuras robustas con fondos europeos en diferentes países, generando un ecosistema no solo científicamente competitivo, sino también productivo. Alrededor de estas infraestructuras han surgido empresas y se ha promovido un crecimiento común.

En América Latina y el Caribe, cuando se colabora, se logran resultados impresionantes. En el ámbito académico, por ejemplo, existen iniciativas como RedCLARA, que inicialmente se pensó para conectar universidades y facilitar el acceso a datos e internet. Hoy en día, esta red ha permitido crear comunidades y fortalecerlas, lo cual es fundamental. Por ejemplo, con RedCLARA se han logrado apoyar proyectos diversos, como el proyecto LAGO (también apoyado por SCALAC), que reúne investigadores de todo el continente en torno a Astrofísica y Ondas Gravitacionales. Otra iniciativa a mencionar es por ejemplo, los científicos que monitorean enfermedades tropicales. Ellos igualmente aprovechan recursos enlazados por RedCLARA, y ha sido súper interesante, porque por ejemplo, enfermedades que aparecen en Brasil pueden tener efectos devastadores en México unos meses después. Esta colaboración, que comenzó hace varios años, es de las más importantes pero no tan visibles en América Latina y el Caribe, teniendo ahí un problema y es ese el de visibilidad. Es por eso que deben promoverse igualmente eventos académicos, divulgación científica responsable, eventos de vulgarización y claro, tener nuestros propios medios.

En síntesis, después de todo esto que he mencionado, puedo decir que la colaboración no solo permite el desarrollo y la expansión; es esencial para nuestra supervivencia. Es fundamental para enfrentar desafíos y aprovechar oportunidades de manera conjunta.

Redes de colaboración para compartir infraestructura

Las redes pueden ser fundamentales para desarrollar una infraestructura más robusta. Las condiciones están dadas, pero debemos pensar de manera más inteligente y comunitaria. Existen diversas redes, y en este contexto, destacó especialmente el papel de SCALAC, que ha facilitado la unión de intereses comunes. En los últimos meses, hemos logrado acumular recursos que, aunque todavía son modestos, podrían incrementar su impacto con mayor visibilidad y una formalización adecuada. Esto nos podría acercar a formar un consorcio similar a los que hemos visto en Estados Unidos de América, o quizás algo más ambicioso como lo que mencioné anteriormente con EuroHPC *Joint Undertaking*, dejando de ser modestos. Esto nos permitiría integrar las necesidades y los intereses de las naciones, asegurando que las inversiones en tecnología se realicen de manera efectiva y por supuesto garantizar sostenibilidad formando talento humano y difundiendo el principio de colaboración.

Por supuesto, necesitamos asumir una responsabilidad comunitaria en el uso de los recursos. Por ejemplo, aunque muchos desearíamos tener un supercomputador del TOP500 en casa, no todos podemos permitírnoslo ni mantenerlo. Por lo tanto, debemos gestionar nuestros recursos de manera que maximicemos los beneficios para toda la comunidad y promovamos el desarrollo tecnológico sostenible de nuestras naciones. En ese orden de ideas, en SCALAC estamos trabajando en un ranking en el que se tenga en cuenta el uso y las capacidades de desempeño de las infraestructuras robustas.

Algo que vi en Europa es que a la comunidad científica en realidad no le interesa tanto tener la infraestructura "al lado", sino tener acceso a ella. Mantener este tipo de equipamiento es complicado y costoso. Algunos centros más exitosos han adoptado el enfoque de centralizar los recursos y garantizar el acceso a los demás. Por ejemplo, el Barcelona Supercomputing Center (BSC), en España, el INRIA en Francia, logrando grandes avances, aunque ahora enfrenten algunos problemas. Otros países como Luxemburgo, Italia o Polonia también han seguido este modelo.

En cuanto la investigación en sí y el desarrollo de proyectos, es muy interesante como en muchísimas ocasiones, los científicos en países muy fuertes en la Comunidad Europea, como Francia y Alemania, prefieren no coordinar proyectos europeos debido al costo en tiempo para manejar la burocracia, dejando esa tarea a países como Portugal, España e Italia. Esto demuestra que la clave está en entender que no necesariamente necesitamos poseer el recurso, coordinar, sino tener acceso a él, integrarnos colaborativamente, para lograr nuestros objetivos, teniendo una visión común. Este enfoque nos lleva igualmente a una responsabilidad compartida (no sólo aquello de que se encarguen los otros).

Esta responsabilidad es reconocer que podemos maximizar nuestros esfuerzos y recursos mediante la colaboración y el acceso compartido, en lugar de insistir en la propiedad individual de la infraestructura robusta.

Las redes de colaboración están conformadas por gente. Si no contamos con personas que tengan las competencias y el conocimiento necesarios para fortalecer una red y utilizar esos recursos, será muy difícil convencer a los tomadores de decisiones. Es esencial que exista una comunidad, y esta comunidad comienza en las universidades. Veamos, por ejemplo, el campo de la inteligencia artificial: es crucial darles a los expertos la oportunidad de comprender que para desarrollar herramientas efectivas se requiere el uso de supercomputación. Esto implica tener ingenieros capacitados que sepan cómo distribuir el procesamiento de manera óptima, cómo mantener en funcionamiento máquinas con ese tipo de procesadores y cómo gestionar ese tipo de manejo de datos que involucra comunicación y almacenamiento. Es muy importante que se entienda que más allá de simplemente identificar si una imagen muestra una vaca o un gato, estos profesionales deben tener una comprensión profunda de la infraestructura necesaria para llevar a cabo tareas complejas. Así es como realmente comenzamos a avanzar en el desarrollo y la aplicación efectiva de estas tecnologías y si, llegar incluso a crearlas.

Esta comunidad, y la responsabilidad que conlleva, es clave para canalizar los recursos de manera responsable, algo que lamentablemente no siempre se ha logrado. A menudo, debido a influencias políticas, en nuestra región y específicamente en Colombia, se han implementado infraestructuras que no pueden sostenerse más allá de tres años, ya sea por falta de personal calificado, por el alto costo energético o simplemente porque fueron mal dimensionadas y nadie las entiende o utiliza. Esta situación se agrava por el deseo de competir de manera casi egoísta, lo dije anteriormente en términos de la competencia machista, en lugar de priorizar lo que realmente necesitamos, que es un acceso efectivo a la tecnología y garantizar su sostenibilidad.

Pero en la misma región encontramos ejemplos buenos. Brasil ha logrado implementar un modelo más efectivo (ya he mencionado que tiene una historia muy diferente como país a pesar que estemos en el mismo continente). Allí existe una política nacional, garantizada por la ley en la cual el sistema federal de universidades contribuye y asegura que las máquinas disponibles estén justificadamente distribuidas. Las principales capacidades computacionales en Brasil se localizan en las regiones de Río de Janeiro y de São Paulo, no solo por sostenibilidad sino también por conveniencia estratégica y desarrollo histórico del país.

En Brasil, no existe un interés solo por tener la máquina de TOP500, sino más bien cómo contribuir para que, por ejemplo, el LNCC pueda mantener una máquina de petaflops como la del Santos Dummont para que la comunidad académica se vea beneficiada. O como por ejemplo, el sector productivo para ser competitivo garantiza recursos altamente competitivos. Esto se logra con el apoyo financiero del estado y la aceptación de las universidades, que acuerdan que los fondos destinados para este propósito sean bien invertidos. Además, se establece todo un sistema para que los investigadores no solo tengan acceso a estas infraestructuras, sino también a formaciones y colaboraciones en todo el país, desde el norte hasta el sur, fomentando así un amplio espectro de competencias. Este enfoque comunitario y colaborativo es esencial para aprovechar al máximo los recursos y capacidades disponibles, asegurando que la inversión en infraestructura tecnológica beneficie a toda la comunidad académica y científica.

Además, algo que a menudo no se considera en esta área es que no se necesita estar físicamente al lado del supercomputador para beneficiarte de él. En realidad, yo estoy bastante lejos; me encuentro habitualmente en el campus central, mientras que los supercomputadores están en el Parque Tecnológico de Guariguara, en un municipio llamado Piedecuesta, a unos 10 kilómetros de distancia. Esta situación me ha hecho comprender mejor ciertos aspectos de cómo funcionan estas herramientas y la importancia de una comunidad responsable. Estar lejos no disminuye nuestra capacidad de utilizar estos recursos de manera efectiva, sino que refuerza la necesidad de una red bien organizada y de acceso remoto eficiente que permita a todos los involucrados aprovechar la tecnología disponible, independientemente de su ubicación física. Esto es lo que verdaderamente define a una comunidad responsable y colaborativa.

Conclusiones

Con respecto al desarrollo del supercómputo en América Latina y el Caribe, y en lo particular en Colombia, tengo una visión realista (y si en cierta manera optimista) hacia el futuro. Creo que estamos avanzando por un buen camino como comunidad continental. La gente ha aprendido la importancia de colaborar y de ser ambiciosos en proyectos que buscan alcanzar una cierta autonomía tecnológica, valorando la información y el conocimiento. En cuanto al supercómputo, estamos conscientes de que no se trata solo de contar con un tipo de chip o una cantidad determinada, sino de aprovechar una diversidad de tecnologías y las capacidades de manera eficiente. Esto incluye desde las unidades de procesamiento central más convencionales hasta chips analógicos, GPUs, TPUs e incluso chips cuánticos. Este enfoque diversificado no solo amplía nuestras capacidades técnicas, sino que también nos prepara mejor para enfrentar desafíos complejos y variados en el futuro.

He mencionado el cómputo cuántico (hace parte de la computación avanzada y somos los centros de supercomputación los llamados a integrarlo) considero interesante su desarrollo en la región, donde existen personas que desarrollan algoritmos y empresas que están haciendo avances significativos en este campo. Algunas de estas empresas, por ejemplo en Uruguay, Brasil o México, aunque no tienen un computador cuántico propio, tiene acceso a simuladores basados principalmente en GPUs, y sus algoritmos están listos para ser ejecutados mediante servicios de empresas que sí tienen estos computadores. Utilizan estos recursos a partir de un servicio de nube especializado, para resolver problemas logísticos y de catálisis, pero hay muchos más. Lo relevante es ver cómo se ha formado una comunidad alrededor de este tema y que está alcanzando una madurez interesante, la cual es fundamental para el futuro del desarrollo en la región.

Soy optimista gracias a la comunidad que se ha formado en América Latina y el Caribe, compuesta de gente nueva y competente. Los estudiantes que se han graduado, aquellos que han completado su doctorado o que se han integrado en el sector productivo, comprenden la necesidad de tener autonomía tecnológica, proteger los datos y la importancia de esa independencia y valorización. Esto ha contribuido a desarrollar el ecosistema tecnológico de diversas maneras, permitiendo que más científicos regionales sean reconocidos y colaboren de forma más directa y visible a nivel global con colegas en Europa y Estados Unidos de América, quienes han comenzado a vernos como pares.

Pero, el llegar a ser protagonistas involucra un proceso que no garantiza un resultado extraordinario de la noche a la mañana. Lo ideal sería mantener o incluso asegurar una curva de crecimiento constante para lograr un avance sostenido, como lo que se ve en países como Francia o Alemania. Observando las infraestructuras actuales, solo dos países de América Latina están actualmente en el TOP500: Argentina y Brasil, aunque tradicionalmente han sido tres: Argentina, Brasil y México. Creo que en los próximos años, independientemente de si están en el TOP500 o no, la capacidad de las infraestructuras de cómputo de alto rendimiento robustas en la región va a aumentar. Pero es muy importante garantizar el acceso a estas capacidades para abordar problemas regionales, colaborativamente.

Retomo la experiencia de la crisis del COVID19. La pandemia nos ha enseñado que en momentos de emergencia, aunque todos buscamos colaborar, la prioridad inicial es resolver nuestros propios problemas y asegurar nuestra supervivencia, para luego poder ayudar a los demás.

Esto subraya la importancia de contar con recursos propios y accesibles. Si no garantizamos una autonomía tecnológica, enfrentaremos problemas similares con otros desafíos globales como el cambio climático. Actualmente, mientras los sistemas de predicción en otras partes del mundo se vuelven más eficientes, aquí enfrentamos desastres y simplemente los atribuimos a “tiempo loco” sin buscar soluciones. Estas son cuestiones que se pueden comprender y gestionar, aunque implique un costo. Por ejemplo, muchos aeropuertos en América Latina pagan por servicios de predicción meteorológica a empresas externas, pero estas priorizan sus contratos nacionales sobre los internacionales. Recientemente, me enteré de un problema en Panamá debido a esta situación; la prioridad de estas empresas es con las aerolíneas de ellos, dejando a los demás en segundo plano, como a las nuestras.

Si no desarrollamos sistemas propios que nos den cierto nivel de autonomía, continuaremos enfrentando estos problemas, esperando que los otros resuelvan. Sin embargo, como dije anteriormente, soy optimista y creo que podemos desarrollar esta capacidad y autonomía. Me gustaría que pudiéramos acelerar este proceso, especialmente porque ya contamos con una comunidad en crecimiento y con las competencias necesarias, pero tomará tiempo pues debemos aún ponernos de acuerdo en muchas cosas. Claro que ponernos de acuerdo implica un enfoque responsable.

Siempre he pensado que México debería tener, al menos, el mismo volumen de máquinas en el TOP500 que Brasil, y que ambos países podrían trabajar de manera mucho más colaborativa. Es cierto que, culturalmente, esto puede ser más complicado, pero no es imposible. Hace unos 15 años, se pensaba que la colaboración en Europa era imposible debido a las diferencias culturales, de origen y de idioma. Sin embargo, aquí en América Latina y el Caribe, donde la mayoría habla español (y si no hablamos portuñol) y compartimos problemas y una cultura similar, sería mucho más fácil establecer una cooperación continental efectiva.

Computación de Alto Rendimiento en Latinoamérica

JORGE LOZOYA ARANDIA

Universidad de Guadalajara (UdeG)
México

Jorge Lozoya Arandia es doctor en Agua y Energía por el Centro Universitario de Tonalá de la Universidad de Guadalajara. Además, estudió la carrera de Tecnología de Información en el Centro Universitario de Ciencias Económico-Administrativas (CUCEA) de la misma universidad.

A lo largo de su carrera, ha trabajado en diversas áreas relacionadas con las tecnologías de la información en la Universidad de Guadalajara. En 2012, se incorporó a la Coordinación General de Tecnologías de Información (CGTI) de la Universidad de Guadalajara, desempeñándose como Coordinador de Operaciones de Servicios Tecnológicos. Su carrera ha estado marcada por una significativa contribución a diversas áreas de tecnologías de la información en esta institución.

Colaboración interinstitucional para la formación del talento y el desarrollo de la ciencia

Resumen

El avance del supercómputo en la Universidad de Guadalajara y América Latina se basa en una combinación de colaboración interinstitucional, formación de capital humano, optimización energética y una visión a futuro que integra las tecnologías emergentes de manera sostenible. La importancia del desarrollo del supercómputo en la Universidad de Guadalajara y América Latina radica en la colaboración interinstitucional, especialmente a través de redes como REDMEXSU y SCALAC.

Los desafíos y oportunidades del cómputo de alto rendimiento en México son muchos, destacando la importancia de la actualización y capacitación constante de expertos en la materia. Además, se plantea la necesidad de políticas educativas y gubernamentales que promuevan no solo el uso, sino también el desarrollo de tecnologías avanzadas, como la inteligencia artificial y el *deep learning*. Esto requiere una visión directiva clara para fomentar el avance tecnológico y formar capital humano especializado que pueda liderar estos desarrollos.

Finalmente, se aborda el impacto energético del uso intensivo de la inteligencia artificial y el procesamiento de supercómputo, resaltando la importancia del cómputo verde. Se comparte una perspectiva sobre la colaboración interdisciplinaria y la formación de talento especializado en cómputo de alto rendimiento.

Introducción

Mi vida académica y profesional se encuentra estrechamente ligada al desarrollo de tecnologías de información. En el 2004, cuando comenzaba mi carrera profesional, me tocó trabajar en diversas áreas relacionadas con Internet, el desarrollo de páginas web, la configuración de equipos de cómputo, y los servicios de videoconferencias, que en aquel tiempo apenas iniciaban. Trabajé en diferentes Coordinaciones de Tecnologías para el Aprendizaje en la Universidad de Guadalajara, pasando por el Centro Universitario de los Lagos, el Centro de Estudios Estratégicos para el Desarrollo, y más tarde por el Centro Universitario de Ciencias Económico Administrativas, donde me encargaba de implementar tecnologías para apoyar las actividades educativas de los centros universitarios con distintas iniciativas.

En 2012, me incorporé a la Coordinación General de Tecnologías de Información (CGTI) de la Universidad de Guadalajara como Coordinador de Operaciones de Servicios Tecnológicos. En este puesto, tuve la oportunidad de colaborar con numerosos especialistas y supervisar una amplia gama de servicios, incluyendo telefonía, conectividad, procesamiento y almacenamiento de datos, respaldo, soporte técnico y transmisión de videoconferencia, entre otros.

Estas actividades me permitieron desarrollarme y participar en eventos de tecnología organizados por la Universidad de Guadalajara y, en algunos casos, por la CGTI. Entre estos eventos se encontraba el Congreso Internacional de Supercómputo (ISUM), donde tuve la oportunidad de presentar parte de mis trabajos como estudiante de la maestría.

Al principio, no tenía claro qué era exactamente el supercómputo, pero a medida que fui utilizando las tecnologías, me di cuenta de que se requería una gran capacidad de procesamiento para ciertos procesos. Así fue como comencé a buscar nuevas capacidades de procesamiento para el desarrollo de proyectos de investigación, tanto los personales como los de otros investigadores de la Universidad.

A partir de ahí, se inició una relación con otras instituciones que contaban con infraestructura de supercómputo y comenzamos a colaborar en varias iniciativas de desarrollo en este campo. Esto nos permitió plantear la necesidad de proveer infraestructura para lo que antes se conocía como cómputo científico, con el fin de atender la demanda de procesamiento para proyectos de investigación en diferentes áreas del conocimiento.

Además, se presentó la oportunidad de buscar asociaciones con la industria de desarrollo de tecnologías de información para explorar posibles colaboraciones y encontrar soluciones que nos permitieran contar con la infraestructura necesaria para procesamiento y almacenamiento.

Primeros esfuerzos por proveer infraestructura

Cuando me incorporé a la Coordinación General de Tecnologías de Información (CGTI), me llevé una grata sorpresa al descubrir que ya contábamos con infraestructura de supercómputo, o al menos con equipos que servían a los investigadores de la universidad. Disponíamos de una máquina IBM Regatta, uno de los equipos más rápidos de 2001 con procesador Power4, un clúster de HP con procesadores Itanium, y otros equipos más pequeños que ya estaban obsoletos.

En 2014, se intentó renovar esta infraestructura con recursos limitados, y se adquirió un equipo *HP Moonshot 1500*, de bajo consumo energético y que prometía atender la demanda de procesamiento a un costo mucho más reducido en comparación con los grandes equipos. Me tocó realizar todo el proceso para la adquisición de este equipo. Cuando finalmente llegó, nos encontramos con que la arquitectura era muy prometedora, pero desafortunadamente, solo quedó en eso, en promesa, porque no se pudo procesar nada.

De ahí surgió la inquietud de no solo desarrollar e implementar el equipo de supercómputo para satisfacer las necesidades de procesamiento, sino también de crear una estructura organizacional dentro de la Universidad de Guadalajara que permitiera el uso, la enseñanza y el aprovechamiento del supercómputo. Quería que esta estructura fuera una plataforma para impulsar el desarrollo científico, es decir, un conjunto de espacios, funciones o servicios que se ofrecieran a la comunidad para fomentar el supercómputo al interior de la UDG.

Durante la gestión del rectorado del Mtro. Tonatiuh Bravo, en 2015, se nos brindó la oportunidad de diseñar un centro de supercomputación para la Universidad de Guadalajara. Comenzamos a trabajar en su diseño en colaboración con algunos fabricantes. Fue un proceso muy complejo porque no solo se trataba de la computadora, sino de crear un espacio académico donde se aprendiera y enseñara el uso del supercómputo, además de poder integrar a personas que no estaban familiarizadas con esta tecnología para que pudieran aprovecharla.

El trabajo de colaboración con expertos en el tema, tanto dentro de la universidad como con fabricantes y otras instituciones con las que ya teníamos iniciativas en marcha, fue fundamental para desarrollar el proyecto. Al principio éramos pocas personas, pero muy entusiastas, y logramos que más personas se sumaran al proyecto. Es difícil mencionar a todos los involucrados, como la Dra. Carmen E. Rodriguez Armenta y no puedo dejar de mencionar a mi querido amigo, el Dr. Luis Alberto Gutiérrez Díaz de León (QEPD), y a Lizette Robles. Éramos algunos de los que comenzamos el proyecto de supercómputo en ese momento; buscando desarrollar un proyecto con bases metodológicamente fuertes que permitiera su consolidación a futuro.

En el proceso de adquisición del equipo de supercómputo, fue fundamental el trabajo de apoyo que se dio a partir de las redes académicas, en especial de la Red Mexicana de Supercómputo (REDMEXSU) de CONAHCYT. Durante ese tiempo, se realizaron varias reuniones a nivel nacional para evaluar la viabilidad de contar con un centro nacional y varios centros regionales que pudieran satisfacer la creciente demanda de procesamiento en el país.

En 2015, se realizó en la Universidad de Guadalajara, una mesa de diálogo sobre la creación de un centro nacional de supercómputo, con el objetivo de atraer el interés de actores del gobierno, empresas de tecnología y autoridades universitarias para apoyar el proyecto que nos permitiera establecer un centro en la UDG.

En ese momento, ya existían tres grandes centros de supercómputo en el país: el Centro Nacional de Supercomputación (CNS) del Instituto Potosino de Investigación Científica (IPICYT), el Laboratorio Nacional de Sureste (LNS) de la Benemérita Universidad Autónoma de Puebla, y el Laboratorio de Matemáticas Aplicadas (ABACUS) del Cinvestav. Estos centros eran referentes nacionales en cuanto a las capacidades instaladas y los servicios que ofrecían, no solo a la comunidad académica y de investigación, sino también a la industria y al gobierno.

Durante esa época, y a través de los apoyos de las redes de CONAHCYT, la REDMEXSU pudo ofrecer varias capacitaciones tanto para usuarios como para administradores de los equipos de supercómputo.

Una nueva computadora, nuevos retos

El proceso de adquisición de un equipo de supercómputo es una tarea compleja que involucra desde el diseño de la solución, es decir, las características de la máquina, el espacio donde se debe instalar, las adecuaciones a ese espacio y el mismo proceso administrativo para la adquisición. En esta actividad es fundamental contar con personas con experiencia que puedan compartir sus conocimientos.

El apoyo de los miembros de la REDMEXSU fue muy importante, ya que nos ayudaron a revisar las bases y evaluar las diferentes propuestas. Contamos con el respaldo del Dr. Raúl Rivera y Salvador Castañeda del CICESE, así como del Dr. Noel Carbajal del Centro Nacional de Supercómputo del IPICYT. Además, recibimos apoyo de otros miembros de la red, como el Dr. Luis Díaz de la UAEMEX.

Además del apoyo brindado en el proceso de licitación para la adquisición de la máquina, el trabajo también consistió en definir una estructura organizacional que permitiera la operación del centro y la prestación de los servicios de procesamiento. Se definió la supercomputadora, Leo Átrox, y se estableció lo que hoy en día se conoce como el Centro de Análisis de Datos y Supercómputo (CADS) de la Universidad de Guadalajara. Fue un trabajo complejo determinar qué áreas incluir, cuáles eliminar, y cómo estructurarlas. Este esfuerzo fue un trabajo colegiado de mucho tiempo y de muchos participantes, hasta que llegamos a la primera versión final.

Finalmente, cuando se inauguró en octubre de 2018, no solo era una supercomputadora, Leo Átrox, sino que se estableció el Centro de Análisis de Datos y Supercómputo (CADS) de la Universidad de Guadalajara. La visión que se tenía en ese momento, y que hoy en día tiene más sentido que nunca, sigue siendo pertinente. El equipo de supercómputo no solo brinda servicios a la comunidad de investigación de la UDG, sino también a otras Instituciones de Educación Superior (IES) del país, facilitando el procesamiento de grandes cantidades de datos en un tiempo más rápido.

Con el auge reciente de la inteligencia artificial en su uso común, aunque los grandes equipos ya se utilizaban para este fin desde hace tiempo, se identifica la necesidad de contar con mayores capacidades de procesamiento de datos. La única manera de lograr esto es mediante el cómputo de alto rendimiento. La importancia del procesamiento y análisis de grandes volúmenes de datos toma mayor relevancia. Los usuarios requieren infraestructura de supercómputo, ya que el conocimiento no solo reside en los libros, sino en la capacidad de analizar grandes cantidades de información en menos tiempo. En este contexto, la pertinencia de contar con un espacio como el CADS, que se planteó hace más de 8 años, se vuelve cada día más evidente.

Pertinencia del CADS para atender la demanda de la región

El Centro de Análisis de Datos y Supercómputo (CADS) fue concebido para atender dos enfoques principales. Primero, la parte de investigación, para la cual teníamos visualizados algunos proyectos específicos que utilizaban supercómputo y que tenían un impacto tanto nacional como internacional. Entre estos, el proyecto de física de altas energías liderado por el Dr. Eduardo de la Fuente del CUCEI, el cual es una colaboración con al menos dos Premio Nobel, y el proyecto con el grupo de investigadores de Química del Centro Universitario de Los Lagos, liderado por el Dr. Gustavo Rodríguez Zavala, que se centraba en la estructura electrónica de calmagita y pseudosacarinas. Ambos proyectos fueron de gran impacto y requerían de un alto poder de cómputo, que en ese momento solo se podía encontrar en otras instituciones.

Además, había otros grupos de investigación más dispersos dentro de la Red Universitaria. Lo que buscábamos era que esos investigadores vinieran a utilizar la infraestructura de supercómputo de la Universidad de Guadalajara, y que todo ese conocimiento que se generara y se mantenga dentro de la institución.

Figura 1.
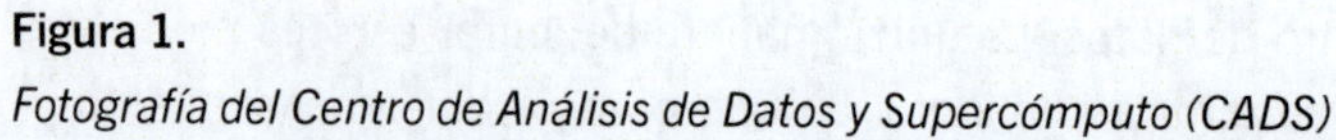
Fotografía del Centro de Análisis de Datos y Supercómputo (CADS)

Fuente: Centro de Análisis de Datos y Supercómputo (CADS)

Las necesidades identificadas, eran claras y reales, pero la realidad mostraba un amplio margen para la proyección. Había muchos proyectos, tanto académicos como de otros sectores, que tenían el potencial de beneficiarse del supercómputo. Además, buscábamos ofrecer este procesamiento no solo a nivel académico, sino también a gobiernos y a la industria privada, realizando muchas proyecciones para participar en proyectos tanto nacionales como internacionales.

Se había identificado la posibilidad de participar en estos proyectos, y estábamos conscientes de que esto dependería de nuestras capacidades de cómputo y del talento del personal con el que contábamos. Esta era la proyección y la necesidad que se reconocía. Sin embargo, emergía otra necesidad crucial: la capacitación. En ese año, no existían programas de posgrado ni de pregrado enfocados en el análisis de datos, y mucho menos en supercómputo o cómputo de alto rendimiento.

Por lo tanto, la proyección incluía impulsar no solo la capacidad de contar con infraestructura y un espacio especializado, sino también la formación de personas especializadas en el análisis de datos y el cómputo de alto rendimiento.

El reto de contar con personal altamente capacitado

Como bien saben todos los expertos, en el ámbito del cómputo de alto rendimiento la tecnología evoluciona diariamente, presentando continuamente nuevas y mejores capacidades, procesamientos más eficientes y, en general, mejoras en todos los aspectos. El gran desafío que enfrentamos es que, a medida que emergen estas tecnologías, debemos aprender a utilizarlas y contar con personal capacitado para hacerlo.

Actualmente, enfrentamos una escasez significativa de talento especializado. Y cuando digo esto, no me refiero solo a la Universidad de Guadalajara, sino a todo México. Esta falta de personal cualificado es un obstáculo considerable que debemos superar para aprovechar al máximo las potencialidades del cómputo de alto rendimiento en nuestros proyectos académicos y de investigación.

En ese momento, también recibimos un gran apoyo de la Red Mexicana de Supercómputo. Varios de los expertos más destacados del país contribuyeron al diseño e implementación de nuestro proyecto. Podríamos decir que, incluso los fabricantes que nos apoyaron, encontraron desafíos en la implementación de sus propias tecnologías, a pesar de ser los creadores de estas. Como en cualquier implementación de cómputo de alto rendimiento, esta experiencia les sirvió para probar y aprender sobre las tecnologías que ellos mismos desarrollaban.

El valor más significativo se manifestó en la experiencia adquirida por aquellos de nosotros involucrados en la implementación y operación de estos equipos. Hemos aprendido mucho más de lo que cualquier capacitación formal o los propios fabricantes podrían garantizar sobre el uso de estos sistemas de cómputo.

Fomentar el supercómputo en el país

Para poder fomentar e impulsar el desarrollo del supercómputo en el país, yo lo dividiría en niveles. Me gustaría empezar por el que considero más importante: la parte humana. Para el desarrollo de los expertos en cómputo de alto rendimiento, se necesita generar las condiciones adecuadas tanto académicas como de equipamiento. Esto requiere una visión directiva clara desde las instituciones, lo que implica la necesidad de programas educativos y gubernamentales robustos, además de contar con políticas nacionales de desarrollo e innovación.

Es fundamental entender que si no desarrollamos nuestra propia tecnología, nos convertiremos simplemente en usuarios de tecnología creada por otros, ya que no hay forma de evitar la omnipresencia tecnológica en nuestra sociedad. La tecnología ya está aquí, y es indispensable para todo lo que hacemos, especialmente para el desarrollo de la ciencia.

El desarrollo económico, industrial, agroindustrial, químico, bioquímico -en realidad, todo- necesita de procesamiento y tecnología. Si no desarrollamos estas tecnologías, seremos simplemente usuarios. Con el auge de la inteligencia artificial, han surgido muchas herramientas de uso de inteligencia artificial para los usuarios finales, pero eso es lo que somos: usuarios de una plataforma de alto rendimiento, no desarrolladores de la plataforma.

El cómputo de alto rendimiento es precisamente eso, la máquina que procesa todas estas nuevas tecnologías. Si no tenemos quienes desarrollen productos de inteligencia artificial, de *deep learning*, de *machine learning*, de análisis de datos, seremos simplemente usuarios. Necesitamos desarrolladores que creen estos códigos y esta tecnología; de lo contrario, nos limitaremos a ser usuarios.

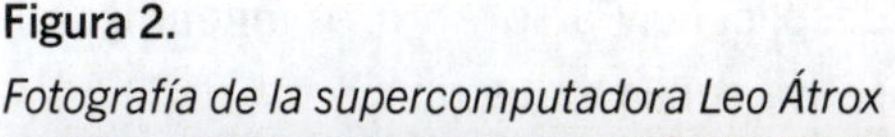

Figura 2.

Fotografía de la supercomputadora Leo Átrox

Fuente: Centro de Análisis de Datos y Supercómputo (CADS)

La política para impulsar este cambio no consiste en ser meros usuarios, sino en convertirnos en desarrolladores de la tecnología. Para lograrlo, necesitamos conocerla a fondo, tener acceso a ella y contar con expertos que puedan desarrollarla e impulsarla. Incorporar líneas de investigación e incluso carreras o programas de aprendizaje asociados al análisis de datos, la inteligencia artificial, el uso de *deep learning*, *machine learning*, robótica y bioinformática es el primer paso. Creo que esto ya se está comenzando a implementar en la Universidad de Guadalajara.

El segundo nivel es la vinculación con la industria. La industria realmente marca la pauta en los desarrollos tecnológicos, especialmente en aspectos como el cómputo de alto rendimiento, desarrollo de procesadores, nuevas arquitecturas de redes de datos, almacenamiento y procesamiento, visualización y despliegue. Por lo tanto, es fundamental establecer una colaboración efectiva con la industria.

El tercer nivel implica políticas gubernamentales sobre el desarrollo de tecnología. Es necesario alinear políticas estatales, nacionales y municipales que impulsen el desarrollo tecnológico para atender necesidades locales. Esto implica explorar cómo la tecnología puede ayudar a resolver problemáticas específicas de ciertos puntos. En esta era de hipertecnologización, podemos encontrar soluciones tecnológicas para problemáticas locales puntuales de manera no onerosa.

Las asimetrías tecnológicas entre zonas conurbadas, rurales y aquellas con bajas capacidades económicas a menudo impiden el acceso a ciertos avances tecnológicos, como el cómputo de alto rendimiento. Por eso, es fundamental diseñar políticas que aseguren que estos avances sean accesibles para todos, reduciendo así la brecha tecnológica.

Cuando se utiliza el cómputo de alto rendimiento, se centraliza el procesamiento, permitiendo que cualquier persona, desde cualquier lugar y con una capacidad limitada de conectividad y procesamiento, pueda manejar enormes cantidades de información. La esencia del cómputo de alto rendimiento radica en centralizar el procesamiento para evitar la necesidad de instalar capacidad de procesamiento en cada esquina, municipio o punto remoto. En lugar de eso, desde estos puntos remotos se envían los datos, se procesan, y la información procesada se devuelve.

Como cierre, sería esencial implementar políticas que nos permitan alinear el desarrollo tecnológico y evitar limitarnos a ser meros consumidores. El centralizar el procesamiento tiene una mala percepción entre algunos tomadores de decisiones, quienes creen que al hacerlo están perdiendo individualidad o seguridad en su información. Sin embargo, es todo lo contrario. Al centralizar el procesamiento, se pueden generar módulos que son lo suficientemente seguros y privados como para que nadie tenga acceso no autorizado. Esto permite optimizar los recursos y alcanzar capacidades de procesamiento que serían impensables de manera local en muchos lugares, donde sería imposible procesar esa cantidad de datos.

Aprovechar al máximo las infraestructuras a través de la colaboración

La otra parte de la colaboración en estas redes académicas que cuenta con infraestructura de procesamiento es que realmente podemos estar en México procesando datos de China, o en Barcelona, Medellín o Argentina, procesando datos generados aquí y entregando resultados. Esto rompe las barreras de distancia y la necesidad de tener equipos robustos en cada oficina, por decirlo coloquialmente. En los ambientes universitarios, todos queríamos tener nuestro propio servidor bajo el escritorio, y aunque parezca broma, muchos lo tenían y aún lo tienen para generar sus procesos de investigación.

El impulso del cómputo es aprovechar el trabajo interdisciplinario que se da ahora en la academia. Disciplinas como medicina, agrobiotecnología, veterinaria, y hasta psicología, pueden beneficiarse enormemente del procesamiento de datos.

Impulsar a los investigadores para que la investigación no se limite a datos guardados bajo el escritorio, sino que puedan compartir y colaborar con otros, es lo que realmente está agregando valor a la ciencia en los últimos años. Esta colaboración y apertura transforman el enfoque tradicional, potenciando descubrimientos y avances significativos en todas las disciplinas.

El debate sobre aprovechar los recursos de la infraestructura en la nube es especialmente relevante para las entidades de gobierno en México y, me atrevería a decir, para América Latina en general. Las capacidades de inversión suelen estar limitadas por los recursos que aporta la federación, o por los fondos a los que las universidades públicas pueden acceder a través de proyectos. Estos recursos no son estables, por lo que depender de un servicio en la nube implica que estos proyectos son finitos. Es decir, mientras haya recursos financieros, tenemos esta capacidad de procesamiento en la nube.

Esta configuración no es mala y funciona bien para proyectos con plazos definidos. Sin embargo, para las instituciones educativas, y esto es algo observable a nivel mundial, es crucial la adquisición de equipos propios. Al tener sus propios equipos, las instituciones pueden seguir formando profesionales y desarrollando investigación incluso después de que finalicen los proyectos financiados, ya que el equipo no forma parte de un arrendamiento o de un recurso externo en la nube.

En la nube, sí, somos usuarios, y en algunos proyectos de investigación, trabajar en la nube es totalmente viable. De hecho, muchos centros de investigación están optando por no adquirir equipos de cómputo propios y, en cambio, procesar sus datos en la nube o en otras instalaciones externas. Sin embargo, para la enseñanza y el desarrollo de tecnología a nivel nacional, es esencial poseer la tecnología físicamente. Si solo eres usuario, es como si estuvieras viendo el juego por televisión, desde la distancia; pero si tienes el equipo, puedes realizar investigaciones más profundas.

Con el hardware a tu disposición, puedes examinar consumos energéticos, analizar buses de datos, y manejar diferentes arquitecturas. La ventaja de poseer la tecnología es poder manipular y experimentar directamente con las herramientas. Mirando hacia el futuro, o al menos en los próximos cinco años, la tecnología ha evolucionado para ser suficientemente modular, de modo que no es necesario adquirir equipos *exascale* para estar en el top 100. Pero sí es crucial tener acceso a la mejor tecnología, aunque sea en una escala menor. Esto incluye tener los mejores procesadores, redes, sistemas de almacenamiento, y sistemas de procesamiento y seguridad, y trabajar en conjunto con las industrias que desarrollan estos sistemas.

Estamos aproximándonos a la era del cómputo cuántico, y espero que en unos 30 años, el cómputo cuántico se convierta en el estándar. Imagino que para entonces, no tendremos que enseñar cómputo tradicional en las universidades, y las clases de programación se enfocarán en cómputo cuántico. Creo que en tres décadas tendremos acceso a procesadores cuánticos de manera más comercial.

En esta vorágine de actualización tecnológica, es esencial que las instituciones posean estos procesadores para familiarizarse con ellos. Además, es importante trabajar en la nube, ya que no se pueden tener todas las arquitecturas; cada una sirve para propósitos diferentes. Aquí es donde las redes de colaboración vuelven a jugar un papel crucial. Si tienes colaboración con alguien que posee un tipo de procesador específico, puedes enviarle tus datos para procesarlos. O si dispones de otro tipo de procesador, lo utilizas según convenga, o incluso puedes procesar investigaciones de otros países.

Eficiencia energética

Los retos que acompañan a las tecnologías emergentes como la inteligencia artificial y el cómputo cuántico son estratégicos y requieren un uso razonable de los recursos, así como tecnologías más eficientes. Estamos conscientes de que este tipo de infraestructuras consumen mucha energía y pueden dejar una huella de carbono significativa. En la búsqueda de soluciones, debemos asegurarnos de utilizar tecnología vigente y eficiente, no tecnologías que otros países hayan descartado por su ineficiencia o consumo subóptimo.

Desde el inicio del Centro de Análisis de Datos y Supercómputo (CADS), hemos trabajado en la optimización energética. A medida que el CADS ha evolucionado, inicialmente se buscaba optimizar el consumo de una computadora completa a través de la infraestructura, intentando alimentar equipos de supercómputo con energías renovables y analizando todos sus procesos para identificar cuáles consumen más energía y cómo optimizarlos. Lo que hemos descubierto es que a menudo no reducimos el consumo energético per se, sino que, con el mismo nivel de consumo, logramos procesar el doble de información. Este fue uno de los hallazgos más interesantes que surgió hace dos años: aunque nuestro objetivo inicial era reducir el consumo energético, terminamos procesando mucho más con la misma cantidad de energía.

Además, las visiones sobre el uso energético varían enormemente debido a diferencias geográficas y políticas. Las políticas de uso energético en Europa difieren de las de Estados Unidos, de América Latina y son muy distintas a las de Asia, como Japón y China.

Las arquitecturas se desarrollan en función de las necesidades y políticas específicas de cada país. En México, hasta hace poco, las políticas de consumo energético asociadas al procesamiento de datos no eran ampliamente reconocidas. Sin embargo, este tema ha comenzado a ganar visibilidad. En junio de 2024, durante dos foros especializados muy importantes, se discutió ampliamente en México sobre el impacto energético del uso de herramientas de inteligencia artificial y cómputo de alto rendimiento.

Ya desde el año pasado hemos estado trabajando en estos temas a nivel de procesador, en colaboración con diversos centros, buscando optimizar el consumo energético. Cada día surgen nuevas tecnologías que presumiblemente consumen menos energía. Sin embargo, aunque cada procesador individual pueda consumir menos, el volumen total de procesamiento continúa aumentando. Por lo tanto, enfrentamos una constante batalla: aunque cada unidad consume menos, el consumo total sigue creciendo debido a que procesamos cada vez más datos.

Se estima que entre el 3 y el 4 por ciento del consumo eléctrico mundial se debe a equipos de cómputo, que sostienen los servicios de internet y procesamiento de datos. Un dato interesante del año pasado revela que el consumo energético de una interacción normal con *chatGPT* es ocho veces superior al de una búsqueda estándar en Google. Esto se debe a las iteraciones complejas y al tipo de procesamiento que requieren nuestros procesos de inteligencia artificial, lo que supone un aumento de entre 800% y 900% en el consumo energético global asociado al procesamiento de datos.

Este impacto es sumamente relevante y debe convertirse en una prioridad para los próximos años. Resolver el problema del cómputo verde es esencial, ya que se está convirtiendo en una cuestión neurálgica para nuestra vida cotidiana y el bienestar del planeta.

Visión del desarrollo del supercómputo en América Latina

Desde mi punto de vista, considero que en América Latina se debe plantear una colaboración interdisciplinaria a nivel de investigación, comenzando en las universidades, como puede ser el caso de la Universidad de Guadalajara. Sería beneficioso que todas las líneas de investigación susceptibles de aprovechar el cómputo de alto rendimiento converjan para focalizar esfuerzos. Esto podría realizarse ya sea por procesamiento local dentro del Centro de Análisis y de Datos de la Universidad de Guadalajara o en colaboración con otros centros de procesamiento de datos a nivel nacional o internacional.

Lo más importante es aprovechar los convenios de colaboración existentes para canalizar estos esfuerzos de manera más eficiente, optimizando recursos y maximizando los beneficios derivados del uso de estas tecnologías avanzadas.

Creo que la forma más viable de impulsar el avance tecnológico en los próximos años es a través de proyectos de investigación colaborativos. Estos proyectos deberían permitir una integración efectiva con academias de diferentes centros universitarios, así como con universidades a nivel nacional que ya están desarrollando estas capacidades.

La colaboración interinstitucional facilitará el intercambio de conocimientos y recursos, optimizando los resultados y maximizando el impacto de las investigaciones. Uno de los grandes logros de este año en relación al supercómputo y la colaboración interinstitucional en México es la creación del Laboratorio Nacional de Enseñanza e Innovación Aplicando Cómputo de Alto Rendimiento (EICAR). Este laboratorio es una colaboración entre diversas universidades y representa un primer gran esfuerzo para apoyar el desarrollo de proyectos de investigación en el ámbito. Además, este proyecto busca formar recursos humanos altamente capacitados, tanto en la administración como en el uso de las infraestructuras de supercómputo.

Por otro lado, las redes de colaboración a nivel América Latina nos fortalecen significativamente. La realidad es que, aunque la infraestructura de procesamiento en América Latina es considerablemente limitada en comparación con otros países, este es solo un aspecto de la ecuación. En cuanto a los usuarios, y hablando de capital humano, los latinoamericanos están presentes en algunos de los mejores equipos de cómputo de alto rendimiento a nivel mundial. Creo que nuestro capital humano especializado es la mayor fortaleza que tenemos actualmente. Los profesionales latinoamericanos, incluyéndome por ser parte de esta comunidad, juegan un papel crucial en el desarrollo del cómputo de alto rendimiento globalmente.

A pesar de la falta de infraestructura, nuestro compromiso y capacidad para contribuir son indiscutibles. Si contáramos con mayor infraestructura, nuestra contribución y el impacto en el avance de la ciencia y tecnología serían aún más significativos. Como buenos latinoamericanos, siempre miramos hacia nuestro hogar y estamos listos para apoyar con todo lo que tenemos.

Entonces, aunque no contamos con la infraestructura de hardware necesaria, sí tenemos el capital humano, que es lo más importante. Por lo tanto, debemos aprovecharlo al máximo. Las redes de colaboración y las oportunidades de capacitación son recursos que podemos y debemos explotar. Hoy en día, mirando hacia el futuro, debemos aspirar a que nuestras instituciones promuevan el desarrollo y la implementación de cómputo de alto rendimiento de manera interdisciplinaria, enfocándose en atender las necesidades específicas de América Latina.

Conclusión

En los últimos tres años, el desarrollo del cómputo de alto rendimiento en la Universidad de Guadalajara ha progresado significativamente a través del CADS, con un enfoque claro hacia el apoyo de la investigación y proyectos que tienen un impacto tanto nacional como internacional. Además, se ha fomentado la formación de muchos especialistas que han trasladado su *expertise* a la industria.

Este avance se ha logrado gracias a colaboraciones con instituciones nacionales, principalmente con universidades integrantes del Laboratorio Nacional EICAR, tales como la Universidad de Sonora, la Universidad Autónoma del Estado de México, el Centro de Investigación Científica de Ensenada, el Centro Nacional de Supercómputo del IPICYT y el Laboratorio de Matemáticas Aplicadas (ABACUS) del Cinvestav. Asimismo, se han establecido importantes colaboraciones internacionales, destacando el trabajo conjunto con la Universidad de Tokyo.

También es fundamental contar con usuarios que creen en el proyecto y comprendan la importancia de disponer de infraestructura de supercómputo para satisfacer las necesidades actuales. Son ellos quienes han permitido generar nuevos desarrollos que impactan tanto en el ámbito académico como en el sector privado.

El trabajo conjunto con redes académicas como la REDMEXSU y el Sistema de Computación Avanzada para América Latina y el Caribe (SCALAC) nos brinda una presencia internacional y nos permite participar en proyectos que benefician a nuestra institución y fomentan el desarrollo del supercómputo en toda América Latina, como es el caso de la Conferencia CARLA.

Las tecnologías de la información se han convertido en un habilitador crucial. Creo firmemente en su potencial para formar recursos humanos altamente capacitados que puedan enfrentar los retos de los próximos años. Una de las principales ventajas de contar con un centro de datos de supercómputo en una universidad no radica únicamente en la máquina, sino en todo el conocimiento que se genera alrededor de esta infraestructura. La colaboración multidisciplinaria y el desafío de resolver problemas complejos que requieren el uso de esta infraestructura son fundamentales para nuestro progreso.

GINÉS GUERRERO

NLHPC
National Laboratory for High Performance Computing Chile

Laboratorio Nacional de Supercomputación de Chile (NLHPC)
España / Santiago de Chile

Ginés Guerrero es el Director Ejecutivo del Laboratorio Nacional de Supercomputación de Chile (NLHPC) y miembro del Sistema de Cómputo Avanzado para América Latina y el Caribe (SCALAC). Licenciado en Ingeniería Informática, también posee una maestría y un doctorado en Informática por la Universidad de Murcia. A lo largo de su carrera, ha desarrollado una sólida experiencia en computación de alto rendimiento, con un enfoque en la administración de proyectos de supercomputación.

Con más de una década de dedicación al NLHPC, Ginés ha jugado un papel clave en su consolidación como un laboratorio de referencia nacional, brindando acceso equitativo a recursos de supercomputación y estrechando lazos de confianza con la mayoría de las universidades chilenas que realizan investigación científica. Bajo su liderazgo, la producción científica nacional respaldada por el NLHPC ha crecido significativamente, de unas pocas decenas a más de 200 publicaciones anuales.

Reconocido como un referente en el ámbito de la supercomputación en Chile, Ginés también ha trabajado estrechamente con expertos internacionales, colaborando en iniciativas que buscan fortalecer la infraestructura y el desarrollo de capacidades de cómputo en la región. Estas colaboraciones han sido fundamentales para avanzar en la política científica de Chile, potenciando el uso de la supercomputación en proyectos clave.

Centralización y Desarrollo de Infraestructura de Supercomputación: El Caso del NLHPC

Resumen

La supercomputación es esencial para el avance científico y tecnológico en Chile y Latinoamérica. Es crucial establecer una política de Estado que asegure fondos permanentes con líneas presupuestarias específicas, garantizando así la sostenibilidad y expansión de las capacidades nacionales de supercomputación a lo largo del tiempo, independientemente de los cambios de gobierno. Centralizar la infraestructura de supercomputación en Chile permitirá optimizar el uso de recursos, evitar la duplicación de esfuerzos y fomentar de manera más eficiente el desarrollo tecnológico en cómputo.

La colaboración internacional no solo impulsa la inversión en supercomputación, sino que también fortalece su justificación. Al unir esfuerzos a nivel global, se puede visualizar mejor el impacto de la supercomputación, lo que refuerza los argumentos para la inversión y la hace más atractiva para fuentes internacionales. Además, esta cooperación facilita el desarrollo de estrategias internacionales más amplias y la creación de iniciativas conjuntas con un impacto global de mayor alcance.

Introducción

Mi incursión en la supercomputación ocurrió de manera casi natural. Finalizando la carrera de ingeniería informática en la Universidad de Murcia, el decano de la facultad se acercó a mí con una propuesta: trabajar en el Departamento de Ingeniería y Tecnología de Computadores, gestionando el clúster computacional que tenían. Además, me sugirió que estudiara un máster en Nuevas Tecnologías de Ciencias de la Computación mientras trabajaba en el departamento.

Durante ese período, comencé a contribuir a algunos artículos científicos, y el decano me animó a continuar con el doctorado. Ya integrado en el entorno académico, decidí embarcarme en un doctorado enfocado en computación paralela, especialmente en el uso de GPUs para ejecutar distintos algoritmos. Fue entonces cuando realmente descubrí mi pasión por este campo. Al finalizar el doctorado, se me presentó la oportunidad de trabajar en el laboratorio de supercomputación en Chile, lo cual marcó un nuevo hito en mi carrera.

En Chile, mi experiencia fue diferente. Aunque en un principio se mencionó que tendría tiempo para publicar, la realidad fue otra. A mi llegada, me encontré con una carga de trabajo intensa que no me dejó espacio para la investigación. Podría haber aportado en la publicación de algunos artículos al año, pero el impacto de apoyar a cientos de investigadores para que sean más eficientes en su trabajo y puedan acceder a estos recursos supera con creces el impacto de los pocos artículos que yo podría haber producido. Este enfoque estratégico ha demostrado ser crucial para maximizar la productividad científica a nivel nacional, pasando de unas pocas decenas de artículos al año a más de 200 artículos al año gracias al uso de los recursos que brinda nuestro centro. Desde mi llegada, uno de mis objetivos principales ha sido transformar el laboratorio en un auténtico laboratorio nacional, asegurando que brinde recursos de cómputo a toda la comunidad científica en igualdad de condiciones, sin importar la institución a la que pertenezcan los investigadores. Me enorgullece profundamente saber que mi trabajo ha elevado el impacto científico nacional y, por ello, decidí dedicar mi vida profesional a optimizar estos servicios y fortalecer el apoyo a la comunidad científica.

El NLHPC está alojado en la Facultad de Ciencias Físicas y Matemáticas de la Universidad de Chile. El Centro de Modelamiento Matemático (CMM) lideró la postulación para los fondos que permitieron la creación del NLHPC, en una iniciativa conjunta con ocho instituciones. Desde entonces, llevamos casi 15 años ofreciendo recursos a la comunidad científica. A lo largo de este tiempo, hemos construido importantes lazos de confianza con las instituciones de investigación en Chile, alcanzando a tener 45 instituciones asociadas a la fecha.

La capacidad de tomar decisiones estratégicas sobre las políticas del laboratorio y permitir a la comunidad científica utilizar estas capacidades de infraestructura de cómputo, sin preocuparse por la adquisición y mantenimiento de los recursos, ha sido esencial para potenciar la investigación en el país y consolidar al NLHPC como un pilar fundamental de la ciencia nacional.

El NLHPC: Pilar estratégico para el desarrollo científico y tecnológico de Chile

El NLHPC es el centro nacional de supercomputación de Chile, especializado en computación de alto rendimiento. Gestiona el supercomputador más potente del país y uno de los más poderosos en Sudamérica. Desde su creación en 2011, el NLHPC ha ofrecido recursos de cómputo a la comunidad científica nacional de manera centralizada y equitativa. Además, fomenta la colaboración entre científicos en proyectos multidisciplinarios para maximizar el impacto de esta infraestructura crítica en la I+D+i y, por ende, en el desarrollo de Chile. Su misión también abarca contribuir al crecimiento nacional más allá del ámbito científico, mejorando la competitividad empresarial e impulsando la innovación en el sector público.

El NLHPC ha sido evaluado exhaustivamente por un comité internacional de expertos, cuyas reseñas han sido consistentemente positivas. Este comité ha destacado los avances y servicios ofrecidos por el NLHPC, resaltando su alta eficiencia a un costo prácticamente marginal en comparación con estándares internacionales. Además, han recomendado enfáticamente a la Agencia Nacional de Investigación y Desarrollo (ANID) la continuidad y expansión del laboratorio.

En el último año, aproximadamente desde mediados de 2023 hasta mediados de 2024, el NLHPC ha experimentado un crecimiento notable. Durante este período, más de 500 usuarios se han beneficiado de nuestros recursos, provenientes de más de 50 instituciones distintas. Este alcance ha permitido que más de 40 áreas de investigación se vean impulsadas por nuestro apoyo. Además, hemos otorgado acceso a nuestros servicios a más de 200 proyectos de investigación.

El impacto de este uso se refleja en la producción académica y científica. Gracias a los recursos del NLHPC, se han generado alrededor de 200 publicaciones en revistas científicas indexadas internacionalmente (ISI), todas reconociendo nuestro apoyo. No solo eso, sino que también hemos visto la culminación exitosa de 90 tesis, lo que demuestra cómo nuestro trabajo contribuye directamente al avance del conocimiento en diversas disciplinas.

Estas cifras no han dejado de crecer año tras año, y es importante destacar que toda esta información se muestra de manera transparente y en tiempo real en la web del laboratorio[1].

---

[1] https://www.nlhpc.cl/acerca/

Desde hace tiempo, también hemos ofrecido servicios gratuitos al Estado para fomentar su desarrollo. Por ejemplo, el Ministerio de Obras Públicas utiliza modelaciones numéricas en la planificación de infraestructuras costeras y marítimas, evaluando escenarios de cambio climático y analizando amenazas de tsunamis. El uso del NLHPC ha mejorado la eficiencia de estos procesos y ha permitido la implementación de técnicas avanzadas de modelación numérica, que serían inalcanzables sin esta infraestructura. Gracias a los modelos paralelizados del NLHPC, se ha reducido el tiempo de modelación de semanas a solo unas horas. Asimismo, el Servicio Agrícola y Ganadero ha utilizado nuestras capacidades para evaluar amenazas de nuevas plagas agrícolas y ganaderas, con aplicaciones potenciales en la detección de nuevas enfermedades humanas. También, el Servicio Meteorológico de Chile ha aprovechado nuestra infraestructura, principalmente para simulaciones a largo plazo.

La supercomputación es un pilar fundamental para el desarrollo de diversas iniciativas estratégicas del Estado chileno, como el Instituto del Litio, el Observatorio de Cambio Climático, la Política Nacional de Inteligencia Artificial, el Programa Aeroespacial, y el Centro de Vacunas. Todas estas iniciativas dependen o se pueden potenciar con la capacidad de procesamiento avanzado de datos que ofrecen los supercomputadores. Por ejemplo, el descubrimiento de nuevos materiales en la industria del litio, el análisis detallado de tendencias climáticas, el avance en inteligencia artificial, y el cribado virtual para el desarrollo de nuevas soluciones médicas requieren de infraestructura de alto rendimiento que solo un centro como el NLHPC puede proporcionar. Además, la infraestructura del NLHPC ha sido crucial para enfrentar desafíos imprevistos de índole nacional e internacional, como fue el caso de la pandemia de COVID-19, donde el uso del NLHPC fue clave para la lucha contra el virus, al albergar 14 proyectos relacionados. La información obtenida fue un insumo esencial para la toma de decisiones en la mesa gubernamental. Sin duda, la supercomputación no solo fortalece la ciencia y la tecnología en Chile, sino que también es clave para su crecimiento sostenible y competitivo en el escenario global.

Desafíos y avances en la expansión de capacidades del NLHPC

El NLHPC ha realizado recientemente una inversión significativa en la adquisición de un nuevo supercomputador, denominado "Leftraru Epu"[2], con el objetivo de fortalecer las capacidades de supercomputación en Chile. Esta ampliación, financiada por un fondo concursable otorgado por la ANID bajo el proyecto Fondequip Mayor, cuenta con un presupuesto de 950 millones de pesos chilenos. Aunque la adjudicación se recibió a finales de 2021, la infraestructura no se puso en marcha hasta mediados de 2024 debido a largos procesos burocráticos. La nueva infraestructura incluye unos 10.000 núcleos de cómputo y 12 GPUs de alta potencia, proporcionando casi 500 TFLOPS de capacidad de cómputo.

A pesar de este avance, las capacidades actuales siguen siendo insuficientes para satisfacer las crecientes demandas. La nueva infraestructura ya está operando a un alto porcentaje de su capacidad, y se anticipa que pronto estará saturada. Además, el centro de datos que alberga el supercomputador no cumple con los estándares modernos, subrayando la necesidad urgente de una inversión adicional y mejoras en las instalaciones.

El financiamiento del NLHPC proviene principalmente de ANID, pero estos fondos no alcanzan ni a costear los salarios del personal técnico, lo que requiere aportes adicionales de la Universidad de Chile para cubrir los costos operativos, incluida la electricidad y la operación continua del

[2] https://www.nlhpc.cl/infraestructura/

centro de datos. Las condiciones actuales son subóptimas, y el proyecto enfrenta desafíos constantes para mantener su funcionamiento.

Figura 1.

Fotografía de la supercomputadora Leftraru Epu

Fuente: Laboratorio Nacional de Supercomputación (NLHPC)

Es esencial establecer una fuente de financiamiento permanente para mantener el centro de datos en condiciones adecuadas, renovar periódicamente la infraestructura y asegurar la estabilidad laboral del equipo de ingenieros. Sin un plan claro y fondos asignados para la renovación cada cuatro o cinco años, la capacidad de cómputo de Chile podría volverse obsoleta rápidamente.

Más allá de la necesidad básica de mantener la infraestructura, la interrupción en la inversión, incluso de manera breve, podría tener consecuencias graves. No sólo comprometería la infraestructura tecnológica, sino que también aumentaría el riesgo de fallas críticas y la pérdida de personal clave, cuya experiencia es esencial para el funcionamiento del NLHPC. La pérdida de estos profesionales, junto con la interrupción de proyectos esenciales, podría desmantelar el progreso logrado, afectando la continuidad y el desarrollo de la supercomputación en el país. Este panorama subraya la necesidad de asegurar un financiamiento cons-

tante, no solo para el avance tecnológico, sino como una estrategia de supervivencia y competitividad a nivel regional e internacional.
En este contexto y gracias a los lazos de confianza generados durante más de una década de operación, el 6 de julio se firmó un convenio de colaboración entre 44 instituciones con el apoyo del Ministerio de Ciencia para trabajar en la creación del Laboratorio Nacional de Supercomputación[3]. Este acuerdo reconoce que la supercomputación es un pilar fundamental para el desarrollo de Chile, subrayando la necesidad de centralizar los recursos a nivel nacional, asegurar financiamiento estatal permanente, y establecer una nueva institucionalidad que proporcione una adecuada gobernanza. En una colaboración interinstitucional sin precedentes, se eliminó la competencia por los recursos de cómputo a nivel nacional, abriendo la puerta a un financiamiento estatal directo y sin controversias.

Desde entonces, hemos mantenido diálogos con diversas autoridades, sensibilizándolas sobre la importancia de invertir en las capacidades de supercomputación que Chile necesita. Hemos observado avances políticos significativos, y el Banco de Desarrollo de América Latina y el Caribe (CAF) ha lanzado un llamado para realizar un estudio internacional de prefactibilidad y diseño de proyectos para centros de computación de alto rendimiento[4]. Chile es uno de los dos países seleccionados para la construcción de estos centros de supercomputación, reforzando nuestro papel en el desarrollo tecnológico regional.

Además, se ha propuesto a ANID la reestructuración de los fondos asignados para infraestructura de cómputo para optimizar su uso y asegu-

[3] https://uchile.cl/noticias/187955/44-instituciones-crearan-el-laboratorio-nacional-de-supercomputacion

[4] https://www.caf.com/es/actualidad/convocatorias/2024/07/estudio-prefactibilidad-y-diseno-de-proyectos-para-centros-de-computacion-de-alto-rendimiento-hpc-con-enfasis-en-inteligencia-artificial-en-america-latina-y-el-caribe/

rar que los recursos invertidos tengan un impacto real en la capacidad de supercomputación del país.

Sin duda, es crucial que Chile desarrolle una política nacional de supercomputación con una línea presupuestaria específica, que permita un crecimiento sostenido y posicione al país como un líder en esta área en la región.

Desafíos y estrategias para el desarrollo de infraestructura de supercomputación en América Latina

En América Latina, el acceso a infraestructura de supercomputación para la investigación enfrenta múltiples retos, tanto internos como externos a la región. Entre los principales desafíos se encuentran la obtención limitada de fondos, que a menudo no se alinea con las necesidades tecnológicas avanzadas requeridas para el desarrollo científico, así como las dificultades logísticas y económicas relacionadas con la adquisición y mantenimiento de tecnología de punta.

Uno de los retos menos evidentes, pero igualmente significativos, es la disponibilidad de componentes tecnológicos. A menudo, los fabricantes e integradores no ofrecen ciertos componentes en la región, y los plazos de entrega son considerablemente más largos que en países desarrollados, lo que retrasa la implementación de infraestructura crítica. Además, los precios elevados de los componentes y los presupuestos reducidos agravan esta situación, limitando tanto la adquisición como la renovación periódica de equipos.

Para desarrollar y mantener una infraestructura de supercomputación robusta, es esencial realizar inversiones constantes en varias áreas clave. En primer lugar, es fundamental atraer y formar personal cualificado. En un entorno donde los profesionales de la supercomputación son muy valorados por la industria, retener talento no es solo un reto, sino una necesidad. Es vital ofrecerles estabilidad y una proyección profesional clara para mantener un equipo sólido y competente.

Además, invertir en un centro de datos de clase mundial es una prioridad. Un centro de datos adecuado no solo asegura la operación continua de los sistemas, sino que también prolonga la vida útil de los equipos, lo que maximiza la inversión realizada. Junto a esto, es crucial que los investigadores cuenten con supercomputadores que realmente respondan a sus necesidades. Por eso, no solo hablamos de la compra inicial, sino también de la renovación periódica de estos equipos, idealmente en ciclos no mayores a cinco años. Esto garantiza que la infraestructura no se quede obsoleta y que esté siempre en condiciones de atender las crecientes demandas de la comunidad científica.

Por supuesto, para que todo esto funcione, es indispensable cubrir los costos operativos del centro de supercomputación. Desde el consumo de energía eléctrica hasta el mantenimiento del hardware y las actualizaciones del software, cada uno de estos aspectos necesita un financiamiento continuo. Solo así podemos garantizar que los recursos estén siempre disponibles cuando los investigadores los necesiten.

Además de estos aspectos técnicos y operativos, es fundamental que los países de la región desarrollen una política de Estado clara y a largo plazo. Esta política no solo debe asegurar los fondos necesarios, sino también integrar la supercomputación en la planificación nacional como una herramienta estratégica para el desarrollo científico y tecnológico.

Finalmente, otro reto importante es la concienciación y educación sobre la supercomputación. Es crucial que tanto las autoridades como el público en general comprendan el impacto que tiene la supercomputación en la sociedad. Asimismo, es necesario invertir en programas edu-

cativos que promuevan el desarrollo de nuevas generaciones de científicos y técnicos especializados, garantizando así un futuro sostenible para la infraestructura de supercomputación en la región.
En resumen, superar estos desafíos requiere no solo inversiones económicas, sino también un compromiso continuo en la formación de talento, la mejora de infraestructura, y la creación de políticas que apoyen y sostengan a largo plazo el crecimiento y el impacto de la supercomputación en América Latina.

Ventajas de la centralización de capacidades de cómputo

En el NLHPC, hemos sostenido que la centralización de las capacidades de cómputo es esencial para optimizar los recursos disponibles y garantizar una operación eficiente. En un país como Chile, donde los recursos económicos son limitados, no resulta viable mantener más de un supercomputador de gran tamaño. Para ilustrar esta realidad, podemos mirar el ejemplo de España, un país con un producto interior bruto significativamente mayor que el de Chile. En España, el supercomputador MareNostrum 5 concentra aproximadamente el 80% de la capacidad nacional de supercómputo, mientras que el 20% restante se distribuye entre diez centros de supercomputación menores. Si en Chile se optara por dividir los ya escasos fondos disponibles en múltiples centros de gran envergadura, se diluiría sustancialmente el impacto de cada uno, comprometiendo la efectividad de la infraestructura.

La centralización no sólo permite una economía de escala, sino que también optimiza la operación diaria. Al concentrar los recursos en un único centro de datos, se evitan los costos adicionales asociados con la construcción y mantenimiento de varios centros de datos dispersos. No se duplican gastos en infraestructura esencial, como generadores, sistemas de alimentación ininterrumpida y equipos especializados de climatización. Además, centralizar la operación reduce la necesidad de formar múltiples equipos de ingenieros especializados, lo que es particularmente crítico en Chile, donde la disponibilidad de personal capacitado es limitada.

Una inversión centralizada también trae consigo ventajas significativas en términos de acceso a mejores productos y condiciones de mercado. Con un presupuesto mayor, es posible negociar mejores descuentos y obtener productos de mayor calidad, algo que sería más difícil de alcanzar si los fondos estuvieran fragmentados. Además, la renovación de infraestructura se vuelve más factible y manejable, ya que solo es necesario preocuparse por la actualización de un único centro de gran tamaño, en lugar de múltiples instalaciones.

En resumen, la centralización de las capacidades de cómputo en un solo centro de alto rendimiento no solo es una respuesta pragmática a las limitaciones económicas de Chile, sino también una estrategia eficaz para maximizar el impacto de la supercomputación en el país.

Capacitación y desarrollo en HPC: cursos y formación en el NLHPC

El NLHPC ha desarrollado un enfoque continuo en la capacitación, ofreciendo cursos periódicos diseñados para reducir las barreras en el uso de nuestro supercomputador. Somos conscientes de que, para quienes nunca han trabajado con este tipo de infraestructura, la idea de lanzar un trabajo en un supercomputador puede parecer compleja e intimidante. Con el objetivo de facilitar este acceso, desde hace tiempo organizamos cursos gratuitos que instruyen a los usuarios en el uso eficiente del supercomputador. Estos cursos se realizan de forma mensual.

Los cursos están dirigidos a usuarios con conocimientos básicos de Linux, quienes también deben saber conectarse por *SSH* y manejar un editor de texto. A partir de estas habilidades, se les guía en la creación de *scripts* para utilizar los recursos del supercomputador, además de ofrecer una introducción a modelos de paralelismo como OpenMP y MPI. El propósito es capacitar a los usuarios para que no solo accedan al supercomputador, sino que lo utilicen de manera eficiente, optimizando así el procesamiento de grandes volúmenes de datos, lo cual es crucial para quienes necesitan ejecutar simulaciones complejas.

Una de las fortalezas del NLHPC ha sido nuestro enfoque centrado en el usuario. Nos aseguramos de que las simulaciones se ejecuten de manera eficiente, permitiendo que los investigadores se concentren en su labor científica sin preocuparse por los aspectos técnicos de la infraestructura, desde su adquisición hasta la operación y mantenimiento de la misma.

Además de los cursos para usuarios, realizamos una escuela de formación especializada para administradores de infraestructura HPC. Este año, en el marco de la undécima edición de la Conferencia Latinoamericana de Computación de Alto Rendimiento (CARLA 2024), llevaremos a cabo una renovada y mejorada edición de esta escuela, enfocada específicamente en la administración de HPC.

La formación y la creación de redes de colaboración entre administradores de HPC son aspectos esenciales. La administración de HPC presenta desafíos únicos y complejos que requieren soluciones innovadoras y una constante actualización de conocimientos. La escuela de formación no solo busca transmitir conocimientos técnicos, sino también fomentar el intercambio de experiencias y la construcción de redes que faciliten la resolución de problemas comunes.

Este año, dentro del CARLA, será la primera vez que llevemos a cabo esta escuela, y esperamos que se convierta en un evento anual. La continuidad de estas iniciativas es crucial para fortalecer la comunidad de HPC y asegurar el desarrollo de capacidades técnicas avanzadas en la región.

Los administradores de HPC son la columna vertebral que sostiene el funcionamiento de los centros de supercomputación; su labor es indispensable para que estas infraestructuras complejas operen al máximo de su capacidad, garantizando que la ciencia avance sin interrupciones.

Fortaleciendo la supercomputación a través de redes de colaboración

Las redes de colaboración son fundamentales para impulsar el avance de proyectos de supercomputación, ya que ofrecen una plataforma eficaz para compartir conocimientos y coordinar esfuerzos. Un ejemplo destacado de esta dinámica es SCALAC, una red en la que Philippe Navaux y Carlos Jaime Barrios, Presidente y Coordinador de SCALAC, respectivamente, han desempeñado un papel crucial. Su participación activa en actividades locales y su constante apoyo al NLHPC han sido determinantes para el desarrollo y la consolidación de nuestro laboratorio.

A través de SCALAC, hemos podido unir fuerzas para enfrentar problemas complejos que, de otro modo, habrían sido difíciles de abordar eficazmente. Entre las iniciativas conjuntas que queremos implementar, destaca un proyecto en colaboración con RedCLARA, destinado a federar el acceso a diversos centros de supercomputación en América Latina, incluido el NLHPC. Este esfuerzo permitirá a los usuarios de diferentes redes académicas acceder de manera sencilla y directa a recursos de supercomputación, potenciando así la investigación en la región. Además, SCALAC fue el impulsor de CARLA, una iniciativa que ha fomentado de manera significativa la colaboración regional y el intercambio de conocimientos a lo largo de los años. Otra acción conjunta destacada es la gestión del acceso a hardware computacional que nos entreguen los fabricantes para pruebas a través de SCALAC, facilitando a los científicos de la región la realización de pruebas y experimentos con tecnología de última generación. Estas son solo algunas de las muchas iniciativas que estamos llevando a cabo en conjunto, reflejando el impacto positivo y la relevancia de nuestra colaboración con SCALAC en el ámbito de la supercomputación.

Por otro lado, desde 2011, hemos mantenido una colaboración estrecha con el Barcelona Supercomputing Center (BSC), iniciada cuando Mateo Valero nos invitó a participar en el proyecto europeo RISC. En 2020, la visita de Mateo a Santiago y su participación en eventos de difusión científica, así como en reuniones clave con autoridades como el Ministro de Ciencia, Tecnología, Conocimiento e Innovación, Andrés Couve, y otros funcionarios de alto nivel, fueron decisivas para la renovación del financiamiento del NLHPC. Posteriormente, el BSC también nos invitó a participar en el proyecto RISC2, el cual también fue adjudicado.

La importancia de las redes de colaboración se manifiesta en cada uno de estos proyectos. Gracias a estas alianzas, hemos podido enfrentar desafíos comunes, aprender de experiencias previas y coordinar esfuerzos que han sido fundamentales para el éxito de nuestras iniciativas, fortaleciendo así el ecosistema de supercomputación en la región.

Conclusión

La supercomputación es un pilar fundamental para el desarrollo de cualquier país, y aumentar la inversión en esta área aporta una ventaja estratégica significativa. En Chile, la inversión en supercomputación puede considerarse una de las más prometedoras, con un retorno de inversión de aproximadamente 1 a 7 por cada peso invertido. Durante casi 15 años, el NLHPC ha trabajado intensamente en esta área, estableciendo lazos de confianza con más de 40 instituciones. Es hora de dar el siguiente paso hacia una mayor soberanía nacional en capacidades de cómputo avanzado.

Es crucial avanzar hacia un modelo en el que los recursos de supercomputación sean accesibles para todos los investigadores de la región a través de redes colaborativas. En particular, Chile necesita consolidar una política de Estado que asegure el financiamiento y la estabilidad a largo plazo para la infraestructura de supercomputación. Esto incluye la adecuación y el mantenimiento de un nuevo centro de datos, la actualización periódica del supercomputador, y la proyección y retención de un equipo de profesionales altamente cualificados.

La inversión permanente en supercomputación no solo asegura la continuidad de un centro de alto rendimiento como el NLHPC, sino que también previene la pérdida de avances científicos y tecnológicos alcanzados en más de una década de experiencia. La desaparición del NLHPC podría paralizar áreas críticas como la astronomía, el cambio climático, la física cuántica, y la bioinformática, entre otras. Además, la inversión en capacidades privadas externas sería considerablemente más costosa y menos eficiente.

Invertir en supercomputación fortalece la capacidad de un país para resolver sus propios problemas y promueve la soberanía tecnológica. Los beneficios abarcan la capacidad de resolver desafíos nacionales y de impulsar áreas estratégicas como el Observatorio de Cambio Climático, la Política Nacional de Inteligencia Artificial, el Instituto del Litio, el Programa Aeroespacial, y el Centro de Vacunas. Además, fomenta la asociatividad entre instituciones, atrae capital humano avanzado, y estimula el desarrollo empresarial en Chile.

La capacidad de cómputo ha demostrado ser crucial en situaciones de crisis, como la pandemia de COVID-19, y su importancia seguirá creciendo con el avance de tecnologías como la inteligencia artificial y la computación cuántica. Por ello, es imperativo que tanto los gobiernos como la sociedad comprendan el valor tangible que la supercomputación aporta a la calidad de vida y al progreso científico. Proponemos la creación de un Laboratorio Nacional de Supercomputación que quede contemplado dentro de una glosa del Estado para asegurar su financiamiento, permitiendo a Chile avanzar significativamente en la supercomputación y alcanzar una posición destacada en la región y en el mundo.

RAÚL RIVERA RODRÍGUEZ

**Centro de Investigación Científica y de Educación Superior de Ensenada, Baja California (CICESE)
Ensenada, Baja California, México**

Raúl Rivera Rodríguez se desempeñó como Director de Telemática en el CICESE hasta junio del 2024 y actualmente forma parte del cuerpo de investigadores titulares del Departamento de Electrónica y Telecomunicaciones de ese Centro. Ostenta la Presidencia de la Comisión Asesora en Tecnologías de la Información para CONAHCYT (CATI) mostrando su compromiso y liderazgo en el ámbito de la tecnología y la ciencia en México.

Asimismo, Rivera Rodríguez se desempeña como Responsable Técnico de la Red Mexicana de Supercómputo (REDMEXSU), una plataforma para el avance de la computación de alto rendimiento en el país. Su labor en estas posiciones demuestra su dedicación al impulso de la investigación, la innovación y el desarrollo tecnológico en beneficio de la comunidad científica y educativa en México.

El papel de la Computación de Alto Rendimiento en las instituciones de educación superior en México

Resumen

El papel de la Computación de Alto Rendimiento (HPC) en las instituciones de educación superior en México es esencial, especialmente en el contexto de potenciar el análisis científico y responder a la necesidad de inversión en infraestructura para satisfacer las crecientes demandas de los usuarios. En el Centro de Investigación Científica y de Educación Superior de Ensenada (CICESE), centro reconocido por su excelencia académica y científica avalada por CONAHCYT. Se desarrollan proyectos de investigación que requieren de la HPC, tales como los relacionados con la oceanografía física, las simulaciones del crecimiento de proteínas y el comportamiento molecular, entre otros. En este sentido, se ha explorado el potencial de invertir en el procesamiento y almacenamiento de grandes capacidades para satisfacer las demandas de dichos proyectos, mientras se consideran los desafíos de mantener dicha infraestructura a lo largo del tiempo.

Además, se abordan estrategias clave para promover la investigación y el desarrollo en este campo, así como para fortalecer las habilidades y fomentar la colaboración entre instituciones y profesionales, buscando fortalecer la transferencia de tecnología como parte de las estrategias. En una visión hacia el futuro, se plantea la importancia de trabajar en red, superando los desafíos de la difusión de información y manteniendo una comunidad activa tanto en México como en toda América Latina. Esta colaboración continúa y la presencia regional son esenciales para avanzar en la investigación y el uso de la computación de alto rendimiento en beneficio de la sociedad y el avance científico.

Introducción

En el CICESE, la investigación que llevamos a cabo abarca una amplia gama de áreas del conocimiento, bajo cuatro vertientes principales: Biología Experimental y Aplicada, Ciencias de la Tierra, Física Aplicada y Oceanología. Bajo el marco de estas cuatro áreas principales, se trabaja en temas tan diversos como son la oceanografía física, innovación biomédica, sismología, electrónica y telecomunicaciones, óptica y ecología marina.

También nos adentramos en campos como las energías geotérmicas y renovables, lo que subraya la diversidad de disciplinas que se exploran en nuestro Centro. Cada una de estas áreas de investigación tienen necesidades específicas en cuanto a infraestructura tecnológica. En particular, el grupo de investigadores de oceanografía física se destaca como uno de los principales consumidores de recursos de procesamiento de datos o HPC (*High Performance Computing*).

En los últimos 5 años hemos observado un aumento considerable en la necesidad de infraestructura computacional, especialmente en el área biomédica, para realizar simulaciones que van desde el plegamiento de proteínas hasta el estudio de comportamientos moleculares con aplicaciones en salud. Sin embargo, la infraestructura actual ya no es suficiente para satisfacer estas demandas crecientes, lo que refleja la importancia de crecer y actualizar nuestros recursos tecnológicos. Esta mejora es fundamental para continuar avanzando en diversas disciplinas científicas y para sostener el papel central del CICESE en el avance del conocimiento y la investigación.

En un momento dado, experimentamos un notable aumento en la demanda de capacidad de cómputo, tanto en CPU como en GPUs (Unidades de Procesamiento Gráfico), por parte de los usuarios del CICESE que necesitaban ejecutar una mayor cantidad de modelos. Llegó un punto en el que nos vimos rebasados en nuestras capacidades.

Como solución temporal, optamos por alquilar tiempo de procesamiento de GPU en la nube a empresas fuera de México. Sin embargo, esta práctica conlleva riesgos de seguridad debido a las limitaciones y restricciones en cuanto a los tipos de proyectos que pueden ejecutarse en estas plataformas.

Dado que la investigación de frontera en el CICESE está relacionada con temas de innovación, transferencia de tecnología y generación de recursos propios, estos se deben de abordar desde la perspectiva del sector privado y del sector gubernamental, especialmente a través de programas respaldados por CONAHCYT. Estos programas apoyan las necesidades específicas de este tipo de investigación, no solo para los centros CONAHCYT como el nuestro, sino también para las universidades estatales que cuentan con capacidad para albergar sistemas de supercómputo. Esta colaboración es fundamental para asegurar que las instituciones científicas en México dispongan de los recursos adecuados para seguir avanzando en la investigación de punta.

En el CICESE, estas estrategias nos han permitido expandir de manera gradual la capacidad de supercómputo, el uso de GPUs y la infraestructura disponible para los investigadores. Sin embargo, consideramos que no es suficiente. Estos avances están directamente vinculados al presupuesto disponible, y aunque en ocasiones se asignan recursos adicionales, no siempre son suficientes para satisfacer plenamente las demandas crecientes en este ámbito.

Infraestructuras para el desarrollo de la ciencia

El supercómputo actúa como el núcleo que detona el quehacer de la ciencia. Esto es algo importante ya que, sin estas herramientas, sería imposible llevar a cabo análisis detallados de fenómenos naturales o bioquímicos, lo que nos dejaría excluidos de nuestra principal razón de ser: la generación de conocimiento. Por lo tanto, el supercómputo constituye la base fundamental sobre la cual se construye todo este proceso de creación de conocimiento y se sustenta la competitividad en el ámbito científico.

Como lo mencioné, un ejemplo destacado del aumento en la demanda de capacidad de cómputo por parte de los investigadores del CICESE se observa en el área de la oceanografía física, donde una sola ejecución del modelo puede generar hasta 5 terabytes de información. Posteriormente, estos datos deben ser depurados y almacenados de forma adecuada en un plazo extremadamente corto, lo que hace que el tema del almacenamiento se vuelva algo exponencial. Para gestionar esta información de manera eficiente y crear repositorios de datos accesibles para universidades y la comunidad en general, es imprescindible contar con una infraestructura de almacenamiento robusta.

En este sentido, CONAHCYT desempeña un papel fundamental, no solo en el apoyo a la investigación, sino también en la organización y generación del conocimiento para hacerlo accesible a la comunidad académica, investigadores y sociedad en general. Como entidad del sector público, en el CICESE apoyamos proyectos que buscan compartir el conocimiento generado en productos accesibles para la población y grupos de interés.

Uno de estos proyectos es la creación de repositorios de información que abarcan una amplia gama de temas. Estos repositorios, de carácter nacional, están siendo consolidados para ofrecer una base de datos de acceso libre y soberana para la población mexicana. Este enfoque promueve la democratización del conocimiento y fomenta la colaboración en la investigación, al tiempo que garantiza que los avances científicos estén al alcance de todos.

Figura 1.
Fotografía de las instalaciones del Centro de Datos del CICESE

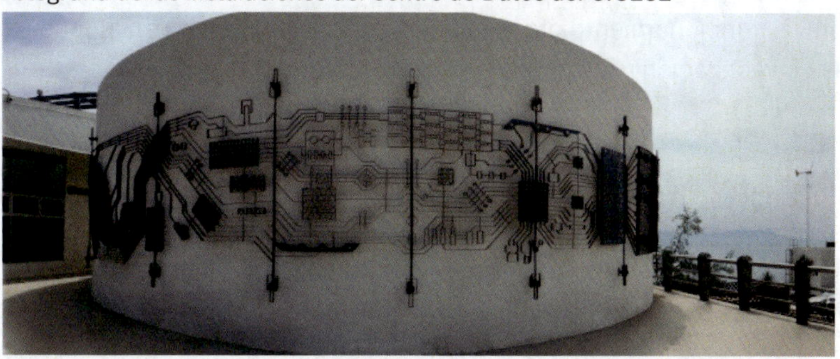

Fuente: Raúl Rivera Rodríguez

Existen iniciativas, como la Corporación Universitaria para el Desarrollo de Internet (CUDI), que han desempeñado un papel fundamental desde su creación, especialmente en el ámbito de las comunicaciones de alta velocidad, alcanzando velocidades de 10 Gbps o incluso superiores según las necesidades. Por otro lado, CONAHCYT está impulsando la conectividad de alta velocidad, especialmente en lugares donde la infraestructura de conectividad a redes estatales es limitada comercialmente. En este sentido, CFE Telecom ha lanzado un programa de conectividad para que, en mediano plazo, se pueda acceder a esta red única que facilitará el intercambio de información, especialmente en una red compartida de Computación de Alto Rendimiento (HPC).

El objetivo principal es establecer una infraestructura de red que permita ofrecer tiempos de procesamiento de supercómputo (HPC) a diversas organizaciones, universidades, proyectos y entidades gubernamentales. La conectividad es un factor fundamental en este proceso, ya que la capacidad para ejecutar modelos en nodos distribuidos geográficamente y manejar grandes volúmenes de datos, como 2 terabytes por corrida, requiere una infraestructura de red robusta. En nuestros centros de datos internos, también enfrentamos el desafío de mover esta cantidad de información de manera eficiente.

En resumen, la conectividad es un elemento esencial que no podemos pasar por alto, ya que es fundamental para el intercambio de información y el funcionamiento efectivo de nuestras operaciones en el ámbito de la investigación y la computación de alto rendimiento.

Formación del talento humano en áreas de tecnología

En el CICESE se busca fortalecer el desarrollo del talento humano, no solo en el ámbito de la investigación sino también en la capacitación de personal preparado para operar y administrar la infraestructura tecnológica. Con este propósito, una vez implementada la infraestructura y documentados los procesos, buscamos generar cursos, capacitaciones y tutoriales a través de foros y la colaboración entre diversas universidades en México.

Recientemente CONAHCYT aprobó la creación del Laboratorio Nacional en Innovación y Educación aplicando Cómputo de Alto Rendimiento (EICAR), liderado por la Universidad Autónoma del Estado de México (UAEMEX), en colaboración con el CICESE, el Centro de Ánalisis de Datos y Supercómputo (CADS) de la Universidad de Guadalajara (UDG), la Universidad de Sonora (UNISON) y el Laboratorio de Matemáticas Aplicadas del Cinvestav (ABACUS). Este laboratorio tiene como objetivo principal desarrollar habilidades en el ámbito del supercómputo y más allá, respondiendo a la creciente demanda de recursos humanos especializados. Cada institución participante en este laboratorio nacional tendrá la oportunidad de contribuir con sus conocimientos y experiencia en diversos temas, enriqueciendo así la oferta educativa y promoviendo la colaboración interinstitucional.

Un aspecto primordial en la capacitación de personal está relacionado con la seguridad de la información, un tema de vital importancia que debe estar intrínsecamente ligado al tema de la computación de alto rendimiento (HPC) y a la conectividad. La implementación de un marco de gestión de la seguridad de la información debe ser abordada de manera integral en todas las áreas funcionales del servicio de HPC. Esto no solo garantiza la protección de los datos, sino que también nos permite participar en proyectos internacionales al obtener certificaciones en materia de seguridad de la información.

Es fundamental formar recursos humanos en esta área junto con los temas de HPC. Este enfoque multidisciplinario aborda varias aristas en el tema de capacitación y prepara al personal para enfrentar los desafíos actuales y futuros en materia de seguridad de la información y computación de alto rendimiento.

En este sentido, cada uno de los centros de datos o universidades que forman parte de este laboratorio nacional puede contribuir con su experiencia y conocimientos para fortalecer esta iniciativa en México. La colaboración entre instituciones permitirá desarrollar programas de capacitación integrales y adaptados a las necesidades específicas del país en términos de seguridad informática y el supercómputo.

Impulso del desarrollo tecnológico

Una de las acciones clave para impulsar el desarrollo tecnológico en nuestro país es localizar el enfoque del negocio y dirigir todos los esfuerzos hacia la consecución de los objetivos. En nuestro caso, el objetivo principal es la generación de conocimiento, lo cual es fundamental. Sin embargo, es igualmente importante identificar qué aspectos de ese conocimiento pueden ser de interés para la industria. Este paso es de suma importancia porque, como entidad paraestatal, sabemos que el financiamiento gubernamental por sí solo no es suficiente en la actualidad.

Al identificar áreas de investigación que tengan potencial para generar impacto en la industria, podemos establecer colaboraciones estratégicas y buscar fuentes adicionales de financiamiento, como asociaciones con empresas privadas, programas de transferencia de tecnología o proyectos conjuntos de investigación y desarrollo. De esta manera, no solo estamos impulsando la innovación y el avance científico, sino también contribuyendo al crecimiento económico y la competitividad del país en el ámbito tecnológico.

Se requieren mecanismos de transferencia tecnológica que puedan generar ese recurso para fortalecer las infraestructuras del país. En este sentido, CONAHCYT está presentando una propuesta para establecer un centro para la Innovación y el Bienestar Social. La idea es que este centro actúe como intermediario o "*broker*" para canalizar proyectos hacia la industria y el gobierno, promoviendo así el desarrollo tecnológico y socioeconómico de México.

La propuesta incluye la posibilidad de que el gobierno financie proyectos que tengan un impacto nacional, especialmente en áreas críticas para el desarrollo tecnológico y el bienestar social. Este enfoque no solo facilitaría la colaboración entre el sector público y privado, sino que también promovería la innovación y la aplicación práctica de la investigación científica para abordar los desafíos y necesidades del país.

Un ejemplo de colaboración tiene que ver con el uso que se le dio al centro de datos del CICESE, donde el área de Ciencias de la Computación y el área de Ingeniería Biomédica llevaron a cabo una investigación conjunta sobre moléculas presentes en ciertas especies marinas. Esta investigación incluyó el modelado de moléculas que tienen propiedades analgésicas, demostrando ser mil veces más potentes que el conocido Ketorolaco. Este avance representa una solución prometedora para abordar el problema nacional del Fentanilo y ofrece oportunidades significativas en el amplio mercado farmacéutico.

El ingreso derivado de la comercialización de este descubrimiento transformaría al Centro en una entidad con funciones similares a las de una empresa de transferencia tecnológica. Este ingreso adicional no solo puede fortalecer el sistema de centros, sino que también puede destinarse a mejorar la infraestructura, financiar becas, equipar laboratorios, entre otros aspectos.

Este modelo de colaboración y transferencia tecnológica crea un círculo virtuoso donde la investigación científica se traduce en soluciones concretas que generan ingresos, los cuales se reinvierten para impulsar aún más la investigación y el desarrollo. Es un ejemplo inspirador de cómo la colaboración interdisciplinaria puede tener un impacto tangible en la sociedad y la economía.

Otro ejemplo destacado de cómo aprovechar las capacidades de los centros CONAHCYT se encuentra en el estudio de bacterias capaces de degradar el petróleo, utilizadas para combatir derrames. Este proceso involucra el uso de HPC y laboratorios especializados en microbiología que tienen acceso a esas bacterias. Esta investigación ya se realiza en el CICESE.

Además, existe un proyecto llamado SUBNARGENA, que se centra en la preservación en criogenia de especies para su posterior utilización en caso de desastres naturales o cambios climáticos. Este proyecto actúa como un "arca" activa, garantizando la preservación de especies con propiedades alimenticias para su repoblación.

Asimismo, se está creando una base de datos que incluye análisis espectrales de los componentes curativos de todas las plantas endémicas de México. Esta información se utiliza para identificar las propiedades curativas de las plantas y cómo se pueden aplicar en el tratamiento de diversas enfermedades. Este enfoque implica el uso de *Big Data* y colabora estrechamente con el área de biomedicina. En breve, esta base de datos estará disponible en línea de forma gratuita, brindando acceso a investigadores, posibles interesados para la investigación y el desarrollo de posibles negocios.

Estamos afrontando la necesidad de recursos adicionales de una manera proactiva al generar nuestros propios ingresos y establecer reglas de operación autorizadas. Una parte crucial de este enfoque implica definir qué porcentaje de las ganancias del proyecto se destinarán a la infraestructura. Esta estrategia nos permite evitar depender únicamente del financiamiento estatal y nos otorga una mayor autonomía en la financiación y operación de nuestros proyectos. Es un paso hacia la autosuficiencia que nos permite mantener y mejorar nuestras capacidades sin estar limitados por las fluctuaciones del presupuesto gubernamental.

Fomentar el Supercómputo en México

Para promover el desarrollo del supercómputo en México y América Latina, se requiere establecer ciertas estrategias. En primer lugar, se necesita una identificación clara de proyectos o problemas específicos que requieran abordarse. Estos proyectos pueden ser abordados en colaboración con el laboratorio nacional de CONAHCYT y las instituciones involucradas, utilizando un enfoque multidisciplinario.

Es clave que estos proyectos reciban un financiamiento inicial sólido, que actúe como una semilla para su desarrollo. Esto implica la implementación de proyectos de gran envergadura que puedan generar recursos propios a largo plazo. A través de la generación de recursos, ya sea a través de la comercialización de soluciones o la transferencia tecnológica, se puede sostener y renovar la infraestructura de supercómputo.

Es esencial aprender de experiencias pasadas, donde la falta de un flujo de efectivo sostenible dificultó la continuidad de la infraestructura. Por lo tanto, es importante contemplar recursos permanentes para el mantenimiento, pólizas de servicio y actualizaciones menores, asegurando así la sostenibilidad y la evolución constante de nuestras capacidades de supercómputo.

Figura 2.

Fotografía de los equipos de cómputo y supercómputo del Centro de Datos del CICESE

Fuente: Raúl Rivera Rodríguez

En resumen, es fundamental adoptar un enfoque empresarial para el desarrollo del supercómputo en México y América Latina. Esto implica verlo no solo como un esfuerzo académico, sino también como un negocio viable que puede generar ingresos y recursos propios a largo plazo, asegurando así su sostenibilidad y continuidad en el tiempo.

Si se desea contar con una infraestructura de cómputo que supere la capacidad de un petaflops en México, es fundamental contar con una inversión inicial por parte del gobierno para establecer una infraestructura semilla. Este centro de supercómputo se puede instalar en un centro existente y compartirse con diversas entidades. Si bien esta idea es importante y deseable, también es utópica en cierto sentido.

A pesar de que a primera vista parece viable, el desafío radica en el crecimiento exponencial de la generación de datos. A medida que aumenta la capacidad de cómputo, también aumenta la cantidad de datos que se procesan, lo que plantea desafíos significativos en términos de almacenamiento, procesamiento y gestión de datos. Por lo tanto, aunque la idea de compartir una infraestructura de supercómputo centralizada es atractiva, la realidad presenta desafíos complejos que deben abordarse cuidadosamente para lograr su implementación exitosa.

Consumo de energía eficiente

Por otro lado, tenemos el problema de la gran cantidad de energía que consumen estos centros de datos, por lo que se busca utilizar tecnología que ayude a reducir la huella de carbono. El consumo energético y la forma en que se genera esa energía son elementos clave en esta ecuación. Por ejemplo, si la energía proviene de generadores diésel, se está contribuyendo a la emisión de hidrocarburos. En cambio, si se utiliza energía geotérmica, se accede a una fuente prácticamente inagotable, libre de contaminación.

Esta apuesta por fuentes de energía renovables como la geotermia presenta una alternativa prometedora. Imagina una planta de energía geotérmica que puede alimentar múltiples redes de energía de la Comisión Federal de Electricidad (CFE) sin generar emisiones nocivas. En varios puntos del país se están realizando pruebas piloto para implementar esta tecnología, y es precisamente para fomentar este tipo de innovación que se creó el Centro Mexicano de Innovación en Geotermia (CeMIE-Geo), del CICESE.

La idea detrás de este enfoque es poder aprovechar la energía renovable que proviene de la Tierra, una fuente natural que, hasta el momento, parece ilimitada en su disponibilidad. Al invertir en este tipo de generación de energía, no solo estamos reduciendo nuestra huella de carbono, sino que también estamos promoviendo un futuro más sostenible y respetuoso con el medio ambiente.

Necesidad de políticas públicas para el desarrollo del país

Para lograr un avance significativo en el desarrollo tecnológico que trascienda los cambios de gobierno, es necesario adoptar un enfoque que vaya más allá de las agendas políticas cambiantes. Históricamente, hemos observado cómo cada nuevo gobierno requiere ser persuadido de la importancia de invertir en investigación e infraestructura tecnológica, lo que a menudo conlleva a reiniciar el proceso desde cero ante cada cambio de autoridades en el gobierno o nuestras instituciones.

Dentro de la Red Mexicana de Supercómputo, se ha reconocido la necesidad de adoptar una postura no partidista. En lugar de tomar partido político, se enfoca en generar iniciativas y hacerlas disponibles para todos los actores políticos, independientemente de su afiliación. Se busca crear una conciencia colectiva sobre la importancia de la inversión en tecnología y desarrollo científico, resaltando cómo esto puede potenciar al país para generar recursos y aumentar el producto interno bruto a través de la generación de conocimiento y oportunidades de negocio.

La estrategia consiste en no solo convencer a la autoridad gubernamental actual, sino en crear una conciencia generalizada entre todos los actores políticos sobre la importancia de este tema. Esto implica destacar cómo la innovación tecnológica puede impulsar a México a convertirse en líder en diversos campos, como la industria farmacéutica o la exploración marina. Al hacerlo, se busca establecer una visión a largo plazo y una base sólida para el desarrollo tecnológico, independientemente de los cambios políticos que puedan ocurrir.

Una mirada a los próximos 5 años

El desarrollo del supercómputo en los próximos años es difícil de prever, dado que avanza a una velocidad vertiginosa. En un lapso de cinco años, es más sensato enfocarse en las necesidades actuales. Sin embargo, hay ciertos temas emergentes que merecen atención, como el creciente papel de la computación en la nube, que, aunque pueda generar cierta reticencia, es un fenómeno inevitable.

Hay varios factores que influyen en esta evolución, como los conflictos bélicos y quién tiene el poder y el control sobre la tecnología. En los próximos cinco años, debemos observar de cerca las estrategias de desarrollo en Estados Unidos, especialmente en lo que respecta a los chips de alto rendimiento, ya que están atrayendo gran parte de esta industria hacia América del Norte.

La computación cuántica será un tema fundamental en el futuro cercano, lo que requerirá el desarrollo de nuevos esquemas de seguridad de la información, como el cifrado cuántico. Ya existen equipos de este tipo, y en instituciones como el CICESE se han realizado avances significativos en la implementación de enlaces de fibra para este propósito. La introducción de la computación cuántica representa un cambio radical en la tecnología, lo que implica nuevos desafíos y oportunidades.

Los avances tecnológicos de los próximos años transformarán las comunicaciones y la seguridad de la información de manera significativa. También surge la pregunta sobre cómo almacenar toda la información generada por los clústers de cómputo cuántico. Esto requerirá el desarrollo de nuevas técnicas y tecnologías de almacenamiento para hacer frente a esta creciente demanda de almacenamiento de datos. En resumen, el futuro del supercómputo promete ser fascinante y desafiante a partes iguales, con un potencial para cambiar radicalmente la forma en que interactuamos con la tecnología y almacenamos información.

La tecnología de hoy en día ya está desarrollada, pero solo está al alcance de unos cuantos, sobre todo porque puede ser muy útil para resolver problemas tan complejos como descifrar todas las llaves de seguridad, lo cual puede ser un tema de seguridad nacional. Los temas bélicos siempre han impulsado el desarrollo tecnológico y económico, de ahí que vemos cómo existe un interés en Taiwán, sobre todo por la industria de semiconductores que promueven el desarrollo tecnológico en chips avanzados para el desarrollo de inteligencia artificial y cómputo de alto rendimiento. En un futuro, vamos a ver un cambio radical en cuanto al desarrollo tecnológico y de cómo muchas cosas se van a empezar a mover al territorio estadounidense para poder ahí desarrollar esta industria. Es una gran oportunidad para egresados de las universidades mexicanas que puedan colocarse en estas posiciones, la oferta está abierta y existen muchas oportunidades para que te contraten en Estados Unidos para trabajos relacionados a las tecnologías.

Conclusiones

A menudo nos enfocamos con la idea de adquirir una supercomputadora de clase mundial, compitiendo a nivel internacional en términos de capacidad de procesamiento, ya sea en teraflops o petaflops. Sin embargo, creo que lo realmente importante es dirigir nuestra atención hacia las áreas del conocimiento y promover el uso de la computación de alto rendimiento (HPC) con los recursos que tenemos disponibles. A partir de ahí, podemos comenzar a generar conocimiento y fomentar la innovación, estableciendo colaboraciones con la industria y el gobierno para crear valor y obtener retribuciones, aunque sean modestas.

Es esencial adoptar una perspectiva orgánica en este proceso, similar a sembrar una semilla y verla crecer gradualmente. En lugar de buscar el árbol gigante de inmediato, debemos concentrarnos en desarrollar raíces sólidas y robustas. De esta manera, estaremos mejor preparados para hacer frente a los embates ambientales y los cambios gubernamentales. En el CICESE se ha adoptado esta filosofía y hemos visto resultados significativos. Incluso con recursos limitados, se ha logrado generar ideas importantes que tienen el potencial de generar grandes ingresos en el futuro. En resumen, debemos aprovechar lo que ya tenemos y comenzar a tomar medidas, cultivando gradualmente el crecimiento y la innovación en el campo de la computación de alto rendimiento.

LUIS ENRIQUE DÍAZ SÁNCHEZ

Universidad Autónoma del Estado de México (UAEMEX)
Toluca de Lerdo, México

El Dr. Luis Enrique Díaz Sánchez actualmente es el Director de la Facultad de Ciencias de la Universidad Autónoma del Estado de México. Posee una Licenciatura en Física por la Universidad Autónoma del Estado de México, una Maestría en Física por la Universidad Nacional Autónoma de México, un Doctorado en Ciencias por el Centro de Investigación y Estudios Avanzados del Instituto Politécnico Nacional y la Universidad Católica de Louvain, Bélgica; así como una estancia posdoctoral en el Instituto de Física de la Universidad de Kassel, Alemania. De 2017 a 2021 fue Director de Investigación de la Universidad Autónoma del Estado de México. Actualmente es miembro del Sistema Nacional de Investigadoras e Investigadores (SNII), donde ha sido promovido al nivel 2.

Como miembro fundador de la Red Mexicana de Supercómputo (REDMEXSU), ha trabajado en diferentes iniciativas para fomentar la colaboración entre instituciones y la formación de talento en la operación y administración de estos centros de datos. Tiene amplia experiencia en infraestructuras de supercómputo, tanto en México como en el extranjero. Su especialización es en simulación cuántica de sistemas nanoestructurados.

Importancia de las Universidades en el desarrollo del país

Resumen

El desarrollo de una infraestructura robusta de supercomputación y centros de datos en México es fundamental para impulsar proyectos nacionales, garantizar la soberanía de los datos y fortalecer la infraestructura tecnológica del país. Es crucial invertir en educación y universidades, especialmente en áreas como matemáticas, física, programación, e incluso en desarrollo de hardware, para fomentar avances tecnológicos y abordar diversos desafíos sociales y ambientales. Para lograrlo, se deben implementar estrategias que involucren a todas las entidades interesadas del país e incluso de América Latina. Esto incluye la publicación de libros mediante asociaciones regionales y la promoción de su distribución en toda la región. De esta manera, se fomentará la colaboración y el intercambio de conocimientos, fortaleciendo así el desarrollo tecnológico y la innovación en toda la región.

Introducción

Experiencia como usuario de supercómputo en proyectos de Investigación

Mi acercamiento con el supercómputo comenzó durante mi doctorado en Bélgica. Gracias al programa de Becas Mixtas del CONAHCYT tuve la oportunidad de realizar estancias de investigación en el Instituto de Materia Condensada y Nanociencias de la Universidad Católica de Louvain, Bélgica. Me integré a un equipo internacional de desarrolladores de códigos de primeros principios a nivel cuántico, llamado *Abinit*, basado en la llamada Teoría Funcional de la Densidad. En este código tuve la tarea de implementar la teoría de magnetismo no colineal de manera conjunta la teoría relativista del acoplamiento espín-órbita, para contar con un código de primeros principios con el que fuera posible estudiar propiedades de anisotropías magnéticas.

Posteriormente, gracias al apoyo de la Sociedad Alemana de Intercambio Académico (DAAD, por sus siglas en alemán) tuve la oportunidad de llevar a cabo una estancia posdoctoral de tres años en Alemania. Durante este periodo tuve acceso al equipo de supercómputo del *Jülich Supercomputing Centre*. En ese momento, este centro albergaba la supercomputadora Jugene que era la tercera computadora más grande del mundo. Durante tres años tuve la fortuna de participar en proyectos de investigación con los cuales nos daban acceso a, en promedio, 1000 cores de uso personal. Además de Jülich, también tuve la oportunidad de colaborar estrechamente con grupos de investigación en Europa, especialmente en países como Francia, Italia, Alemania y España. De manera más específica, en este periodo posdoctoral me especialicé en el uso de códigos tales como VASP que implementa la teoría de Ondas Proyectadas y Aumentadas (PAW, por sus siglas en inglés).

De manera paralela, otro de los grandes beneficios de esta formación internacional fue la colaboración científica con grupos experimentales expertos en la síntesis de nanomateriales, puntos cuánticos y nanopartículas con propiedades magnéticas. En mi caso, poder simular propiedades cuánticas, haciendo uso de simulación masiva en paralelo, y lograr que el error entre las mediciones experimentales y los cálculos de simulación sean menores al 10% ha sido el éxito de las colaboraciones ya que me ha permitido publicar los resultados en las revistas de investigación de mayor prestigio a nivel mundial en el área de física tales como *Physical Review Letters o Physical Review B*.

Sin embargo, alcanzar estos resultados requirió un poder de cómputo considerable; trabajar con 1000 cores, como se mencionó anteriormente, de forma continua, puede parecer simple, pero detrás hay desafíos tecnológicos y organizativos importantes. Hubo retos en la gestión y administración del equipo, la instalación de software especializado y la optimización de los equipos para garantizar un rendimiento óptimo. Todo esto fue crucial para el éxito de nuestros proyectos de investigación.

Recordando en retrospectiva, el reto principal al que me enfrenté regresando a México fue que no existían infraestructuras de ese tipo en ninguna parte del país. Desde ese momento, el sueño y el objetivo se centró en adquirir lo mínimo indispensable de equipamiento físico y computacional para poder continuar haciendo investigación de punto y mantener el mismo ritmo de producción, resultados y colaboraciones, especialmente en proyectos de ciencia de frontera. Me he dado cuenta de que se necesita todo el ecosistema; desde centros de datos, hasta equipos de cómputo de alto rendimiento y recursos humanos altamente capacitados, para impulsar a México en estas áreas prioritarias.

Afortunadamente, al poco tiempo de haber regresado al país, me encontré con un grupo de personas apasionadas, igualmente interesadas en el supercómputo de alto rendimiento y todo lo que conlleva esas iniciativas. Hemos estado trabajando juntos durante más de 10 años. En el año 2014 creamos la Red Mexicana de Supercómputo, como una red temática CONAHCYT.

El 04 de noviembre de 2016 se llevó a cabo, en la ciudad de Toluca, una reunión de factibilidad para crear un centro de datos y supercómputo. Para el 2017 ya se había conseguido construir la obra negra del *bunker* o centro de datos. El 10 de noviembre de 2022, el entonces gobernador del Estado de México inauguró oficialmente el Centro de Innovación Digital, ahora conocido como MANDRA. El 05 de diciembre de 2023, el Consejo Nacional Humanidades, Ciencias y Tecnologías (CONAHCYT) reconoció a MANDRA como Laboratorio Nacional de Enseñanza e Innovación aplicando Cómputo de Alto Rendimiento (EICAR) de manera conjunta con el Centro de Investigación y Estudios Avanzados del Instituto Politécnico Nacional (ABACUS-Cinvestav), el Centro de Investigación Científica y de Educación Superior de Ensenada (Telemática-CICESE), el Centro de Ánalisis de Datos y Supercómputo de la Universidad de Guadalajara (CADS-UdG) y la Universidad de Sonora (ACARUS-UNISON).

Finalmente, el 16 de mayo recién se aprobó el proyecto "*DataAqua: un proyecto adaptativo para la transformación sostenible del uso del agua en comunidades de México*" proyecto de gran relevancia otorgado a los integrantes del Laboratorio Nacional antes mencionado. Dentro de este laboratorio, tenemos proyectos relacionados con el agua y mejoras, como es el caso del río Lerma, donde estamos explorando la posibilidad de crear un gemelo digital del mismo. Estos temas son especialmente relevantes ahora, considerando la escasez de agua en gran parte del país.

Colaboración para el uso supercómputo en México

A mí regreso en México, continúe colaborando en proyectos con investigadores de Alemania, esto me permitió contar con cuentas activas para poder acceder a estas grandes infraestructuras de supercómputo. Por muchos años fue gracias a mis colegas internacionales que pude continuar con mi producción científica. Sin embargo, poco a poco he logrado desplazarme hacia las infraestructuras mexicanas, demostrando así independencia y capacidad para construir grandes infraestructuras tecnológicas en México.

He encontrado apoyo en instituciones que cuentan con grandes infraestructuras nacionales, particularmente en el CADS, de la Universidad de Guadalajara, donde he contado con el mayor de los apoyos en México. Esta institución alberga algunos de los mejores equipos del país, convirtiéndose en uno de mis principales aliados. Asimismo, he tenido la oportunidad de utilizar los equipos de ABACUS-Cinvestav y los del Laboratorio Nacional de Supercomputación del Sureste de la Benemérita Universidad Autónoma de Puebla (LNS-BUAP), ampliando así mis opciones y recursos disponibles.

Por nuestra parte, en la Universidad Autónoma del Estado de México (UAEMEX), se puso en operación un equipo que consiste en un cluster de 1000 cores de CPU, interconectados mediante fibra óptica con tecnología Mellanox, así como 500 TB de almacenamiento. Nos enfrentamos al desafío de implementar y gestionar este sistema localmente, lo que implica contar con un equipo de expertos en software, hardware, instalación u operación por mencionar solo algunas.

Tenemos una amplia gama de software que abarca desde dinámica clásica hasta dinámica cuántica, así como herramientas especializadas para aproximaciones de dipolo discreto en propiedades ópticas de puntos cuánticos. También contamos con software que implementa el método de elemento finito como método de aproximación de problemas continuos. El reto constante es siempre instalar, poner a punto y mantener todo este software.

La transición ha sido gradual, avanzando poco a poco hacia una mayor independencia tecnológica en México. Hemos ido construyendo capacidades y desarrollando el *expertise* necesario para gestionar y optimizar nuestro equipo de manera local. Aunque enfrentamos desafíos significativos en el camino, estamos avanzando hacia una mayor autosuficiencia en materia de grandes infraestructuras de supercómputo y centros de datos en el país.

Sería ideal que cada estado, de este gran país que es México, tuviera una solución en infraestructura de centros de datos, de almacenamiento masivo de información, así como de grandes procesamiento de datos para atender las necesidades que nuestra nación demanda. México es un país vasto y diverso, con una amplia gama de necesidades. Estoy convencido de que un solo centro de datos de gran escala no podría satisfacer todas las demandas del país. Aunque existen centros de datos enormes que sirven como base para muchas de estas necesidades, la realidad es que cada estado debería contar con su propio centro para atender aquellas necesidades específicas que no están relacionadas con la seguridad. Esta descentralización permitiría una mayor adaptabilidad y respuesta a las demandas locales, garantizando así un mejor servicio y soporte para todas las regiones del país.

Soberanía de los datos como un tema de seguridad nacional

En México, la disponibilidad de infraestructuras nacionales de centros de datos capaces de alojar toda la información generada es limitada, lo que plantea un importante tema de seguridad nacional. Actualmente, muchos proyectos de investigación recurren a infraestructuras en Europa o Estados Unidos para ejecutar modelos o simulaciones, lo que conlleva el riesgo de comprometer nuestra información sensible.

Es crucial tomar medidas para garantizar la soberanía de los datos, asegurando que nuestra información permanezca dentro del país y preservando nuestra independencia tecnológica. Esto implica desarrollar y fortalecer infraestructuras nacionales de centros de datos que puedan satisfacer las necesidades de almacenamiento y procesamiento de datos de manera segura y confiable, así como fomentar la colaboración y el desarrollo de capacidades tecnológicas internas para reducir la dependencia de recursos extranjeros. De esta manera, protegemos nuestra información sensible y fortalecemos nuestra posición en el ámbito tecnológico a nivel nacional e internacional.

Algunas entidades gubernamentales del Estado de México recientemente se han planteado la cuestión de dónde almacenar toda la información gubernamental generada. Hasta hace un par de años se consideraba la posibilidad almacenar la información en bases de datos de gigantes tecnológicos como Google o Amazon que ofrecen aparentemente almacenamiento y procesamiento gratuitos o un costo muy barato. Esta idea suena tentadora a primera vista, ya que podría percibirse como una solución económica para optimizar el presupuesto. Sin embargo, debemos tener en cuenta que cuando algo parece ser gratuito, generalmente es porque el usuario mismo se convierte en el producto. Este principio se aplica también en el ámbito de las redes sociales: son gratuitas porque los usuarios son el producto, al proporcionar información personal.

Es fundamental reconocer la importancia de resguardar los datos sensibles de los ciudadanos en infraestructuras nacionales, tales como la información de salud, agua, y otros aspectos relevantes para los mexicanos. Esto refleja la necesidad de garantizar la soberanía de la información y abordar este desafío de manera integral. Además, detrás de esta discusión subyace el tema del conocimiento y la autonomía tecnológica, que también deben ser considerados en la toma de decisiones.

Al depender exclusivamente de infraestructuras internacionales, corremos el riesgo de desarrollar una nueva forma de dependencia, esta vez en el ámbito digital. Históricamente, ya hemos experimentado dependencia de las grandes potencias durante las revoluciones industriales anteriores. En el contexto actual, muchas de las principales empresas tecnológicas son originarias de estas potencias, mientras que nosotros, en el mejor de los casos, ocupamos un papel secundario como maquiladoras o proveedores de nivel 4.

Esta dinámica se refleja en el fenómeno del *nearshoring*, donde las empresas trasladan sus operaciones cerca de sus mercados principales, aprovechando nuestras capacidades de manufactura. Ahora, en la era digital, vemos una tendencia similar: las grandes potencias impulsan el desarrollo tecnológico, asignan presupuestos y lideran la innovación, mientras que nosotros simplemente ejecutamos sus visiones como subcontratistas.

Como país, debemos reflexionar sobre cómo estamos utilizando nuestros recursos y el presupuesto de los contribuyentes. Es preocupante ver que estamos desaprovechando estos recursos al optar por soluciones externas en lugar de impulsar el conocimiento y el desarrollo interno.

Es necesario invertir en infraestructura, educación y formación de talento local; especialmente en jóvenes, para preparar a futuros ingenieros en software, hardware, ciencia de datos, matemáticas y otras disciplinas relacionadas. Debemos asegurarnos de que estos jóvenes adquieran las habilidades y conocimientos necesarios para resolver problemas de manera efectiva y para manejar tecnologías de vanguardia.

Existen casos de mexicanos que han contribuido al desarrollo de chips para la comunidad europea. Esto demuestra que, con la infraestructura adecuada, los mexicanos tienen el potencial de desarrollar su propia tecnología. Aunque algunos podrían percibir esta inversión como costosa; siempre se ha dicho que si consideras costoso invertir en conocimiento, espera unos diez años para darte cuenta de lo costoso que es carecer de él.

Durante los años que estuve en Alemania, solían decir que la investigación no es cara, y aunque puede sonar a una afirmación sorprendente, la realidad es que la investigación es muy costosa, pero el valor de retorno es aún mayor a largo plazo. Es fundamental cambiar la percepción sobre hacia dónde deben dirigirse los recursos. Los beneficios de la inversión en investigación y desarrollo tecnológico se ven a largo plazo, con un retorno de inversión que puede ser hasta diez veces mayor. Existen estadísticas que respaldan esta afirmación, y es una inversión que podría generar un retorno significativo en el lapso de tiempo mencionados.

México requiere apostar por este tipo de iniciativas. Es una inversión a largo plazo que requiere visión y compromiso, pero que, sin duda, puede impulsar el desarrollo tecnológico y económico del país en el futuro. Si bien se han realizado esfuerzos en el pasado para promover esta agenda a nivel gubernamental, el tema de las tecnologías debe estar en la agenda nacional. Esto implica impulsar iniciativas como los laboratorios nacionales y garantizar que el desarrollo tecnológico sea una prioridad constante en nuestras políticas y estrategias de inversión. Solo así podremos asegurar un futuro próspero y competitivo para México en el ámbito tecnológico y científico. En los últimos 10 años ha habido grandes avances en materia de infraestructura de supercómputo en México. Un ejemplo de ello es el caso de Chiapas, donde anteriormente no existía ninguna infraestructura y gracias a las reuniones de factibilidad de la Red Mexicana de Supercómputo fue posible que ellos consiguieran construir su Centro de Datos donde además ahora se reciben grandes donaciones de equipo de supercómputo.

Estos logros demuestran la importancia de contar con las capacidades de procesamiento en nuestro país. Sin embargo, aún nos falta consolidar estos avances mediante la elaboración de propuestas formales que resalten la importancia estratégica de este tipo de infraestructura. Por este motivo, es necesario crear un documento maestro que sirve como documento de consulta para los grandes tomadores de decisiones.

La importancia del talento humano

Es necesario realizar inversiones tanto en infraestructura como en desarrollo del talento humano. Debemos apostar para que el talento se quede en México, asegurando que el desarrollo tecnológico y la investigación permanezcan o que retorne al país. Es fundamental que los planes de inversión en talento no sean simplemente iniciativas aisladas de algunos gobiernos o universidades durante ciertos períodos de gobierno. Necesitamos desarrollar un plan a largo plazo que aborde esta problemática de manera integral.

En México aún no se cuenta con el suficiente número de personas capacitadas con el conocimiento específico para resolver los desafíos que enfrentamos. Lo que nos ha faltado es trabajar en formación científica y tecnológica donde podamos detallar de manera concreta las necesidades que podemos abordar mediante el cómputo de alto rendimiento. Es importante trabajar un plan maestro de formación mediante talleres, seminarios, cursos o diplomados y socializarlos a través de redes de contactos establecidas, como la Red Mexicana de Supercómputo, para generar conciencia y apoyo en la comunidad académica y gubernamental.

Existen muchos casos de éxito de programas de formación de recursos humanos altamente capacitados con niveles educativos que abarcan desde licenciatura hasta posgrado. Por parte de la UAEMEX, derivado del trabajo conjunto que se lleva a cabo con el Laboratorio Nacional El-CAR, el 29 de agosto de 2024 se aprobó la creación de la Maestría en Ciencia de Datos, con orientación profesionalizante, avalada por el Honorable Consejo Universitario de la UAEMEX. Previamente, como parte de los entregables de la creación de MANDRA ante el Consejo Mexiquense de Ciencia y Tecnología, ya se habían creado los diplomados en Estadística Aplicada y otro diplomado en *Machine Learning*.

Actualmente se ha puesto sobre la mesa de discusión la creación de programas de estudio que puedan ofrecerse de manera conjunta entre los integrantes del Laboratorio Nacional EICAR. Hay muchos detalles que discutir pero es el inicio de una iniciativa nacional de formación científica y tecnológica.

Proyectos prioritarios

En el Estado de México, se ha puesto un fuerte énfasis en abordar los problemas que afectan a la región. Contamos con un centro de datos que debería ser el punto focal para manejar todos los aspectos relacionados con la salud. La información crucial para la toma de decisiones en el ámbito de la salud debería residir en estas infraestructuras.

Un ejemplo destacado de la necesidad de infraestructura se encuentra en la Universidad Digital del Estado de México. La educación en la actualidad requiere almacenar una gran cantidad de información, desde datos básicos de los estudiantes hasta detalles sobre sus calificaciones y progreso académico, desde el nivel de estudios y la licenciatura que están cursando hasta las unidades de aprendizaje en las que están matriculados y los cursos en línea que están tomando, toda esta información debe almacenarse y gestionarse eficazmente en este tipo de infraestructuras.

Otro proyecto que se está impulsando se relaciona con el tema del agua. Se está promoviendo la creación de un centro de investigación dedicado a la recuperación de humedales. Este proyecto aborda la recuperación del agua, y está estrechamente vinculado al centro de datos existente. Es decir, para llevar a cabo este proyecto necesitamos avanzar hacia lo que se conoce como agricultura 5.0.

En este momento, es posible instalar sensores en diversos campos de siembra para obtener información en tiempo real sobre parámetros como humedad, nutrientes, temperatura, entre otros. Esta información puede ser almacenada y procesada en tiempo real, facilitando la toma de decisiones inmediatas. Para realizar este proceso, es necesario contar con equipos de cómputo potentes, que incluyan unidades de procesamiento central (CPU) y unidades de procesamiento gráfico (GPU) robustas, equipadas con múltiples tarjetas gráficas.

Este enfoque nos permite aprovechar al máximo los datos recopilados para optimizar la gestión del agua y avanzar en la recuperación de humedales de manera efectiva. Al combinar la tecnología con la investigación en este campo, podemos abordar de manera más eficiente los desafíos relacionados con el agua y promover la sostenibilidad ambiental en nuestra región.

Los centros de investigación pueden desempeñar un papel fundamental en el respaldo tecnológico de las iniciativas gubernamentales. En México, es crucial que cada estado cuente con su propio repositorio de datos y una entidad a nivel federal que coordine estos centros. Esto garantizaría que toda la información generada esté accesible a nivel nacional y contribuya a la toma de decisiones a nivel país.

Dada la magnitud y diversidad de México, la creación de un solo centro de datos sería inviable. Por lo tanto, es esencial articular una red de centros de investigación distribuidos en todo el país. Sin embargo, esto requiere una estrecha colaboración entre los centros de investigación y los gobiernos estatales y federal.

Recientemente, en pláticas con el secretario del agua del Estado de México, se planteó la necesidad de realizar proyectos en conjunto con la Universidad para poder trabajar en acciones que lleven al mejoramiento de toda la cuenca del río Lerma.

Al trabajar en conjunto, podemos asegurar que la tecnología esté alineada con las necesidades y prioridades de cada región, y que la información generada sea utilizada de manera efectiva para abordar los desafíos que enfrentamos como país. Esta colaboración también permitiría aprovechar al máximo el potencial de los centros de investigación para impulsar el desarrollo y la innovación en México.

Laboratorio Nacional EICAR – Problemática del agua

Recientemente se aprobó la creación del Laboratorio Nacional de CONAHCYT de Enseñanza e Innovación aplicando Cómputo de Alto Rendimiento (EICAR), el cual está enfocado principalmente en desarrollar herramientas necesarias para que las universidades y centros de investigación puedan formar a las nuevas generaciones. Las universidades son fundamentales en este proceso, ya que son las instituciones responsables de enseñar estas nuevas tecnologías a las próximas generaciones. Estos jóvenes serán quienes, en el futuro, implementen estas tecnologías en práctica, por lo tanto, invertir en estos lugares es crucial. Una generación que invierte de 2 a 5 años en estudiar una licenciatura y luego tarda otros 4 o 5 años en madurar y aplicar ese conocimiento en su comunidad. Por tanto, es esencial entender que las decisiones que tomemos hoy tendrán un impacto significativo en los próximos 10 años.

Figura 1.
Fotografía Centro de Datos Mandra que forma parte del Laboratorio Nacional CONAHCYT EICAR

Fuente: Luis Enrique Díaz Sánchez

Para el tema de la educación y la formación de los futuros ingenieros, es necesario contar con el apoyo del gobierno. Se requiere involucrar a los secretarios de educación para que prioricen la inversión en la educación de los estudiantes universitarios y de todos los niveles educativos y tecnológicos. Los jóvenes representan la clave para encontrar soluciones a los desafíos actuales, como el cuidado del agua, el cambio climático y otros problemas que nos afectan. Por lo tanto, es fundamental que el gobierno y las autoridades educativas reconozcan esta importancia y asignen recursos adecuados para fomentar su educación y desarrollo.

Si queremos dejar de ser un país consumidor de tecnología y aspirar a desarrollar nuestras propias aplicaciones, se debe replantear nuestras estrategias de formación. Tenemos que invertir en los próximos diez años en la capacitación y el desarrollo de nueva tecnología basada en el conocimiento. Esta inversión necesita centrarse en programas de formación formal, que vayan más allá de los diplomados que solo enseñan a utilizar software desarrollado en otros países. Si continuamos por ese camino, solo estaremos fomentando nuestra dependencia tecnológica. Para alcanzar una verdadera autonomía en el desarrollo de aplicaciones y en la creación de inteligencias artificiales propias, debemos enfocarnos en fortalecer nuestras capacidades técnicas y científicas. Desde el laboratorio nacional, podemos liderar este impulso hacia una tecnología local más independiente y sostenible.

Desde la Facultad de Ciencias de la UAEMEX, donde me encuentro, se imparten carreras como física, matemáticas, biología y biotecnología. Por ejemplo, contamos con varios matemáticos que han dedicado toda su vida al estudio de áreas como la teoría de gráficas, que constituye la base matemática sólida de tecnologías como las redes neuronales y la inteligencia artificial. Estos expertos adoptan un enfoque orientado al desarrollo, fundamentado en razones y explicaciones de por qué ocurren ciertos fenómenos y cómo pueden mejorarse.

Por otro lado, los físicos se especializan en temas como estadísticas avanzadas y teoría de la información, como la información de Fisher o la teoría de la información de Shannon, para describir sistemas desordenados y entender cómo alcanzan el equilibrio. Estos conocimientos tienen aplicaciones en campos tan diversos como la economía, donde permiten detectar posibles complicaciones en mercados financieros o inversiones.

Es importante destacar que detrás de todo este conocimiento científico se encuentra una colaboración estrecha con facultades como ingeniería, que se dedica al desarrollo de software. Incluso, en otros campus de la UAEMEX, contamos con escuelas especializadas en este campo. El objetivo es que los desarrolladores cuenten con una base sólida en matemáticas, física y ciencias, ya que estas son fundamentales para el desarrollo e implementación de las aplicaciones requeridas.

Si bien, este es el camino más duro, es el camino adecuado para formar a las nuevas generaciones. Con estas bases sólidas, estarán preparados para desarrollar y aplicar las tecnologías necesarias. Estamos avanzando en la dirección correcta como país para superar los desafíos futuros.

Para evitar caer en la dependencia tecnológica y convertirnos simplemente en usuarios de aplicaciones desarrolladas por otros, es esencial trabajar en colaboración con todas las áreas de ciencias, matemáticas, ingenierías y tecnología. Un ejemplo destacado de esta colaboración es lo que está llevando a cabo el Tecnológico de la Universidad Veracruzana, donde se abordan temas como redes y seguridad informática.

Es de suma importancia promover la colaboración a nivel nacional. Necesitamos contar con estudiantes altamente capacitados y con un profundo conocimiento en sus áreas, pero también es crucial no descartar a nadie y unirnos como instituciones tecnológicas y universidades, aprovechando al máximo las capacidades que tenemos como país. Si realmente queremos encontrar soluciones a nuestros problemas, debemos enfocarnos en desarrollar nuestra propia infraestructura digital y tecnológica. Esto sólo será posible mediante una colaboración integral y coordinada entre todas las disciplinas y sectores pertinentes.

Apoyo al sector empresarial

En la UAEMEX contamos con la fortuna de tener colegas que están estrechamente vinculados con el sector empresarial y las cámaras de comercio. En estas esferas, se manejan carteras que abarcan desde grandes empresas hasta microempresas. Es en este último segmento donde surgen necesidades de colaborar entre las universidades, con el fin de proveer infraestructura y talento que ayude a atender sus necesidades.

Las grandes empresas, por lo general, tienen recursos para resolver sus desafíos internos. Sin embargo, al trabajar con medianas y pequeñas empresas, la realidad es diferente y se hace evidente la necesidad de colaboración conjunta para avanzar como país. Es crucial trabajar estrechamente con este sector empresarial, especialmente con las micro y pequeñas empresas, que a menudo carecen de acceso a la infraestructura tecnológica y al presupuesto necesarios para progresar.

Estas empresas requieren dar el salto tecnológico, y es aquí donde las universidades, con sus infraestructuras robustas, pueden desempeñar un papel fundamental. Debemos poner a disposición de estas empresas nuestros servicios y recursos, actuando como un trampolín que les permita acceder a la tecnología y los conocimientos necesarios para prosperar.

El gobierno debería realizar inversiones significativas, ya que dispone del presupuesto necesario para adquirir infraestructuras robustas, las cuales suelen ser costosas. Al apoyar a las universidades en la creación de estos centros de datos equipados con tecnología de vanguardia, se brinda la oportunidad de que las pequeñas y microempresas accedan a estos servicios tecnológicos, lo que les permite avanzar y prosperar en el ámbito tecnológico. Este modelo beneficia a todas las partes involucradas, ya que promueve el uso y la aplicación de tecnologías innovadoras.

Se dice que la democracia no tiene precio, pero lo mismo puede decirse de la educación. Por lo tanto, el gobierno debería asignar un mayor presupuesto a las universidades y trascender el simple acto de hacer política para convertirse en un país que promueve activamente la ciencia y la tecnología. De esta manera, podremos evolucionar hacia un futuro donde la innovación y el progreso sean la norma.

La colaboración y el acercamiento entre universidades, sociedad, gobierno, empresas y hoy en día medio ambiente son esenciales. Esto no solo promueve la eficiencia y el cuidado del medio ambiente de forma natural, sino que también conduce a soluciones prácticas. Estos problemas se enmarcan dentro del concepto de la pentahélice y, aunque este ejemplo sea local, se repite en todos los estados del país. Necesitamos tecnología para proteger y procesar la información de manera inmediata, garantizando que la toma de decisiones sea rápida y precisa. Esto se logra mediante la implementación de grandes infraestructuras como las que se han mencionado

Infraestructura a futuro

Para los próximos años, la necesidad de una infraestructura adecuada es evidente, especialmente en sectores empresariales donde ya se vislumbra una solución en el horizonte. La demanda básica incluye CPU, GPU y otros componentes esenciales, como servidores capaces de crear máquinas virtuales para facilitar las operaciones. Para muchos, esta evolución representa la máxima Revolución.

Sin embargo, al contemplar una solución a largo plazo, con una visión de 10 o 15 años, se debe considerar la infraestructura necesaria para impulsar la inteligencia artificial, un elemento fundamental en el futuro de la innovación y el liderazgo mundial en investigación. Si queremos empezar a transitar como un país innovador en investigación y líderes en esta área, debemos enfocarnos en el desarrollo de infraestructuras que puedan respaldar estas tecnologías emergentes, incluyendo tanto CPU como tarjetas gráficas.

Además, no podemos depender de una sola tecnología o marca específica. La diversidad y la adaptabilidad son esenciales para satisfacer las necesidades tanto del país como de los empresarios. Como líderes en la carrera científica del futuro, debemos estar atentos a las nuevas tecnologías y estar dispuestos a invertir en ellas desde ahora mismo. De lo contrario, corremos el riesgo de quedarnos rezagados una vez más, como sucedió con la revolución digital.

Es evidente que la próxima revolución, en un plazo de 10 a 15 años, será en el ámbito cuántico, y no podemos permitirnos estar desprevenidos. Por lo tanto, es necesario implementar políticas nacionales que fomenten la inversión y el desarrollo en estas áreas, asegurando que estemos preparados para liderar y no quedarnos atrás en este emocionante avance tecnológico.

Importancia de las infraestructuras de supercómputo

Se ha debatido mucho sobre la contaminación y el consumo de energía asociados con estas infraestructuras, pero un ejemplo contundente se presentó durante la pandemia. Cuando nos enfrentamos a una crisis que afecta a la humanidad y vemos que nuestra supervivencia depende de la respuesta que podamos dar, cambia nuestra perspectiva. En esos momentos críticos, nos damos cuenta de que lo prioritario es nuestra salud y nuestra supervivencia como seres humanos y como planeta.

Durante la pandemia, vimos cómo los países que contaban con potentes equipos de supercomputación pudieron desarrollar vacunas de manera más rápida y efectiva. En ese momento, nos dimos cuenta de que el costo ambiental y energético de estas infraestructuras era insignificante en comparación con los beneficios que aportan. De hecho, no aprovechar estas tecnologías resultaría mucho más costoso en términos de vidas humanas y bienestar general.

Si bien es importante buscar formas de reducir la huella de carbono de estas infraestructuras, no podemos ignorar el enorme beneficio que brindan en términos de avances científicos, desarrollo tecnológico y, en última instancia, en nuestra capacidad para enfrentar crisis globales como la pandemia. En definitiva, el beneficio que ofrecen supera con creces cualquier preocupación sobre su impacto ambiental.

Conclusiones

Considero que en México estamos avanzando en la dirección correcta, pero hay que mejorar si queremos contar con centros de datos e infraestructuras sólidas. Sin estas bases sólidas, será difícil satisfacer las demandas del país en términos de investigación y desarrollo tecnológico. Actualmente, hay naciones con economías menos robustas que la mexicana que han logrado progresar significativamente invirtiendo en tecnología, incluso en tecnologías de supercómputo.

Es posible que esto se deba a razones históricas, como la migración de grandes talentos durante conflictos mundiales, lo que llevó a estos países a comprender la importancia de invertir en infraestructuras sólidas. Sin embargo, en México parece que nos estamos quedando rezagados y no estamos realizando la inversión necesaria en este aspecto.

Se requiere que reconozcamos la importancia de invertir en tecnología y en infraestructuras robustas para garantizar nuestro progreso y competitividad a nivel nacional e internacional. No podemos permitirnos dormirnos en nuestros laureles mientras otros países avanzan en este aspecto. Es hora de tomar medidas concretas para fortalecer nuestras infraestructuras tecnológicas y asegurar un futuro próspero para México.

Además de la infraestructura, las comunicaciones son de vital importancia. Sin una red de comunicaciones robusta, independiente y de alta velocidad, que nos conecte con Latinoamérica y Europa, perderemos la oportunidad de formar parte de una comunidad global más amplia. Debemos considerar a Latinoamérica como una comunidad unida y pensar en inversiones conjuntas para garantizar nuestra conectividad.

El primer paso es asegurar unas telecomunicaciones excelentes a nivel local, pero también necesitamos redes troncales de alta velocidad que nos conecten con el resto del mundo. Esto nos permitirá posicionarnos como una región fuerte y cohesionada, al igual que lo hace la comunidad europea con sus proyectos conjuntos.

Es fundamental que cada país en Latinoamérica invierta en infraestructuras robustas y en comunicaciones de vanguardia. Esta visión de conectividad y colaboración nos permitirá avanzar juntos hacia un futuro próspero y competitivo a nivel global.

Nunca es tarde para comenzar a trabajar en colaboración, tanto aquí en México como en toda Latinoamérica. Se requiere unir esfuerzos y aprovechar el progreso alcanzado en las redes académicas de la región. Trabajar en conjunto nos permitirá fortalecer las infraestructuras tanto de México como de toda Latinoamérica.

Para lograrlo, necesitamos elaborar un plan conjunto que defina nuestra visión y objetivos compartidos. Estos documentos maestros serán la base sobre la cual construiremos nuestro futuro. Una vez definidos, debemos socializarlos y presentarlos a las autoridades correspondientes para su implementación.

Sería ideal que Latinoamérica contará con una sede central similar a la de Bruselas, que funcione como el epicentro de la cooperación y coordinación regional. Esta sede podría encargarse de administrar e impulsar los esfuerzos conjuntos, así como de recibir propuestas y proyectos para su evaluación y ejecución.

Para que esto funcione, debemos adoptar una mentalidad de unidad y colaboración, dejando de lado las disputas y rivalidades entre países. Debemos pensar en qué nos puede unir como latinoamericanos y trabajar en ese objetivo común. Juntos, podemos lograr mucho más de lo que podríamos individualmente.

PABLO MININNI

Universidad de Buenos Aires (UBA)
Buenos Aires, Argentina

Pablo Minini es doctor en física y profesor en la Universidad de Buenos Aires. Se desempeña como Coordinador del Sistema Nacional de Cómputo de Alto Desempeño en Argentina, donde contribuye significativamente al avance y la implementación de tecnologías de supercómputo a nivel nacional. Además es asesor del Servicio Meteorológico Nacional en temas de supercómputo. Completó su doctorado en la Universidad de Buenos Aires y un posdoctorado en EE.UU., donde trabajó durante varios años en el *National Center for Atmospheric Research* en Boulder, Colorado, EE.UU., en el laboratorio de sistemas de información, donde se especializó en la infraestructura de supercómputo. Su experiencia en estos diversos roles refleja su profundo conocimiento y liderazgo en el campo del supercómputo y tecnología en Argentina.

Sistema Nacional para articular los centros de supercómputo del país

Resumen

Se abordan temas relacionados con la importancia de la infraestructura y la formación de recursos humanos en Latinoamérica relacionados con el cómputo de alto desempeño. Se muestra el trabajo realizado en desarrollo del sistema nacional de supercomputación en Argentina, la necesidad de colaboración regional e internacional, y el impacto de la inteligencia artificial en la toma de decisiones, enfatizando la importancia de la planificación estratégica y la inversión en tecnología para mantenerse competitivos a nivel global.

Es un mirada de la adquisición de la última supercomputadora en Argentina, diseñada para atender las necesidades nacionales en los próximos cinco años, donde la colaboración entre instituciones clave como el Ministerio de Defensa y la Secretaría de Ciencia y Técnica ha sido fundamental para la planificación estratégica, y una guía a través de las complejidades del proceso de adquisición de supercómputo en Argentina con perspectiva para la región.

Se discute la evolución de las infraestructuras de supercomputación en América Latina, con un enfoque en la eficiencia energética y el cambio hacia nuevas arquitecturas computacionales. Se abordan temas sobre la necesidad de generar vínculos más estrechos entre el sistema científico y tecnológico con otros actores del Estado y la industria.

Introducción

Mis inicios en temas relacionados con el Cómputo de Alto Desempeño tienen bastante que ver con el inicio del área de supercómputo en Argentina. Ingresé en este campo mientras realizaba mi doctorado en física. En aquel entonces, había una creciente necesidad de capacidad de cómputo para apoyar mi investigación doctoral. Al mismo tiempo, el mundo estaba migrando a los clústeres con memoria distribuida, los cuales hacían mucho más accesible, en términos de costos, la creación de infraestructuras computacionales avanzadas en países en desarrollo como Argentina.

Durante mis años como estudiante de doctorado, tuve la oportunidad de participar activamente en la creación de uno de los primeros clústeres de cómputo paralelo en Argentina, ubicado en la Universidad de Buenos Aires y específicamente en el Departamento de Física.

Luego de esto, empecé a coordinar iniciativas de supercómputo a nivel nacional. En ese tiempo, se estaban estableciendo clústeres en Argentina, justo cuando me preparaba para hacer un posdoctorado en los Estados Unidos. Posteriormente, pasé varios años en el *National Center for Atmospheric Research* en Boulder, Colorado, Estados Unidos. Este centro cuenta con supercomputadoras dedicadas especialmente a la comunidad que investiga el cambio climático y las ciencias atmosféricas. Allí trabajé específicamente en el laboratorio de sistemas de información, enfocado en el modelado numérico y la infraestructura de supercómputo. Al regresar a Argentina, me comprometí profundamente en la creación de un sistema nacional más articulado. Así, mi trayectoria en este campo ha sido una mezcla de intereses técnicos personales y el desarrollo de infraestructura tanto en Argentina como en Estados Unidos, además de desempeñar un rol relevante durante la adquisición de supercomputadoras en la institución donde trabajaba.

Experiencias en supercómputo en Argentina

Al comparar mi experiencia haciendo supercómputo en un país desarrollado como Estados Unidos y en uno en vía de desarrollo como Argentina, la primera diferencia que salta es la más obvia y siempre mencionada: la capacidad de financiación. Es evidente que este aspecto es crucial, dado que es lo primero que nos viene a la mente y sobre lo que a menudo se centran las discusiones, a veces reduciéndose a quejas sobre la capacidad de acceso a recursos económicos.

Sin embargo, considero que existen otras diferencias igualmente significativas. Una de ellas es la institucionalidad y la articulación. Cuando hablamos de supercómputo e infraestructura, no nos referimos únicamente a la física, como tener una supercomputadora o un centro de datos. También incluye aspectos como los recursos humanos disponibles, la cantidad de usuarios que pueden acceder a ella, la planificación estratégica, y su integración dentro de un sistema nacional. Involucra a los diferentes actores, tanto en el espacio público como en el privado, que se benefician de esta infraestructura. Esta es una diferencia muy significativa y crucial en el desarrollo del supercómputo.

Y al mismo tiempo, la otra diferencia significativa tiene que ver con la planificación a largo plazo. Cuando regresé, una de las cosas en las que me enfoqué fue impulsar precisamente eso. Desde 2010, en Argentina hemos logrado establecer un sistema nacional integrado de cómputo en el que participan universidades nacionales, instituciones privadas y científicas. Esto se ha respaldado con resoluciones ministeriales a nivel de gobierno nacional y un plan estratégico definido. Creo que uno de nuestros grandes desafíos es desarrollar esa visión estratégica que los países más desarrollados tienen en esta área y que a menudo falta en nuestros países.

Existe una cuestión básica relacionada con las necesidades específicas de cada país en un mundo cada vez más complejo. En este contexto, los datos, la inteligencia artificial y la capacidad de contar con recursos humanos capaces de abordar problemas específicos se vuelven cruciales, tanto desde un punto de vista político como económico. Como mencionaba anteriormente, la infraestructura también abarca los recursos humanos. Formar profesionales capacitados en áreas específicas requiere acceso a cierto nivel de equipamiento y acceso a tecnologías que evolucionan cada vez más rápido. Sin una infraestructura que facilite el desarrollo de estos recursos humanos, es difícil imaginar que nuestros países puedan alcanzar un liderazgo significativo en estos temas.

Hay una razón fundamental para tener supercómputo que va más allá de enumerar áreas como física, astronomía, química o diseño de fármacos, que hoy en día es bastante más clara y afortunadamente parece ser comprendida por quienes toman decisiones. Se trata de que la economía mundial está evolucionando hacia direcciones en las que es necesario que las empresas dispongan de recursos humanos capacitados para manejar grandes volúmenes de datos y realizar tareas de manera automatizada. Poseer cierto nivel de infraestructura de centros de datos es algo importantísimo.

Esta es una razón muy importante para mantener la computación científica de alto desempeño, porque uno de los roles más importantes del sistema científico es formar recursos humanos altamente capacitados. Además, hay consideraciones estratégicas. Por ejemplo, en el caso de Argentina, un tema estratégico está relacionado con el pronóstico meteorológico. Siendo Argentina un país con un fuerte componente en la economía agroganadera, contar con un pronóstico preciso tiene un impacto significativo en la calidad de las cosechas y en la producción de divisas. El Servicio Meteorológico Argentino es uno de los tres más antiguos del mundo, lo que subraya su importancia histórica y actual en el país.

Por tanto, la capacidad de realizar pronósticos numéricos en forma sostenida está estrechamente ligada a poseer capacidades de cómputo de alto desempeño. Uno podría pensar que este tipo de equipamiento es utilizado exclusivamente por el Servicio Meteorológico, mientras que en otros países puede ser usado exclusivamente por defensa u otras áreas gubernamentales. Sin embargo, la realidad es que para armar y mantener estos sistemas en funcionamiento, es fundamental tener un vínculo sólido con el sistema científico y educativo para formar los recursos humanos capaces de manejar y mantener estos equipos especializados. Esta es otra razón estratégica para invertir en computación de alto desempeño, ya que está directamente relacionada con las necesidades específicas de cada país.

Colaboración entre instituciones y actores nacionales en la adquisición de la nueva supercomputadora

En Argentina, existe una comunidad científica que lleva unos 20 o 30 años solicitando una inversión en equipos que estén al nivel del TOP500, encontrándose con diversas suertes en la obtención de financiación por parte de los gobiernos nacionales. Creo que algo que ha sido muy importante en la última adquisición realizada, que incluyó una máquina que ingresó al TOP500, fue realizar una evaluación detallada de las necesidades del sistema. Cabe destacar que esta máquina entró al TOP500 cuando realizamos las primeras pruebas con aproximadamente la mitad de su capacidad activa; ahora, ya está funcionando al 100% desde hace muy poco tiempo. Sin embargo, lo realmente importante fue que se hizo un análisis exhaustivo del cómputo instalado en todo el país y se estimó que se necesitaba aumentar la capacidad de cómputo al menos en un factor de 10. Esto marcó un paso significativo para el sistema nacional de cómputo integrado de Argentina.

La máquina que hemos adquirido está diseñada y dimensionada para satisfacer las necesidades actuales. No está sobredimensionada ni es insuficiente. Creo que esto es tan importante como la propia adquisición de la máquina en sí. El proceso previo de haber dimensionado correctamente y haber dialogado con los actores relevantes, es algo que a veces resulta difícil en nuestros países, donde las adquisiciones pueden convertirse en competiciones entre instituciones sobre quién obtiene qué y dónde se instala la máquina. En este caso, logramos algo bastante positivo al integrarnos con otros actores nacionales que proporcionaron el centro de datos, y el tamaño de la máquina está dimensionado para cubrir las necesidades de Argentina al menos los próximos cinco años. En el futuro, se requerirá una nueva planificación y dimensionamiento, pero por ahora, el tamaño es el adecuado.

Figura 1.

Fotografía de la supercomputadora Clementina del SMN

Fuente: "Prensa SMN"

El proceso de adquisición de la nueva computadora fue largo. Desde 2010, Argentina cuenta con un sistema nacional de cómputo. Este sistema está respaldado por un comité asesor que originalmente pertenecía al Ministerio de Ciencia y Técnica, ahora forma parte de la Secretaría de Ciencia y Técnica. Básicamente, las universidades y las instituciones del sistema científico proponen representantes para este comité, que cuenta con alrededor de 12 miembros y se reúne periódicamente.

En 2019, el comité asesor elaboró un plan estratégico para los próximos cinco años, que está llegando a su término este año. Este plan estratégico incluyó la planificación para expandir los diferentes centros existentes distribuidos por todo el país y establecer un centro nacional unificado. Este fue el primer paso, que implicó evaluar las necesidades y determinar el tipo de centro nacional requerido. A partir de ahí, se iniciaron reuniones con políticos, senadores y diversos actores clave.

También buscamos un socio que, en el caso de Argentina, resultó ser el Ministerio de Defensa. Al igual que en muchos otros países, como Estados Unidos, existe un vínculo entre el Departamento de Energía (DOE), la Fundación Nacional de Ciencias (NSF) y la comunidad científica. En muchos casos, los centros de supercómputo están ubicados en laboratorios nacionales. Por lo tanto, se generó una resolución ministerial para establecer una colaboración entre ciencia , técnica y defensa, asegurando que esta nueva máquina estuviera alojada en el Servicio Meteorológico Nacional. Esto se debe a que el servicio meteorológico ya cuenta con una máquina dedicada para el pronóstico del tiempo, y se planificó que esta nueva máquina esté disponible para el uso abierto en el sistema científico. La idea principal era facilitar la transferencia de conocimientos para la próxima generación de máquinas de pronóstico.

A partir de este punto, comenzamos un proceso de licitación que se asemejó mucho a lo que se realiza en Estados Unidos o Europa. Este proceso incluyó dos rondas de licitación: una primera propuesta para determinar el tipo de equipamiento necesario, reuniones con los principales proveedores, la firma de acuerdos de confidencialidad, y la evaluación de lo que estaba disponible en el mercado y lo que podría estar disponible dos años más adelante. Se realizaron ajustes en el pliego conforme avanzaba el proceso.

Posteriormente, se realizó una segunda publicación del pliego, marcando la ronda final donde se recibieron las ofertas. La licitación abarcó tanto la entrega del equipo como un *Service License Agreement* que incluye tres años prepagos de mantenimiento. Esto significa que la máquina está ahora completamente operativa y tenemos cubiertos tres años de mantenimiento, que incluye repuestos *on-site* y un sistema de tickets con el proveedor, en este caso Lenovo. Además, todas las actualizaciones de software y licencias también están prepagadas e incluidas en este contrato.

Puede sonar terrible el tiempo que implicó la adquisición de la nueva supercomputadora, pero yo lo que diría es que en 2010 comenzó un proceso; más que de visualizar esta máquina, fue un proceso de organizar un sistema articulado de supercómputo en todo el país. No comenzamos con la idea de tener una máquina en el TOP500, sino pensando en cómo generar algo similar a lo que en ese momento en Estados Unidos era Teragrid o lo que en Europa comenzaba a ser la red interconectada de grandes sistemas de supercómputo. En 2010, lo que empezamos fue un proceso para articular las diferentes universidades con sus clústeres, y les propusimos integrar horas en un sistema nacional, aceptando que la evaluación de proyectos se realice a nivel nacional. A cambio, recibirían financiación para sostener y ampliar sus equipos. Comenzamos a planificar las compras de manera nacional, decidiendo en qué regiones geográficas se necesitaba aumentar la capacidad de cómputo. Este proceso tomó hasta 2019, es decir, nueve años para articular completamente el sistema. Solo entonces, en 2019, se planteó un plan estratégico que, con apoyo político, incluía la compra de una máquina en el TOP500.

Así que te diría que el proceso de pensar realmente en una máquina en el TOP500 empezó en 2019, y la licitación se realizó hace un año. Tomó unos tres años terminar de articular el sistema nacional y convencer a los actores políticos de la necesidad de tener un centro que fuera la cabeza de este sistema integral.

Red Regional de Supercómputo en América Latina

El siguiente paso para la región de América Latina debe ser la creación de una red regional. Creo que uno de los errores en los que caemos es pensar únicamente en términos de esperar a que los gobiernos, desde el ámbito científico, educativo y tecnológico, sean más o menos afines y esperar por oportunidades. En lugar de construir las condiciones para que surjan oportunidades, a menudo nos limitamos a esperar el momento adecuado para hacer una solicitud. Es muy difícil mantener un sistema sostenible de esa manera. En nuestro proceso, desde 2010 hasta ahora, hemos experimentado muchos cambios políticos, pero el sistema nacional sigue existiendo.

Esto es algo que he aprendido a lo largo de estos años: la importancia de asegurar que cuando existe la voluntad política, se redacten y firmen resoluciones ministeriales. Puede parecer algo trivial, simplemente un documento, pero ese papel luego sirve para la siguiente administración como evidencia de una decisión política respaldada por un proceso de evaluación y seguimiento. Esto establece un camino continuo. Creo que en la región a veces enfrentamos desafíos similares.

Cuando alguno de los países de la región logra realizar una compra significativa de una infraestructura robusta, a menudo pensamos que no es el momento de armar algo regional, y solo nos acordamos de la importancia de una red regional cuando nuestros países enfrentan dificultades. Es decir, cuando enfrentamos dificultades económicas para financiar iniciativas, buscamos el apoyo de nuestros vecinos; pero cuando la situación mejora, a menudo nos olvidamos de esa necesidad. Una estrategia que he observado que Europa ha implementado de manera muy inteligente es articular toda su política científica, especialmente en el ámbito del supercómputo, a nivel continental. Han logrado convencer a los países de que cumplir con ciertas cuotas de inversión es la forma de tener acceso a la infraestructura en todo el continente.

Creo que ese es el siguiente desafío para nuestra región: convencer a países que ya son grandes jugadores, como Brasil y otros, de que también es en su beneficio construir una red y acordar a nivel de países ciertas condiciones para seguir formando parte de esa red. Me parece que esta es una forma de evitar la variabilidad estacional que caracteriza a nuestra región.

En este momento, no tenemos condiciones a nivel político que obliguen a un país a invertir un porcentaje del presupuesto estatal en ciertas áreas esenciales. Las redes de colaboración como es SCALAC, podrían ser de mucha ayuda, su mera existencia ya es beneficioso. Esto se debe a que, muchas veces, cuando uno habla con los políticos de la región sobre la necesidad de tener supercómputo en un país, los ejemplos de Estados Unidos, Europa o China pueden parecer distantes; es decir, parece obvio que esos países realicen esas inversiones, pero se asume que países como los nuestros no necesitan hacerlo. Sin embargo, la existencia de iniciativas en países que están en vías de desarrollo es muy importante para mostrar que este es un camino para el desarrollo y esta es una herramienta crucial para lograrlo. Nosotros sí hemos usado el ejemplo de Brasil, México y Chile que han hecho inversión significativa en los últimos años.

Son ejemplos que ayudan mucho para llegar con un tono más regional a la política. En algún momento, nosotros también tuvimos algún vínculo con Sudáfrica, y mostrar que países como Sudáfrica tienen inversión en supercómputo y cuentan con un centro nacional es un buen ejemplo de la necesidad que tienen países que están en otro nivel de inversión. El papel que juega el supercómputo y por qué es un actor importante en un sistema científico es fundamental.

Lo que también está ayudando actualmente es la irrupción de la inteligencia artificial. Esto es algo que los líderes políticos están viendo hoy en día. En América Latina, hay muchas empresas que son jugadores importantes no solo a nivel regional, sino incluso a nivel mundial, en áreas como datos, comercio electrónico e inteligencia artificial. Esto facilita mucho el poder armar casos de estudio y mostrar que realmente es importante invertir en estas tecnologías y desarrollar recursos humanos en esta área.

Nuevas arquitecturas para los centros de datos

Con el auge de la inteligencia artificial, estamos viviendo un cambio que comenzó alrededor de 2008, probablemente con la aparición de los procesadores gráficos GPU y el uso intensivo de CUDA en los centros de datos. Hoy en día, este cambio es imparable y nuestra región está quedando rezagada. Si la inteligencia artificial puede parecer superficial a primera vista, como algo que se usa en los teléfonos móviles, es importante transmitir a la comunidad científica y a los políticos que detrás de esto existe una infraestructura significativa en los centros de datos. Esta infraestructura actual en los centros de datos es completamente diferente a la de hace 15 o 20 años. Estamos avanzando hacia los centros de datos equipados con procesadores específicos para tareas particulares. En contraste, los centros de datos de hace dos décadas utilizaban procesadores generales (CPUs) donde todas las tareas se ejecutaban con mayor o menor eficiencia, pero era un procesador de un solo tipo el que ejecutaba todas las tareas. Hoy, estamos viendo centros de datos con hardware especializado, diseñado específicamente para tareas particulares.

Estamos avanzando cada vez más, y esto es algo que incluso se observa en nuestras laptops y celulares, hacia sistemas que utilizan un procesador con un rol más general para ejecutar el sistema operativo, pero que cuentan con varios procesadores específicos para tareas como *Machi-*

ne Learning u otras funciones especializadas. Este avance está transformando no solo los centros de datos de alto rendimiento (HPC), sino también los centros de datos de compañías de telecomunicaciones y otros sectores más amplios.

Sé que aquí hay una oportunidad para explicar la importancia de la inteligencia artificial a nivel geopolítico para nuestra región. Debemos transmitir a los tomadores de decisiones, la idea de que los nuevos centros de datos requieren recursos humanos con habilidades que tradicionalmente se formaban en el área de computación de alto desempeño. Invertir en supercómputo y migrar nuestros centros hacia las últimas tecnologías es crucial para formar los recursos humanos para las empresas que realmente transformarán la economía en los próximos años con inteligencia artificial. De lo contrario, seguiremos mirando a Silicon Valley como el modelo a seguir en este ámbito.

Me parece que parte del cambio en el tipo de procesadores que estamos viendo en los centros de datos también tiene que ver con el problema del consumo eléctrico. Estamos presenciando una migración hacia procesadores específicos diseñados para tareas particulares. Es cierto que las GPUs, por ejemplo, tienen un consumo eléctrico considerable. Sin embargo, si consideramos la cantidad de capacidad de cómputo que proporcionan, son tremendamente eficientes al menos para ciertos tipos de tareas.

También estamos observando un cambio en algunas arquitecturas, donde de repente aparecen arquitecturas como ARM y RISC-V, estas últimas surgiendo gradualmente. Este cambio apunta hacia direcciones que prometen una mayor eficiencia energética.

Un ejemplo concreto es la máquina que acabamos de adquirir en Argentina: tiene 40 veces más capacidad de cálculo que la máquina previa que había comprado el servicio meteorológico para hacer pronósticos, pero consume sólo el doble de electricidad. Este tipo de avances muestra cómo estamos logrando un equilibrio entre incrementar la capacidad de cálculo y mantener un consumo eléctrico más razonable.

Figura 2.

Fotografía de la supercomputadora Clementina del SMN

Fuente: "Prensa SMN"

Esto está directamente relacionado con lo que mencionamos: centros de datos más modernos, refrigerados con agua, y el uso de GPUs en lugar de CPUs, que consumen menos electricidad por cantidad y tienen un mayor rendimiento por operaciones de punto flotante (FLOPS). Este cambio está en marcha y nuestra región debe estar preparada. Existe un conocimiento técnico que se adquiere inicialmente en el ámbito del cómputo de alto rendimiento (HPC) y luego se aplica en otras áreas de tecnología. En Argentina, hemos liderado la primera instalación nacional de un centro de datos con refrigeración por agua en cada procesador para este sistema. Un avance que generó buenas prácticas y nuevo conocimiento en una empresa local de construcción de *datacenters*, y que eventualmente será adoptado por empresas de telecomunicaciones y otros sectores.

Entonces, hay un *know-how* en el cual también se genera un ecosistema de empresas necesarias para el desarrollo económico posterior. Además, hay otra cuestión que concierne a nuestra región, creo que estamos en una etapa anterior y aún tenemos mucho espacio para generar vínculos entre el sistema científico, tecnológico y otros actores estatales que requieren de HPC. En Europa y Estados Unidos esto se hace muy bien. Como mencioné antes, los laboratorios nacionales son un ejemplo de ello. Actualmente, no contamos con eso en nuestra región.

En Argentina, actualmente contamos con muchos centros que tienen deficiencias, principalmente armados por cada universidad para satisfacer necesidades locales muy específicas. Este es un paso previo que realmente necesitamos comenzar a construir. Debemos buscar alianzas con otros actores de la región, ya sea en defensa, en pronóstico meteorológicos u otros campos, donde cada país tenga su demanda de HPC que justifique la adquisición de centros de datos de otro nivel. Creo que es necesario comenzar a buscar estas alianzas y desarrollar centros de datos compartidos, donde un socio tenga requerimientos operativos de HPC y el otro sea el sistema científico y tecnológico que provea el *know-how* necesario.

La colaboración con la industria es importante, como mencionaba anteriormente, especialmente en términos de avanzar hacia prácticas más sostenibles. El tener centros de datos más grandes y especializados ayuda a reducir significativamente el impacto ambiental. En estos centros más grandes, con sistemas de refrigeración modernos, el consumo eléctrico se optimiza, aunque esto suele requerir inversiones que las universidades por sí solas muchas veces no pueden afrontar. Pero además, existe otra razón que tiene que ver con cuál es nuestro rol social.

Como científicos, buscamos publicar trabajos competitivos en revistas de alto impacto utilizando supercomputadoras avanzadas. Sin embargo, cuando los ciudadanos se preguntan por qué se destinan impuestos a financiar supercomputadoras, el mayor beneficio radica en los recursos humanos que generamos. Estos profesionales luego contribuyen a empresas que pueden competir a nivel internacional. Estoy firmemente convencido de que jugar un papel activo en la creación de estos vínculos es de suma importancia.

Desafíos en América Latina para consolidar un red de supercómputo

Existen varios desafíos importantes que afrontar para fortalecer las infraestructuras en los países de la región en el futuro. Como mencioné antes, en este momento tenemos cuatro o cinco países que poseen una infraestructura competitiva a nivel regional y, en algunos casos, incluso internacional. El desafío más acuciante que veo es comenzar a articular una red. Cuando hablo de red, no me refiero simplemente a una conexión física, sino a un entrelazado de actores académicos y gubernamentales con experiencia en la región. Tenemos experiencia en la región de armar redes, pero son redes que hemos formado con colegas que conocemos bien.

Pero creo que debemos construir una red que incluya también la gestión política de nuestros países. Necesitamos armar una red a nivel de mercados comunes, como puede ser Mercosur en el caso de Argentina y Brasil, y encontrar un marco adecuado para que países como México también se integren. Es fundamental para que el área crezca a nivel regional. Me parece que este es un desafío tanto político como científico para todos nosotros.

A nivel de Argentina, como mencionaba, el plan estratégico que tenemos está culminando ahora y hemos alcanzado los objetivos, lo cual me parece algo fantástico para un país como el nuestro. De cara al futuro, el próximo desafío será desarrollar un plan estratégico para los próximos cinco años, que se centrará en mantener nuestras capacidades y seguir creciendo.

En términos técnicos, para toda la región, creo que el otro desafío, que ya mencionaba, es el que tiene que ver con los cambios en tecnologías, en los cuales nuestra región se está quedando atrás. Muchas veces, es tentador seguir utilizando equipos con los que ya estamos familiarizados, pero esto también puede llevar a un retraso en la adopción de nuevas tecnologías, como el uso masivo de GPUs y grandes supercomputadoras con aceleradores de alta capacidad de cálculo. Es importante que, como científicos, estemos involucrados en la planificación para pedir a la política la inversión necesaria, pero también debemos ser conscientes de la necesidad de actualizar y modernizar nuestras infraestructuras tecnológicas.

Existe un cierto retraso en la calidad de la infraestructura de los centros de datos, y eso es algo que necesitamos abordar. prestar atención al aumento en la capacidad de cómputo y al costo relativo de incorporar la última tecnología. Para el dinero disponible en nuestra región, es un lujo que no podemos permitirnos, quedarnos en la comodidad de usar tecnología más antigua solo porque ya tenemos códigos listos. Este es un desafío difícil, pero creo que es un desafío enorme para el futuro. Debemos impulsar a toda la comunidad a adoptar diferentes arquitecturas, probar nuevo hardware, explorar nuevas tecnologías y tomar riesgos.

Conclusión

La satisfacción en el caso de Argentina, después de haber llevado adelante un plan estratégico en los últimos cinco años, es inmensa. Cuando hablaba con muchos colegas hace cinco años, cuestionaban la utilidad de sentarnos a escribir un documento de 40, 50 o incluso 60 páginas, preguntándose para qué hacerlo si ningún político lo iba a leer. Ver que realmente se alcanzaron los objetivos propuestos en ese plan es enormemente gratificante. Tal vez, si nuestro país puede ofrecer algún consejo al resto de la región, donde hay países como Brasil que realmente tienen una inversión impresionante en supercómputo, es que, a pesar de todas las dificultades y malas experiencias con la política en la región, la clave está en la planificación. No debemos rendirnos, aún con todas las adversidades, la planificación y la perseverancia son fundamentales, y son cruciales para continuar avanzando en el tiempo.

Por último, el otro desafío importante es empezar a articular muy fuertemente a nivel regional. Hay un montón de redes fantásticas, como el trabajo realizado en Conferencia Latinoamericana de Cómputo de Alto Rendimiento (CARLA), pero es crucial comenzar a articular también a nivel de países y convencer a nuestros políticos de la importancia de firmar documentos y acuerdos que comprometan a los países a alcanzar objetivos en un tiempo determinado. Me parece que ese es el siguiente paso. Desde mi punto de vista, sería algo fantástico si pudiéramos establecer metas para los próximos cinco años y trabajar juntos para alcanzarlas.

MARÍA DEL CARMEN HERAS SÁNCHEZ

Universidad de Sonora (UNISON)
Sonora, México

María del Carmen Heras Sánchez es una destacada profesional en el campo del supercómputo y la informática, actualmente se desempeña como Directora de Repositorios y Procesamiento de Datos en el CONAHCYT. Es reconocida por ser la fundadora del Área de Cómputo de Alto Rendimiento de la Universidad de Sonora. Obtuvo su licenciatura en Informática en el Instituto Tecnológico de Hermosillo y realizó una Maestría en Ciencias especializada en Geología, con enfoque en geohidrología, en la Universidad de Sonora (UNISON). Completó su doctorado en Ciencias en Biotecnología en el Instituto Tecnológico de Sonora.

Cuenta con una extensa trayectoria como docente e investigadora en la UNISON, destacándose como promotora del supercómputo desde varias perspectivas. Ha participado activamente en diversos proyectos relacionados con el uso de sistemas de información geográfica aplicados en climatología, oceanografía, ecología, biología y bioclimatología. Su trabajo ha sido fundamental en la promoción y desarrollo del supercómputo en México.

Infraestructuras que garanticen la soberanía nacional

Resumen

El supercómputo tiene el potencial de impulsar la economía y lograr la soberanía tecnológica, siempre considerando la sostenibilidad ambiental para evitar daños irreparables a los ecosistemas. Se requiere mejorar las capacidades de infraestructura en México para atender las necesidades de los proyectos de investigación y evitar la fuga de talentos, al tiempo que se promueve la repatriación de grupos de investigación. La colaboración entre los sectores público, privado y académico es crucial para fortalecer esta infraestructura en México y América Latina. A pesar de los desafíos económicos y técnicos, la inversión y formación continua son necesarias.

Los desafíos para contar con infraestructuras adecuadas son numerosos y abarcan desde la necesidad de inversiones iniciales significativas y el costo de operación, hasta la demanda de talentos altamente capacitados. No obstante, los beneficios de superar estos obstáculos son considerables, destacándose la soberanía y seguridad de los datos. Por tanto, es necesario desarrollar una estrategia conjunta entre el gobierno, las instituciones educativas y el sector privado para abordar y superar estos desafíos de manera efectiva.

Introducción

Mis inicios en el supercómputo fueron completamente fortuitos; originalmente, no era mi intención adentrarme en este campo. En el año 2001, mientras trabajaba como profesora en la Universidad de Sonora, se me presentó la oportunidad de liderar un proyecto para establecer un área de cómputo de alto rendimiento. Este proyecto tenía como objetivo proporcionar dos servicios fundamentales: en primer lugar, desarrollar una infraestructura de supercómputo que pudiera ser utilizada por grupos de investigación y cuerpos académicos, permitiéndoles obtener ventajas competitivas significativas en sus investigaciones gracias a capacidades de cómputo excepcionales. Por otro lado, el proyecto también buscaba proporcionar herramientas y programas de cómputo reconocidos a nivel internacional, utilizados como estándares para la resolución de problemas de investigación en diversas áreas del conocimiento.

Cuando me presentaron este proyecto, me interesó enormemente y decidí liderarlo, asumiendo el cargo de responsable del Área de Cómputo de Alto Rendimiento de la Universidad de Sonora (ACARUS). Comenzamos configurando los equipos e instalando aplicativos, pero pronto me di cuenta de que lo más importante en ese momento era ofrecer capacitación. En el año 2001, empecé con un pequeño grupo de cuatro personas interesadas en supercómputo en la Universidad de Sonora. A medida que los capacitaba, el número de interesados creció exponencialmente. Empecé con profesores, luego incluí a estudiantes de doctorado y maestría, e incluso a alumnos de licenciatura en etapas avanzadas de su tesis, quienes necesitaban realizar cálculos que superaban las capacidades de una computadora de escritorio.

Con el tiempo, formé grupos de usuarios que han evolucionado a lo largo de varias generaciones desde entonces. No todos continúan utilizando supercómputo, ya que algunos migran hacia otras áreas o tecnologías. Sin embargo, hemos mantenido un número sólido de usuarios activos dentro de la Universidad, gracias a la capacitación continua que ofrecemos, tanto a nivel básico como intermedio.

En un principio, realizamos estas capacitaciones en colaboración con otras instituciones, pues no contábamos con la experiencia necesaria. Empecé a colaborar con instituciones como la Universidad Autónoma de México (UNAM), la Universidad Autónoma Metropolitana (UAM) y el Centro de Investigación Científica y de Educación Superior de Ensenada (CICESE), para ganar esa experiencia y mejorar la capacitación de los usuarios, buscando un nivel de entrenamiento y comprensión más alto sobre lo que se podía hacer con esos equipos. Esto también tenía la intención de optimizar el uso de los equipos, y así fueron mis inicios en este campo. Básicamente, surgió de una necesidad dentro del Departamento de Investigación en Física de la Universidad de Sonora. Como sabemos, los físicos son usuarios naturales de este tipo de infraestructuras. Fue ahí donde nació la idea inicial y la primera necesidad. Yo me encargué de materializarla, creando así un área dedicada a este fin.

Además de administrar la infraestructura de cómputo de alto rendimiento de la universidad, también soy usuaria de la misma, y la experiencia ha sido muy enriquecedora en todos los aspectos. Lo primero que ganas es tiempo; lo segundo, es que presentas un trabajo más competitivo a nivel nacional o internacional, dependiendo del foro en el que presentes los resultados de tu investigación. El hecho de emplear este tipo de tecnología proporciona una ventaja competitiva a nivel internacional.

Asimismo, el uso de estas infraestructuras me ha permitido colaborar en grupos multidisciplinarios que de otra manera nunca habría imaginado. Como especialista en bioclimatología, he podido aplicar mis conocimientos para abordar problemas en áreas como oceanología y la ciencia de la Tierra desde una perspectiva bioclimatológica. Esta experiencia me ha brindado aprendizajes valiosos, siempre centrados en el uso de la computación, particularmente en infraestructuras de supercómputo.

Eso ha sido una gran ventaja; de otra manera, sin el uso de estas infraestructuras, no hubiera podido realizar análisis de datos con un nivel tan detallado y con una granularidad tan precisa al procesar grandes cantidades de imágenes de satélite sobre diversos temas. Me he dedicado a realizar análisis complejos entre diferentes imágenes de satélite que contienen información variada, especialmente a lo largo del tiempo. Esto involucra crear series de tiempo de imágenes satelitales temáticas para luego hacer el análisis comparativo entre ellas para abordar problemas específicos que han surgido.

Recientemente, he estado investigando en el Golfo de California, estudiando el impacto del cambio climático en diversas especies de organismos, tanto pelágicos (que habitan en las capas superficiales) como demersales (que viven en el fondo). Estas especies han experimentado cambios significativos en la distribución de sus poblaciones, ya que no se encuentran donde solían estar ni en las mismas cantidades. Mi trabajo se centra en comprender las razones detrás de estos cambios y por qué ahora encontramos especies nuevas (invasoras) en el Golfo de California que antes no estaban presentes. Estos estudios han sido posible gracias al trabajo colaborativo con un grupo de expertos en biología marina y pesca, tanto de la Unidad Guaymas del Centro de Investigaciones Biológicas del Noroeste SC (CIBNOR-Guaymas), como del Centro Regional de Investigación Acuícola y Pesquera en Guaymas, del Instituto Nacional de Pesca (CRIAP-Guaymas).

Anteriormente, también he trabajado en estudios terrestres, estimando posibles zonas de inundación en Sonora, donde las lluvias son muy intensas y repentinas; en una hora, pueden caer hasta 40 mm de lluvia, lo que provoca deslizamientos de tierra debido a largos períodos de sequía, seguidos por lluvias copiosas. Estuve trabajando también en ubicar zonas que podrían verse afectadas por posibles deslaves, estudiando la geografía, la topografía y el sistema de precipitaciones locales y regionales. Realizar este tipo de análisis es imposible sin el apoyo del supercómputo para procesar numerosos datos y modelar la posible solución a un problema.

Capacidades instaladas en México para atender la demanda de proyectos

En México no contamos con las capacidades de supercómputo necesarias para satisfacer las demandas actuales, hay una necesidad considerable de uso de supercómputo que actualmente no está cubierta. Puedo citar varios ejemplos en este sentido. Existe una amplia variedad de proyectos que requieren capacidades intensivas de procesamiento y análisis de datos. Hoy en día, términos como *Data Analytics*, *Big Data* o ciencia de datos están muy de moda. Aunque puedan parecer solo tendencias, cuando profundizamos en las técnicas y el análisis detallado de los datos, vemos que son herramientas que realmente necesitamos para crecer como país, ya sea para identificar áreas de oportunidad en sectores como la economía, la educación, la salud, entre otros.

Sin duda, hay una gran demanda de HPC (*High Performance Computing*) en la investigación científica, por ejemplo, en el modelado climático, requerimos un gran poder de cómputo para realizar predicciones meteorológicas y simulaciones a gran escala que nos permitan prever patrones climáticos, cambios climáticos y eventos extremos como huracanes, inundaciones y sequías. Al contar con las infraestructuras y herramientas computacionales adecuadas, es posible predecir éstos eventos y actuar antes de que ocurran tragedias.

También, por ejemplo, en investigaciones de astrofísica, es necesario procesar datos captados por telescopios y realizar simulaciones del universo para entender fenómenos astronómicos. En la biotecnología y ciencias de la vida, desde la secuenciación del genoma hasta el análisis y ensamblaje de datos genómicos, estudios de variabilidad genética, enfermedades genéticas, incluyendo nuevas enfermedades y virus, como lo que experimentamos con el COVID-19 y las diferentes variantes de influenza. Para poder hacer prevención en salud, es necesario realizar simulaciones de fármacos y vacunas, modelado de estructuras proteicas y simulaciones de interacciones de fármacos para desarrollar nuevos medicamentos.

Y sin duda alguna, en la ingeniería y el diseño industrial, todo lo relacionado con la industria aeroespacial y automotriz, se requiere supercómputo para resolver problemas de dinámica de fluidos y aerodinámica. Además, la exploración y explotación de recursos naturales, ya sea en minería o petróleo, también requiere de grandes infraestructuras, redes y aplicativos muy especializados y particulares. Hay una vasta cantidad de temas que dependen de capacidades de supercómputo avanzadas para su desarrollo y resolución.

Para abordar todos estos desafíos, se requieren los modelos de inteligencia artificial que se están desarrollando hoy en día, incluyendo el aprendizaje automático o machine learning y todas sus metodologías, teorías y tecnologías complementarias. Para resolver prácticamente cualquier problema en cualquier campo, definitivamente necesitamos especialistas en el manejo de estas arquitecturas.

Podría continuar mencionando numerosos ejemplos, desde el ámbito económico hasta el entretenimiento y las energías renovables. Prácticamente todas las áreas de conocimiento requieren de recursos de supercómputo para avanzar y enfrentar sus desafíos de manera efectiva.

Si queremos realmente tener investigación de punta que genere conocimiento de vanguardia y, sobre todo, que ese conocimiento se quede en México, la soberanía es fundamental en este sentido. Es necesario ofrecer capacidades de cómputo que permitan repatriar a aquellos grupos de investigación que, debido a la falta de infraestructura adecuada en México para cubrir sus necesidades, se ven obligados a hacer convenios con universidades y centros de investigación en el extranjero, ya sea en Estados Unidos, Europa, Asia, China, o Japón, entre otros lugares. Una parte significativa de estos convenios implica que las bases de datos y los resultados de investigación se quedan fuera del país.

Necesitamos resolver este problema con urgencia y crear en México las oportunidades necesarias para todo el talento mexicano, evitando la exportación de mentes, ideas y talentos, y fomentar la repatriación de aquellos grupos que, por falta de opciones locales, han tenido que trabajar en el extranjero. Ellos deben ver que en México hay la posibilidad de brindarles todo lo que requieren para realizar su investigación de punta, esto los estimularía a regresar a su país. Mientras no tengamos esas infraestructuras, esta situación no cambiará.

Colaboración entre la industria, academia y gobierno

Definitivamente, involucrar a organizaciones externas a las universidades y a los centros de investigación resulta sumamente beneficioso para ambas partes. Por un lado, el sector privado encuentra en las universidades conocimiento, infraestructuras, técnica, estrategia y modelos de negocios con la inteligencia que necesitan. Pero, por otro lado, las universidades ven en el sector privado problemas reales, más allá de la teoría, que deben resolverse utilizando todo ese conocimiento acumulado en las instituciones de educación. Esto permite que todo este conocimiento se traduzca en un beneficio tangible para la sociedad y, en un sentido más amplio, para México.

Entonces, ¿por qué no suceden estas cosas a menudo? La respuesta radica en que trabajamos con tiempos y estímulos muy diferentes. En el sector privado, el tiempo equivale a dinero; si tardo más de lo previsto en realizar ciertas actividades, empieza a costar más y entonces deja de ser rentable. En cambio, en las universidades, se tiene una perspectiva más relajada del tiempo. El avance de se mide en semestres o trimestres, dependiendo de cómo esté estructurado el calendario académico. A menudo decimos: "ya se me fue el semestre", entre clases, compromisos laborales, reuniones, planes de estudio y contribuciones académicas a la comunidad. Esta diferencia en cómo gestionamos y valoramos el tiempo puede complicar la colaboración efectiva entre ambos mundos.

Por lo tanto, empezamos a trabajar con diferentes tiempos. Como investigador en una institución de educación superior, necesito que me den el espacio y el tiempo necesario. Estoy interesado en colaborar, y esto sería beneficioso tanto para mi universidad como para el sector privado. Pero para lograrlo, necesito que se me otorgue el tiempo adecuado y algún tipo de estímulo. Por ejemplo, una carga académica reducida o un tiempo específico asignado exclusivamente para trabajar con el sector privado. De esta manera, podría empezar a formar grupos de trabajo con estudiantes de doctorado, maestría o destacados de licenciatura que puedan participar activamente en estas actividades con la empresa.

Creo que hace mucha falta implementar este tipo de cambios, y sería muy beneficioso que estos esfuerzos tuvieran también un reconocimiento económico para el investigador. De lo contrario, podría pensar: "Voy a resolver un problema para la empresa, pero ¿qué gano yo con eso?". No sólo debería ser la experiencia, sino también un estímulo económico. Así, creo que falta mucho en términos de normativas para equilibrar la prisa del sector privado por resolver problemas, que necesita el talento de las universidades, con el tiempo que la universidad y sus talentos pueden dedicar a solucionar estos problemas. Sería ideal alcanzar un equilibrio en estos tiempos y establecer estímulos adecuados para los investigadores que colaboren en estos proyectos.

Es sumamente importante que estos vínculos no solo se mantengan sino que se fortalezcan y se creen nuevos. Debemos estar siempre luchando en este sentido, y no solo con el sector privado, también con el gobierno. A menudo somos muy eficientes al comunicarnos y colaborar entre académicos para resolver problemas teóricos, pero cuando enfrentamos problemas reales provenientes del gobierno o del sector privado, empezamos a titubear. Necesitamos corregir esto de alguna manera. Es esencial encontrar una solución conjunta, trabajando todos juntos para mejorar la integración y la eficacia de nuestras colaboraciones con estos sectores.

Inversión en infraestructura para atender la soberanía nacional

La decisión de invertir en infraestructuras de supercómputo en México implica muchas consideraciones, tanto desde la perspectiva de costos y beneficios para el país, como en relación con las implicaciones de soberanía nacional mencionadas anteriormente. Esto presenta tanto ventajas como desafíos significativos. Personalmente, veo principalmente aspectos positivos en esta inversión, ya que me gustaría ver un mayor desarrollo y seguridad en nuestras infraestructuras locales, sin riesgos asociados al traslado de datos e información crítica a infraestructuras en el extranjero.

La principal ventaja de invertir en infraestructuras locales es precisamente la soberanía y el control sobre nuestros datos. Mantener estas infraestructuras dentro de México asegura que los datos sensibles y estratégicos permanezcan bajo control nacional, reduciendo así los riesgos de espionaje y acceso no autorizado. Esta inversión puede ser a nivel local, específicamente en universidades, centros de investigación, o dependencias de gobierno, o también puede implicar colaboraciones nacionales, como las que hemos promovido durante años a través de la Red Mexicana de Supercómputo (REDMEXSU) y ahora a través de la Red Nacional de Cómputo Científico de Alto Rendimiento que impulsa el CONAHCYT y que es más bien conocida como RedAto.

Estas colaboraciones facilitan a las instituciones académicas, gubernamentales y del sector privado la creación de un ecosistema tecnológico que promueva la innovación, el control de datos, la soberanía y la seguridad nacional. Este enfoque puede contribuir significativamente a la resolución de problemas estratégicos nacionales en áreas como salud, alimentación, educación, entre otros, todos ellos fundamentales para el desarrollo de nuestro país.

Los desafíos en el tema de las infraestructuras de supercómputo son significativos, principalmente debido a los altos costos involucrados. La inversión inicial y el mantenimiento de estas infraestructuras son costosos, y además requieren inversiones continuas para actualizar y mantener las tecnologías. Sin estas inversiones continuas, corremos el riesgo de que los beneficios de estas infraestructuras sean solo a corto plazo. Se requiere mantener y expandir estas capacidades a pesar de estos desafíos.

También es bien sabido que puede existir una falta de capacidad técnica, especialmente personal altamente capacitado para operar y mantener estos sistemas. Sin embargo, este desafío puede mitigarse mediante programas de capacitación adecuada. No debemos temer al reto de invertir y enfrentar la falta de personal cualificado; si tenemos la infraestructura y la capacidad de capacitar rápidamente a nuestro talento local. Contamos con ingenieros en computación, en sistemas, licenciados en física y otros profesionales que, con el entrenamiento adecuado, pueden resolver eficazmente los desafíos de administración de estas infraestructuras.

En resumen, estos son tanto los desafíos como las ventajas que como país debemos enfrentar y aprovechar para avanzar en el ámbito del supercómputo.

Colaboración interinstitucional para el desarrollo

El trabajo colaborativo entre las instituciones puede fortalecer la infraestructura existente, aunque siempre hay aspectos que mejorar. Creo que, en primer lugar, es fundamental conocer nuestra situación actual y, a partir de ahí, ser proactivos. Esto implica proponer estratégicamente esos ecosistemas integrados por gobiernos, organizaciones privadas, y entidades de educación e investigación con el objetivo de resolver problemas.

Definitivamente, aspectos como la infraestructura, el financiamiento y la capacitación se pueden facilitar mediante un grupo de colaboración que integre al gobierno, la educación y el sector privado. Esta es la manera en que podemos lograr un progreso significativo y sostenible.

A lo largo del tiempo, sí ha habido buenas iniciativas e ideas, especialmente a través de la Red Mexicana de Supercómputo. Sin embargo, ha faltado algo para concretarlas; ha faltado persistencia, nos ha faltado unidad como frente. Creo que ahora tenemos la oportunidad de remediar esto. Desde el CONAHCYT, hay un impulso fuerte hacia la RedAto, la Red Nacional de Cómputo Científico de Alto Rendimiento. Considero que con la RedAto podemos reunir esfuerzos y realmente lograr avances significativos.

A menudo me dicen que soy muy positiva en este aspecto, y es que ya hemos visto que es cuestión de identificar la clave de los problemas y enfocarte en resolver todo lo necesario, eliminando obstáculos para alcanzar la meta. Esta es la actitud y el enfoque que necesitamos para avanzar y lograr nuestros objetivos.

A través de la RedAto, estoy convencida de que lograremos una sinergia interesante para ofrecer servicios a la nación, y con esto, nos va a llover trabajo. En la primera presentación de la RedAto, ya están participando 5 instituciones de las 12 inicialmente propuestas, limitadas principalmente por cuestiones de conectividad, un problema bien conocido en nuestro país, además de problemas de infraestructura. Pero no cabe duda de que el interés y el talento humano están presentes. Actualmente estamos desarrollando una estrategia para proponer a la próxima administración del gobierno federal la continuidad de estos proyectos y la incorporación de más nodos de cómputo a la RedAto para que comiencen a ofrecer servicios a través de esta entidad administradora central que vamos a establecer.

Creo firmemente que solo trabajando como un frente común, unidos y mostrando nuestra fortaleza y voluntad de colaborar, lograremos nuestros objetivos. Hay muchos proyectos y aplicaciones que podemos desarrollar, y muchos desafíos por enfrentar. Contamos con el talento y la determinación necesarios. Lo que nos ha faltado hasta ahora es ser más sólidos como grupos. Debemos enfocarnos en mostrar nuestro potencial conjunto.

Colaboración multidisciplinaria para dar solución a los problemas

En mi caso particular, trabajo con grupos multidisciplinarios; de hecho, no podría hacerlo de otra manera, y esto es algo que ocurre hoy en día en casi todas las áreas. La ciencia de datos, que está tan en moda como mencionaba antes, es utilizada por todos los grupos de investigación para resolver problemas reales precisamente porque estos problemas son multidisciplinares, no se limitan solo a física, matemáticas o computación, sino que también involucran química, negocios, gobierno, educación, salud, uso de recursos naturales, entre otros aspectos. Hay una gran cantidad de problemas que pueden abordarse utilizando ciencia de datos.

Es cierto que los especialistas en ciencia de datos deben dominar tecnologías específicas, pero también deben integrarse como parte de un ecosistema multidisciplinario para la resolución de problemas. No podrán entender ni resolver estos desafíos por sí solos; necesitan colaborar estrechamente con especialistas de otras áreas para obtener una perspectiva integral y encontrar soluciones efectivas.

El papel estratégico del supercómputo para el desarrollo académico en América Latina

El supercómputo desempeña un papel muy importante en América Latina, siendo un habilitador significativo para el desarrollo y la sustentabilidad económica en la región. Hay varios puntos clave en los que el supercómputo puede actuar como un habilitador en América Latina, impulsando la investigación y el desarrollo, lo cual es vital para el progreso. Además, promueve la optimización de recursos naturales y facilita la implementación de tecnologías avanzadas como la agricultura de precisión. En los países altamente industrializados y desarrollados, la agricultura de precisión es una práctica común, mientras que en América Latina todavía somos muy rudimentarios en esta área.

El HPC (*High Performance Computing*) puede apoyar en esto procesando grandes cantidades de datos climáticos, de uso de suelo y tipos de suelo, permitiendo tomar decisiones más inteligentes para los productores. Esto incluye optimizar el uso de fertilizantes, recursos naturales como el agua, y planificar los periodos de cosecha de manera más eficiente. Este enfoque de agricultura de precisión, habilitada por el supercómputo, tiene el potencial de transformar la productividad agrícola en la región, aumentando la eficiencia y reduciendo los impactos ambientales.

El supercómputo también juega un papel muy importante en la resiliencia ante desastres naturales en América Latina. La región es altamente vulnerable a eventos como terremotos, huracanes e inundaciones, entre otros. Utilizando supercómputo, es posible prevenir, predecir y modelar estos eventos para mitigar su impacto. Esto no solo ayuda a proteger vidas y bienes, sino que también fortalece la capacidad de respuesta ante emergencias.

Además, en términos de desarrollo industrial, tecnológico, salud pública, educación y capacitación, América Latina debe considerar al supercómputo como un motor clave para el desarrollo económico. Facilita la mejora de la eficiencia en diversos sectores, fomenta la innovación y fortalece la resiliencia frente a desafíos ambientales y sociales. Integrar estas capacidades avanzadas en la región puede impulsar significativamente su crecimiento y desarrollo sostenible a largo plazo.

Lograr un avance significativo en supercómputo y soberanía tecnológica no es posible sin políticas públicas adecuadas, inversiones en infraestructura y una cooperación efectiva entre los ecosistemas del sector público, privado y académico. Es esencial para nosotros tener una América Latina más fortalecida, en particular un México más robusto, donde realmente podamos alcanzar la soberanía tecnológica. A menudo hablamos de este término como si ya fuera una realidad, cuando en México apenas comienza a visualizarse como una opción viable. Alcanzar la soberanía tecnológica debe convertirse en una realidad, pero esto requerirá tiempo, inversión, trabajo y la dedicación de cientos de personas orientadas a este objetivo.

El desafío es grande, definitivamente muy grande para México y América Latina, pero no tenemos que enfrentarlo solos. También podemos aprender de lo que han hecho los países desarrollados para alcanzar sus niveles actuales de soberanía tecnológica. A nuestro propio ritmo y adaptados a nuestra realidad, podemos tratar de implementar los modelos que ellos siguieron. Es algo que podemos hacer sin problema, tomando las lecciones aprendidas y aplicándolas de manera que se ajusten a nuestras necesidades y contexto específicos.

La conectividad e infraestructuras robustas en los siguientes años

En un futuro, para mí, lo ideal sería ver una conectividad eficiente entre diferentes nodos de cómputo distribuidos geográficamente por todo México. Estos nodos de cómputo con infraestructuras robustas podrían ser temáticos, enfocados en resolver problemas específicos de cada zona geográfica, pero con capacidades de cómputo y talento humano adecuados para abordar tanto los desafíos regionales como contribuir a la solución de problemas nacionales.

Sería ideal que no existieran obstáculos para la movilidad de datos, desde el lugar donde se originan hasta donde se procesan, se utilizan y finalmente se almacenan. Esto implica contar con una conectividad que facilite la transferencia de datos sin necesidad de transportar discos duros en avión. Además, es fundamental que estas infraestructuras se encuentren siempre en territorio nacional, asegurando la soberanía y seguridad de nuestros datos y recursos tecnológicos.

Quizás deberíamos empezar con proyectos que impliquen capacidades medianas de cómputo para demostrar nuestras capacidades. No es realista esperar estar entre los primeros 100 del TOP500 de supercomputadoras desde el inicio. Todos lo desean, pero debemos ser pragmáticos y avanzar paso a paso, acumulando experiencia en el camino.

Así es como otros países han alcanzado el primer lugar: gradualmente, a través de la innovación y la resolución de problemas. Creo que a medida que demostremos ser solucionadores de problemas y fuentes de innovación, ganaremos la confianza del gobierno, del sector privado y del académico. Esa es mi visión: poder decir algún día, por ejemplo, "En Sonora hay un problema en la industria aeroespacial. ¿Quién puede resolverlo?" y poder conectar rápidamente con un centro de investigación en Querétaro que pueda hacerlo. Podemos enviar los datos, ponernos en contacto y trabajar juntos como si estuviéramos presentes en el mismo lugar.

Me encantaría ver esta sinergia operando de manera fluida en todo el país, desde el sureste hasta el noreste, desde el centro hasta el occidente y el noroeste, incluso en el Golfo. Donde sea que surja un problema, deberíamos poder encontrar en estos nodos facilitadores y solucionadores de problemas que puedan abordarlo. Esa colaboración multidireccional sería lo ideal para avanzar en México.

Conclusiones

Definitivamente, veo el supercómputo como un potencial enorme que todos los países en Latinoamérica deberíamos aprovechar. Esto nos permitiría fortalecer nuestras economías individuales al sumar desarrollo, industria, innovación y tecnología, así como una gama de servicios de valor agregado que nos diferenciarán globalmente. Este enfoque sin duda generaría beneficios económicos tanto para el sector promotor, ya sea privado, gubernamental o educativo, como para el país en su conjunto.

Los beneficios a nivel nacional probablemente se extenderían a impactos regionales en Centroamérica, Norteamérica y Sudamérica, ya que las estrategias exitosas tienden a replicarse y contagiar otras iniciativas. Creo que también debemos mirar hacia los países de Latinoamérica que actualmente tienen estrategias que están funcionando y aprender de ellas, descartando lo que no funciona y adoptando lo que sí, para impulsar nuestro desarrollo tecnológico y económico de manera sostenible y colaborativa en la región.

Definitivamente, el supercómputo representa un enorme potencial. Los países del primer mundo destacan por tener infraestructuras de supercómputo que ocupan los primeros lugares del TOP500. Esta correlación no es coincidencia; es evidente que las economías más robustas se benefician de tecnologías avanzadas como el supercómputo. En Latinoamérica, también debemos apuntar en esa dirección: mejorar, eficientar y fomentar la innovación utilizando estas tecnologías de vanguardia.

La innovación es fundamental para lograr la competitividad que cada sector económico requiere. Esto se traduce en beneficios para la nación, la región latinoamericana y, en última instancia, para el mundo entero. Pero sin olvidar, obviamente, el cuidado al medio ambiente, que es un aspecto crucial que debemos integrar en esta fórmula. El equilibrio entre el avance tecnológico y la sostenibilidad ambiental es esencial para asegurar un futuro próspero y responsable.

En cualquier fórmula que diseñemos, debemos ser cuidadosos al utilizar recursos naturales de manera excesiva y no sostenible. Esto podría resultar en una economía exitosa a corto plazo, pero con ecosistemas tan dañados que podrían volverse irreparables en el futuro y nadie desea ese resultado. Por lo tanto, es fundamental promover infraestructuras sólidas a nivel institucional, regional, nacional y en toda Latinoamérica, asegurando que nuestros avances tecnológicos y económicos se desarrollen en armonía con la sostenibilidad ambiental.

JUAN CARLOS ROSAS CABRERA

Centro Nacional de Supercómputo (CNS - IPICYT)
México

Juan Carlos Rosas Cabrera es actualmente el director del Centro Nacional de Supercómputo (CNS) del Instituto Potosino de Investigación Científica (IPICYT), un centro público del CONAHCYT. Posee una formación como ingeniero electrónico y cuenta con una maestría en Gestión de la Información en las Organizaciones otorgada por la Universidad Autónoma Metropolitana (UAM). Juan Carlos ha colaborado con la academia por más de 20 años, iniciando su trayectoria en supercómputo en la UAM, donde trabajó durante 12 años, además de llevar proyectos estratégicos interinstitucionales de conectividad, supercómputo y centro de procesamiento de datos.

Posteriormente, en el sector privado, se desempeñó en servicios de recuperación de desastres, continuidad de negocio, análisis de riesgos, servicios TIC, consultorías especializadas y relaciones públicas con la iniciativa privada (IP) y la Administración Pública Federal (APF). Ha participado en distintos foros nacionales e internacionales en torno a las Tecnologías de la Información y Comunicaciones (TIC) y Supercómputo. En la actualidad, brinda servicios de TIC a la academia, consolidando su rol como un puente entre la tecnología y la investigación científica, la iniciativa privada y la APF. Su experiencia tanto en el sector educativo como en el privado ha dejado una marca significativa en el campo del supercómputo, las tecnologías de la información y el centro de datos.

El supercómputo, más allá de la tecnología, la importancia del desarrollo del talento humano

Resumen

El desarrollo del supercómputo en México enfrenta desafíos significativos, pero también ofrece enormes oportunidades. Con una estrategia adecuada que combine la formación de talento humano, la renovación de infraestructura y la colaboración con la iniciativa privada, México puede avanzar considerablemente en los ámbitos tecnológico y científico. Mantener el enfoque en estas áreas es crucial para asegurar un futuro próspero y autosuficiente para el país.

Estos puntos reflejan la discusión sobre el estado actual y el futuro del supercómputo y la tecnología en México, resaltando la importancia de la educación, la colaboración y la política gubernamental en el desarrollo de estas áreas. Se explora la evolución y los desafíos del supercómputo en México y se subraya la importancia de los centros de supercómputo en instituciones como el IPICYT y la UAM, así como la necesidad de renovación tecnológica y apoyo gubernamental. Estos centros no sólo impulsan la investigación científica y la innovación tecnológica, sino también la formación de talento humano especializado.

Se enfatiza la necesidad de establecer una infraestructura robusta que permita a México avanzar en áreas críticas como la ciencia de datos y la inteligencia artificial. La soberanía tecnológica y la independencia en datos son esenciales para fomentar la innovación nacional. Las universidades y centros públicos juegan un papel crucial en la creación de soluciones tecnológicas y en la colaboración internacional.

Introducción

Mis inicios en el supercómputo se remontan a cuando era joven, hace ya muchos años. Como todo tecnólogo, siempre tuve la curiosidad por conocer y aprender sobre grandes sistemas. El supercómputo entró en mi vida gracias a los científicos y académicos de la UAM Iztapalapa, especialmente gracias al apoyo y enseñanzas de uno de mis mentores académicos, a quien siempre he considerado como uno de mis padres académicos, el físico Enrique Díaz Herrera. Fue él quien me introdujo al mundo del supercómputo, mientras yo me formaba en ingeniería electrónica y que en una de mis materias aprendía a programar en lenguajes de bajo nivel y también programación orientada a objetos. El Dr. Díaz Herrera, en sus clases hablaba sobre dinámica de fluidos, destacando la aplicación de su ciencia y todo lo que podía lograrse mediante simulaciones computacionales en plataformas de supercómputo. Aunque inicialmente me interesaba la tecnología y otros estudios relacionados, pronto descubrí mi pasión por comprender cómo funcionaba internamente una computadora: desde el procesador hasta la RAM y otros dispositivos. Esta curiosidad me llevó a adentrarme más en el mundo de las computadoras y el supercómputo, donde comencé a colaborar en los proyectos de supercómputo del Dr. Díaz Herrera, usuario final, como programador y administrador de sistemas linux para simulación computacional ayudándolo en sus proyectos.

Recuerdo claramente cuando empezamos a trabajar con un sistema operativo nuevo y desconocido en aquel entonces: *Red Hat* versión 1, instalado en una *PC de escritorio con procesador Intel DX4*. Fue gracias a este sistema operativo que realmente aprendí sobre linux, los clústeres en linux y finalmente supercómputo, justo en la época del boom de los clústeres interconectados mediante *Ethernet* y utilizando programación en paralelo a través de pasos de mensajes. Fue en ese contexto donde participé activamente en la programación de modelos de simulación computacional para la dinámica de fluidos que el profesor estaba investigando, enfocados en el movimiento molecular y dinámica de fluidos.

Si bien es cierto, quizás al principio no entendía completamente el propósito de la ciencia aplicada, algo que capturó por completo mi atención fue ver cómo los ordenadores podían comunicarse entre sí mediante programación y realizar simulaciones impresionantes utilizando el principio de 'divide y vencerás'. Fue entonces cuando me di cuenta del poder del cómputo paralelo, también conocido como supercómputo. Empecé a darme cuenta de que su aplicación iba mucho más allá de la dinámica de fluidos; abarcaba otras ciencias desde la química cuántica hasta la meteorología, la predicción de nuevos materiales, y cómo se mueven las moléculas en estudios de genomas y proteínas.

Cuántas más máquinas se podían sumar, las posibilidades de simulación se volvían más complejas e increíbles. Fue así como aprendí algo fundamental: que el supercómputo no solo te enseña de ciencia aplicada, sino que también proporciona un profundo conocimiento técnico. Aprendes sobre el funcionamiento interno de los ordenadores, las comunicaciones, los sistemas de almacenamiento, y la gestión de trabajos y procesos. Estos fueron mis primeros pasos en el supercómputo, y hablo de los años 1998 o 2000. Aprendí también que el Supercómputo es la colaboración (conectividad) para realizar proyectos en colaboración (procesamiento) con las personas e instituciones, siendo la forma más eficiente de aprender y ser creativos.

Primeros clústeres armados

Hablar del Laboratorio de Supercómputo y Visualización en Paralelo (LSVP) de la UAM Iztapalapa es hablar de un proyecto que ha sido la base de todo mi trabajo. Fue gracias a la visión y guía de excelentes profesores como el Dr. Enrique Díaz Herrera y el Dr. Noel Carbajal, junto con otros destacados científicos y colaboradores, que tuve la oportunidad única en la UAM de dirigir este laboratorio tan importante. Cuando inicié, el laboratorio contaba con supercomputadoras del tipo Silicon Graphics, como las Origin 2000, que era como la Berenice32 de la UNAM, que tenía 16 procesadores R10000.

Es importante mencionar que, desde entonces, México ha enfrentado retos significativos en términos de recursos e infraestructuras para el supercómputo. Convencer a las autoridades federales sobre la importancia del apoyo al supercómputo y su potencial contribución a la ciencia en el país ha sido un desafío constante.

En esos días, la Universidad Autónoma Metropolitana (UAM) estaba en pleno desarrollo y no disponía de los mismos recursos que otras universidades del país. Por ello, comenzamos a buscar alternativas tecnológicas como los clústeres X86_64 con Linux, buscando reemplazar los *mainframes* o las grandes máquinas como las de las series "Z" de IBM, SPARC de Sun y las Silicon Graphics. Al principio, no muchos creían en este enfoque, pero con el paso del tiempo y la evolución tecnológica, esta percepción cambió.

Inicialmente, en la UAM comenzamos armando clústeres con PCs ensambladas por estudiantes de ingeniería en computación y electrónica, quienes colaboraban activamente en el laboratorio. Desde el principio, fomentaba la participación de los estudiantes, animándolos a contribuir con sus conocimientos y habilidades. Recuerdo que junto con mi gran amigo y colaborador, Alexander Tkachenko, iniciamos el primer clúster de la UAM Iztapalapa, que constaba de aproximadamente 48 nodos.

Alexander ya había realizado pruebas previas en el Instituto Mexicano del Petróleo (IMP) y en el Cinvestav del Instituto Politécnico Nacional con el Dr. Alberto Vela, y en la UAM continuamos con este proyecto, logrando un éxito notable. El clúster estaba equipado con tarjetas MYRINET para la conectividad, lo que nos obligó a configurar y optimizar tanto la conectividad como el sistema de almacenamiento distribuido, uno de los primeros sistemas lustre, porque cada nodo tenía que funcionar como una sola máquina con este sistema de comunicaciones de alta velocidad y baja latencia logrando muy buenos resultados.

Fue un momento decisivo, ya que teníamos dos opciones: contratar a un proveedor externo para que realizara esta configuración o asumir nosotros mismos el desafío. En aquel entonces, en México no había muchos proveedores con experiencia en supercómputo, y los pocos que existían ofrecían soluciones basadas en *mainframes* que no eran adecuadas para nuestras necesidades y por supuesto excesivamente caras.

Este contexto nos llevó a desarrollar internamente nuestras capacidades y conocimientos en supercómputo, marcando el inicio de una trayectoria en la que la innovación y la autonomía tecnológica fueron fundamentales para nuestros logros en el laboratorio, es decir "el hacerlo en casa" era redituable, se hacían grandes ahorros y se generaba mucho conocimiento y por consecuencia *expertise* humano principalmente en Universidades que contaban con este tipo de infraestructuras y centro de procesamiento de datos.

Aprovechando el talento mexicano por medio de un modelo de becarios

Inspirándome en el modelo de becarios de la UNAM, decidimos adoptarlo en la UAM para el LSVP de Iztapalapa, trabajando estrechamente con estudiantes de computación y electrónica que llegaban a hacer estancias, servicios sociales y prácticas profesionales en el LSVP para administrar, operar y mantener la infraestructura de Supercómputo fue un éxito. Rápidamente me di cuenta del valor invaluable que aportaban los estudiantes al laboratorio. Brindarles la oportunidad de ayudarnos a implementar estas tecnologías y guiarlos en las distintas actividades para implementar, operar, mantener y administrar estas tecnologías resultó ser increíblemente beneficioso, y así fue como comenzamos a construir nuestro primer clúster y facilitar a la comunidad científica de la Universidad una herramienta de simulación computacional o en la que se podía hacer cómputo en paralelo.

Posteriormente, construimos el segundo clúster utilizando la siguiente generación de procesadores con el apoyo de Intel y fue ahí donde aprendimos la importancia de la colaboración con la IP. En aquel entonces, los fabricantes tenían una perspectiva diferente; su enfoque no estaba tan polarizado hacia el "*Dark Side*", y nos brindaban un gran apoyo, creían en nuestras Universidades y la Ciencia Aplicada. Esta colaboración era muy beneficiosa, tanto para nosotros y la academia, como parte del "*boom* tecnológico" de aquel entonces, en donde también nuestros egresados del LSVP de la UAM se incorporaban a laborar en estas grandes compañías o continuaban ayudando a hacer ciencia aplicada.

Desde aproximadamente el 2002 hasta el 2012, esta iniciativa fue el motor del laboratorio de la UAM. Con el tiempo, nos dimos cuenta de que nuestro centro de supercómputo donde apenas era de unos 150 m^2 y albergaba más de 300 servidores con una gran cantidad de *cores* de procesamiento, lo que representaba un consumo considerable de energía eléctrica. Ahí aprendimos que si había un beneficio de ahorro de costos en la operación con este personal especializado que tomábamos de la Universidad (nómina con costos bajos), este tipo de infraestructuras eran muy costosas de mantener; y no solo la tecnológica sino la física, es decir el centro de procesamiento de datos que albergaba el Supercómputo de ese entonces, y que había que habilitar o diseñar una estrategia financiera o comercial que apalancara estos dos tipos de infraestructura, inclusive los recursos humanos que era y es lo más importante de este tipo de centros.

Ahí confirmamos que en México hay un talento impresionante, y cuando guías y orientas adecuadamente ese talento humano a través de proyectos o iniciativas y que saben hacia dónde va la evolución de la tecnología, y lo importante con impacto o beneficio social, se logran cosas verdaderamente increíbles; confirmando que las universidades pueden ser semilleros de recursos humanos de forma invaluable en México, principalmente cuando se hace en beneficio de la sociedad a través de un plan y estrategia de desarrollo, innovación y trabajo constante para crear, innovar y producir, y esto es algo que realmente me apasiona el trabajar siendo un facilitador, guía o líder, de esta forma de trabajo en el ámbito universitario, el enseñar, aprender y gestionar el conocimiento dándole esta dirección es lo más importante y lo que necesita México, especialistas mexicanos que sepan resolver, que sepan computar, colaborar y hacer supercómputo.

En la universidad se tiene acceso a una diversidad de talento: programadores, expertos en comunicaciones, administradores de sistemas, ingenieros electrónicos, especialistas en electricidad, entre otros. Este entorno se convierte en un círculo virtuoso, donde damos oportunidad a los estudiantes de aplicar lo que han aprendido directamente de nuestras Universidades en proyectos prácticos dentro del centro de procesamiento de datos y su administración, para el otorgamiento de servicios especializado de supercómputo, servicio de centro de datos, telecomunicaciones, almacenamiento y respaldo, sin dejar a un lado la gestión del conocimiento para la formación especializada de este talento humano y más. A través de una adecuada gestión y capacitación del conocimiento, para la operación y mantenimiento, el centro se transforma en una organización interna donde se potencia el conocimiento, se fomenta la innovación y se crean soluciones que van más allá del ámbito del cómputo y también en áreas de humanidades.

Así fue como comenzó a crecer el Laboratorio de la UAM. Iniciamos con un pequeño equipo de 2 o 3 personas y terminamos con alrededor de 40 estudiantes involucrados. Comenzamos con un clúster de 16 nodos y eventualmente desarrollamos siete clústeres con tecnologías diversas, formando una especie de "mini *grid*" local interconectado. Recuerdo que estos sistemas llegaron a soportar unos 300 usuarios, no solo de la UAM, de diversas partes del país, todos colaborando en simulaciones computacionales avanzadas.

De esta forma la UAM experimentó un crecimiento significativo tanto en tamaño como en impacto del Laboratorio de Supercómputo y Visualización. Durante esos años, también establecimos numerosas colaboraciones con instituciones destacadas como la UNISON, CICESE, UNAM, UAM, UDG, Cinvestav y otros centros con capacidades en supercómputo. Nos acercamos a ellos para colaborar en proyectos conjuntos, lo que detonó una serie de iniciativas institucionales.

En la UAM gracias a este potencial humano se construyeron las dos supercomputadoras más grandes en México y Latinoamérica "rankeadas" en el TOP500 mundial, y con este mismo talento la LSVP de la UAM participó y llevó a cabo proyectos importantes de NIBA (Conectividad de las entidades de Gobierno Federal en todo México), Delta Metropolitana (Conectividad entre la UNAM-UAM y Cinvestav) entre varios otros proyectos más.

Gracias al esfuerzo conjunto de nuestro talento humano fue que realmente logramos expandirnos y consolidarnos en el ámbito del supercómputo a nivel nacional e internacional.

Infraestructuras actuales de supercómputo en México

En la actualidad, tanto a nivel nacional como en el IPICYT, el desarrollo de supercómputo va más allá de la tecnología, involucra procesos administrativos, iniciativas de gobierno y/o las políticas públicas para poder invertir, mantener y actualizar estas infraestructuras. Creo que ha habido una notable falta de apoyo tanto del gobierno federal como estatal hacia estos centros, los cuales son fundamentales para la formación de talento humano y la realización de proyectos de ciencia aplicada. Estos proyectos son clave para impulsar la innovación en áreas como energía, salud, seguridad y ahora en ciencia de datos. Y la principal causa es la falta de conocimiento y entendimiento de este tipo infraestructuras y su entendimiento; y principalmente por la inadecuada estrategia administrativa local o la resistencia al cambio.

Creo que ha faltado una renovación y adquisición de infraestructura importante para continuar aprendiendo, innovando y avanzando. En los últimos 15 años, he sido testigo de este declive, y considero que se necesita una estrategia cohesiva e interinstitucional y de colaboración real donde las comunidades de supercómputo y las universidades tengan voz y voto para elevar continuamente la formación de talento, adaptándose a las necesidades cambiantes de la sociedad. Por otro lado, también creo que es esencial concretar y aplicar una estrategia de innovación y renovación más efectiva en los centros de supercómputo y centro de datos en general desde lo más alto nivel hasta la operación de los centros para cubrir estas necesidades con una estrategia de retorno de inversión adecuada adaptada a la actualidad.

Aquí en el IPICYT, la última renovación de nuestra infraestructura de supercómputo es una historia similar a la de muchos otros centros del país. Adquirimos la última supercomputadora, Thubat Kaal 2.0, en el 2016 y desde entonces no hemos podido renovar el equipo. Aunque hemos hecho esfuerzos por actualizar nuestra infraestructura, nos enfrentamos a la realidad de que este tipo de tecnología es muy costosa. En la UAM, conseguimos abatir costos involucrando a los estudiantes en la construcción y mantenimiento de los sistemas. En el IPICYT, la infraestructura de Thubat Kaal sobrevive gracias a que especialistas formados en CNS están involucrados en su mantenimiento y operación que antes dependía fuertemente de proveedores y fabricantes. Hoy se están buscando proyectos que apalanquen este tipo de inversiones, buscando el apoyo de la APF.

Figura 1.

Fotografía de clúser de supercómputo Thubat-Kaal-II del CNS-IPICYT

Fuente: Centro Nacional de Supercómputo (CNS)

Sin embargo, invertir en una infraestructura de supercómputo de envergadura implica un desembolso que supera los 200 millones de pesos, una suma necesaria para tener una supercomputadora que permita realizar simulaciones avanzadas de ciencia aplicada y ciencias de datos de manera decente. Si bien es cierto que las tecnologías pueden utilizarse de manera diferente según las necesidades y se requiere de un análisis exhaustivo, creo que el supercómputo en el IPICYT, y lo que ha sucedido en otros centros del país, se encuentra en cierto modo estancado y más por el recurso financiero que se necesita para su mantenimiento.

Está claro que las plataformas de supercómputo son costosas, su operación y mantenimiento también lo son, además del alto consumo de energía eléctrica. Aunque hay veces que la Comisión Federal de Electricidad (CFE) financia parte de este consumo, pero no es suficiente para cubrir la inversión total, la operación y el mantenimiento. No se trata solo del centro de supercómputo en sí, sino también de la infraestructura tecnológica que lo soporta: los cuartos de telecomunicaciones, los centros de procesamiento de datos, los generadores, los sistemas de respaldo de energía, entre otros. Estos componentes físicos también implican una inversión significativa tanto en adquisición como en mantenimiento.

Estamos buscando estrategias para transformar esta situación y esperamos que, en el corto plazo, se encuentren maneras de apoyar y revitalizar estas importantes iniciativas de supercómputo, para continuar avanzando y apoyando el desarrollo científico y tecnológico del país. Mientras que la solución es apalancar este tipo de inversiones con otro tipo de servicios y soluciones TIC que pueden proporcionar los mismos centros de datos, como por ejemplo soluciones de nube o PaaS (Servicios de Plataforma o tipo nube), que hoy es una necesidad.

El supercómputo nos enseña a desarrollar alternativas y soluciones tecnológicas como repositorios de páginas web, construir plataformas tipo nube, sistemas de almacenamiento, y más. Pero todo esto se integra dentro de la infraestructura física del centro de procesamiento de datos, y aún más complejo es el recurso humano necesario que también soporta esta infraestructura física. Para obtener resultados, necesitamos contar, capacitar y formar personas expertas. Si no proporcionamos la tecnología adecuada ni oportunidades suficientes para que este personal se desarrolle, no podremos apoyar a nuestros científicos y académicos en la realización de ciencia aplicada. Es por eso que muchos optan por migrar a la nube u otras soluciones, y a otras instituciones, y lo peor a otros países, debido a la falta de apoyo en la mayoría de los centros de procesamiento de datos universitarios y centros públicos de investigación en México. Y lo más problemático es hacer consciencia a nuestra comunidad académica y científica que la forma, para atender sus respectivos desarrollos, hoy son distintos y que para dar solución a esta necesidad hay que cambiar de estrategia para llevar a cabo estos proyectos de supercómputo y formación de recursos humanos especializado y por consecuencia hacer ciencia aplicada de distinta manera.

Como técnicos y administrativos, sabemos hacer las cosas y tenemos el talento. El problema radica en la falta de apoyo y colaboración en distintos niveles y áreas de forma multidisciplinaria e interdisciplinaria para implementar estrategias efectivas que den solución a estas necesidades, un ejemplo puede ser el CNS de el IPICYT que hoy atiende a las necesidades del sector salud y educación y que el recurso propio generado ayuda a mantener el centro, su nómina y mantiene la infraestructura de supercómputo con miras a invertir en el corto plazo. Esperamos que, en el futuro cercano, CONAHCYT, el gobierno federal o estatal, puedan apoyarnos y considerar nuestras necesidades para poder mejorar y expandir nuestras capacidades de supercómputo y de centro de datos, que se utilicen este tipo de modelos de operación para otros centros en el país.

Figura 2.
Fotografía CNS-IPICYT

Fuente: Centro Nacional de Supercómputo (CNS)

En el CNS estamos implementando una estrategia efectiva para mantener el supercómputo en México. Operamos de esta manera al ofrecer servicios adicionales de TIC al gobierno federal, una práctica que considero que las universidades y centros públicos también podrían adoptar. Los beneficios son significativos e invaluables: además de la plataforma de supercómputo junto con los servicios de simulación y para el desarrollo académico para la formación de recursos humanos de centros de datos y otras disciplinas, otorgamos servicios y soluciones a la sociedad, aprovechando el talento humano para operar y mantener este tipo de centros tecnológicos, formando un proceso importante donde se genera la base para la innovación, creación de nuevas tecnologías, soluciones y servicios; es decir, genera una gran oportunidad y el cimiento primordial para ciencias de datos y otras áreas de forma humanística y tecnológica fortaleciendo a nuestras instituciones de educación superior y de investigación en México.

Hemos demostrado que esto es posible y es un caso de éxito destacado a nivel nacional. Para mí, el supercómputo y los centros de datos representa esta capacidad de encontrar y aplicar alternativas innovadoras para avanzar. Es necesario seguir luchando por este tipo de apoyo y desarrollo para nuestras IES y CPIs de CONAHCYT.

La gran pregunta de quiénes nos apoyan desde la administración es: "Está bien, te damos dinero, pero ¿cuál es el retorno de inversión?" Es válido formar talento y avanzar en líneas de investigación, pero cuando miramos hacia la industria, especialmente las transnacionales, que son grandes usuarios de supercómputo, nos enfrentamos a una realidad desafiante. Debido a la falta de infraestructura adecuada en supercómputo en nuestro país, estas industrias no realizan sus simulaciones de innovación y desarrollo aquí en México; en su lugar, las realizan en sus sedes internacionales o fuera del país; y es por ello todo un reto tener y mantener una infraestructura física y tecnológica para supercómputo. La IP y APF han perdido la confianza en nuestra academia y ciencia aplicada por esa falta de estrategia. Sus normativas internas a menudo limitan la innovación y la realización de operaciones que requieran capacidades de supercómputo aquí en México, prefiriendo resolver sus necesidades en otros países con mejores capacidades tecnológicas.

Existen pocas excepciones de la IP, APF y Administración Pública del Estado (APE) donde se aprovecha el potencial de ciencia aplicada y el servicio de supercómputo, pero estas son limitadas. Son muy pocas las organizaciones que invierten en innovación y desarrollo para mejora de sus procesos, productos o servicios. En el ámbito del supercómputo, a los modelos computacionales, falta mucho por hacer para que las organizaciones que requieren este servicio aprendan a usarlo, dimensionarlo y aprovecharlo.

Es crucial promover una iniciativa dentro de industrias clave en México, como en el sector energético con empresas como Pemex y CFE, para desarrollar estrategias que faciliten el acceso a servicios de supercómputo y simulación computacional. Esto no sólo involucraría a nuestros académicos y científicos en proyectos de innovación y desarrollo nacional, sino que también fortalecería la capacidad de México para competir en términos tecnológicos a nivel global.

En México, se requiere trabajar más estrechamente con la industria nacional y crear conciencia sobre la importancia de fomentar la innovación y la creación aquí mismo, aprovechando nuestro talento humano. Este enfoque no solo debe abarcar lo técnico y administrativo, sino también brindar oportunidades a nuestros académicos y científicos para participar en esta nueva forma de trabajo y hacer ciencia aplicada como se ha mencionado.

Otro reto importante para la IP, muchas veces sólo se enfocan en el retorno de inversión y los aspectos financieros, para que a través de esta nueva estrategia de centros de datos y sus servicios reconozcan que la innovación y la creación de nuevas soluciones, ayudan a mejorar su organización, sus productos y servicios; y comprenden que el talento mexicano puede potencializarlos significativamente y por consecuencia, aumentar sus ingresos y tener ahorros importantes.

Es fundamental promover una mayor conciencia en la IP para dar la oportunidad y guiar a jóvenes talentosos recién egresados. En la actualidad, existen nuevas ideas y formas de trabajo que pueden ser de gran ayuda para estas empresas. Creo firmemente que este enfoque puede marcar una diferencia significativa en cómo se percibe y se aprovecha el potencial de colaboración con el sector académico y científico en México en servicios de centros de datos y servicios de supercómputo que se puedan otorgar con talento joven.

Soberanía Nacional e Independencia Tecnológica

La soberanía nacional y la independencia tecnológica son fundamentales para asegurar que nuestros datos e información permanezcan en territorio nacional e infraestructura mexicana, y que tanto las patentes como la innovación se queden en México. La clave para lograr esto es desarrollar nuestras capacidades localmente, tanto a nivel técnico como administrativo, enfocándonos en formación humanística y tecnológica, desde el grado técnico hasta el posgrado y la alta especialización.

Hacerlo en casa nos permite contar con soluciones propias en nuestros centros de datos, crear soluciones de supercómputo, implementando repositorios o sistemas de almacenamiento o implementar plataformas de virtualización o contenerización dentro de México; esto genera independencia tecnológica. Esto es crucial para proteger nuestra soberanía nacional, ya que tener control sobre nuestra infraestructura tecnológica y sobre los datos que manejamos nos da la autonomía para decidir cómo y dónde se utilizan y almacenan nuestros recursos más críticos. Para este caso el reto es la colaboración con Integradores y fabricantes que con esta nueva forma de trabajo no haya contratos de mantenimiento o instalación de ellos, sino colaboraciones con ellos para autocapacitar y autoaprender (gestión del conocimiento al interior de la organizaciones), esto impulsa más la independencia tecnológica trabajando de la mano con los fabricantes, así como se hace con los innovadores o creadores de los nuevos productos y servicios que son nuestros científicos mexicanos. Esta es la nueva forma de trabajo, "Colaborar para Avanzar: Progreso".

A través del tiempo hemos aprendido que el supercómputo nos enseña a entender las tecnologías para así ofrecer servicios como máquinas virtuales, contenedores y repositorios o sistemas de almacenamiento y telecomunicaciones, el supercómputo nos enseña a crear otras soluciones y tecnologías en distintos niveles: Técnicos, Administrativos y de Posgrado, personal altamente especializado en TIC. Esto asegura que el talento técnico y administrativo se desarrolle localmente, permitiendo a nuestros ingenieros, licenciados, científicos y académicos llevar a cabo investigación, ciencia aplicada y formación de RH aquí en México. Este enfoque no solo fortalece nuestra infraestructura tecnológica, sino que también refuerza nuestra soberanía nacional y nuestra independencia tecnológica, aspectos fundamentales para el progreso y la seguridad del país.

Hoy en día, muchos científicos mexicanos se ven obligados a recurrir a bases de datos ubicadas en Londres, Alemania o en otros lugares fuera del país para realizar sus modelos computacionales en áreas como ciencia aplicada, seguridad, salud, entre otros. Esto se debe a que no contamos con un repositorio nacional o una base de datos nacional accesible para consultas locales. Por lo tanto, la información se convierte en un área de oportunidad crítica y en el activo más importante después de nuestros recursos humanos, adquiriendo un valor estratégico esencial.

Para que este activo pueda desarrollarse adecuadamente, debemos comenzar por consolidar la base de datos, los centros de datos, la infraestructura física y tecnológica, así como el talento humano en territorio nacional. Sólo después podremos avanzar hacia el desarrollo de plataformas efectivas y la gestión eficiente de la información.

Creo que, con este enfoque, no solo estamos entregando a la sociedad expertos técnicos y administrativos, sino que también estamos generando empleo y estableciendo las bases para avanzar en ciencia aplicada, ciencias de datos, inteligencia artificial, aprendizaje automático, *blockchain*, entre otros. Además, al fortalecer este sector en México, aseguramos oportunidades laborales para nuestros egresados tanto de licenciatura como de posgrado, lo que contribuye a evitar la fuga de cerebros. Al ofrecerles un ambiente laboral prometedor en su propio país, incentivamos a nuestros talentos a desarrollar y aplicar sus habilidades aquí, enriqueciendo el ecosistema científico y tecnológico nacional. Y principalmente la formación de talento humano a la medida de las necesidades.

Creatividad

Para fomentar el desarrollo tecnológico en nuestro país, no debemos perder de vista el valor de la creatividad. Las instituciones, al igual que el IPICYT, desempeñan un papel fundamental al formar especialistas con una visión humanística y tecnológica integral. No solo necesitamos ingenieros expertos, sino también abogados que dominen la redacción de contratos mercantiles y laborales, comunicadores que difundan información relevante, y programadores y administradores de sistemas que impulsen iniciativas conjuntas en redes y tecnología.

Lamentablemente, en México hemos adoptado más el papel de consumidores que de productores. Ser productores implica ser creadores, tener creatividad. La creatividad es la fuerza que nos permite innovar, optimizar y mejorar continuamente. La creatividad se basa en aprender de nuestras debilidades, errores, a evolucionar como individuos y aprender de nuestras áreas de oportunidad. Nuestros investigadores, por ejemplo, ejemplifican este proceso al crear y perfeccionar productos mediante, las pruebas de concepto o laboratorios: "prueba y error, iterando hasta lograr innovaciones significativas"; esto es crear y mejorar.

Dentro del plan estratégico de desarrollo digital nacional, se requiere no perder de vista la importancia de la creatividad del talento humano. El contar con centros de datos que otorguen servicios de supercómputo y servicios de TIC tipo nube, acompañados de la formación de recursos humanos, implementados en México asegura la soberanía nacional e independencia tecnológica, con los principios de la nueva ley de ciencia y tecnología de CONAHCYT.

Esta estrategia bien fundamentada y encaminada puede beneficiar la educación, salud y seguridad, necesidades primordiales para todos los mexicanos (como los Proyectos Nacionales Estratégicos), sino que también promueve una agenda digital inclusiva y avanzada para el desarrollo digital y beneficio de la sociedad.

Sabemos que en México hay mucho talento humano que puede ser aprovechado para crear en estas áreas verticales y horizontales clave. Esto no solo ayudaría a cerrar la brecha digital, sino que también posicionaría a México con mayor visibilidad a corto, mediano y largo plazo como parte de una estrategia digital nacional.

Conclusiones

En México se están realizando avances significativos en campos como ciencias de datos, inteligencia artificial y aprendizaje automático que requiere nuevas necesidades y formas de trabajo en Supercómputo. Nuestros científicos y académicos han demostrado una gran capacidad para trabajar y seguir trabajando con los recursos disponibles o existentes en México, lo cual es alentador. Mirando hacia el futuro, en los próximos 5 a 10 años, espero que las universidades y centros públicos de investigación continúen fortaleciéndose como pilares de servicios importantes y relevantes para la sociedad, con el objetivo principal de formar especialistas en estos campos avanzados, principalmente alrededor del Supercómputo.

Imagino que estos servicios estarán liderados y creados por mexicanos, reflejando los esfuerzos nacionales en sectores como la salud, la educación y la seguridad, además de abarcar todas las ramas de las ciencias duras como el medio ambiente, la energía, las matemáticas y la física. Visualizo todas estas iniciativas utilizando soluciones de supercómputo y colaborando a través de redes con otros países y con instituciones internacionales que comparten nuestra misma filosofía. Este enfoque colaborativo no sólo aumentará la capacidad de nuestro país para contribuir a la ciencia global, sino que también asegurará que México se mantenga a la vanguardia de los desarrollos tecnológicos y científicos que requiere la sociedad.

Si nos fijamos en cómo se ha monopolizado el tema de la conectividad en México, llegará el momento en que el derecho al acceso a internet sea una realidad para todos los mexicanos. Desde que se propuso que el internet debiera ser un derecho para todos los mexicanos, se ha estado trabajando fuertemente en esta iniciativa importante de conectividad que va lenta pero que va avanzando y consolidándose fuertemente, con paciencia, organización y colaboración en el momento oportuno se alcanzará el objetivo. No falta mucho para que el país logre una conexión amplia y pueda acceder a "grandes *carriers*de *carriers*" de datos para transmitir y enviar información de manera eficaz y clasificar la transmisión de datos de los mexicanos a través de una red segura. No veo esto como algo lejano; al contrario, espero que la iniciativa de los centros de datos y de supercómputo continúe fortaleciéndose y creciendo en México, y esto impulse esa iniciativa de conectividad.

Creo que también estamos cerca de renovar nuestra infraestructura de supercómputo, con las adecuadas estrategias propuestas por el nuevo gobierno. Espero que esto esté en su agenda y creo que sí lo está lograremos un buen salto de estas iniciativas o estrategias que necesitamos. Visualizo nuestros centros de datos y plataformas de supercómputo interconectadas en el futuro y todas estas iniciativas brindando fortalezas y frutos no solo dentro de México sino también en colaboración con otros países. Dependerá de nosotros hacer este cambio y asegurar que las mejoras en conectividad y tecnología beneficien a toda la sociedad mexicana de manera equitativa y efectiva.

CARLA OSTHOFF

LNCC Laboratório Nacional de Computação Científica

Laboratorio Nacional de Computación Científica (LNCC)
Brasil

Carla Osthoff se graduó en Ingeniería Eléctrica de la Pontificia Universidad Católica de Río de Janeiro y obtuvo una maestría y un doctorado en Sistemas e Ingeniería de Computación de la Universidad Federal de Río de Janeiro. Inicialmente trabajó en proyectos de desarrollo de hardware para multiprocesadores distribuidos en paralelo y, más tarde, como investigadora en Arquitectura de Computadoras.

Actualmente, es investigadora en el área de Computación de Alto Rendimiento en el Laboratorio Nacional de Computación Científica (LNCC), profesora en el Programa de Posgrado Multidisciplinario del LNCC, coordina el Centro Nacional de Procesamiento de Alto Rendimiento (CENAPAD), es miembro del Comité Técnico Científico del Comité Consultivo del Supercomputador Santos Dumont y coordina el Sector de Procesamiento de Alto Rendimiento del LNCC, el cual tiene varios proyectos colaborativos en el área de Computación de Alto Rendimiento.

Grandes inversiones en infraestructura para garantizar la soberanía de la inteligencia artificial y de los datos

Resumen

Las inversiones estratégicas que ha realizado Brasil en infraestructura de computación de alto rendimiento (HPC), incluyendo la adquisición de un supercomputador en 2015, han impulsado significativamente la investigación científica y han permitido atender la creciente demanda de la industria del gas y petróleo. Estas inversiones subrayan el papel fundamental de las políticas gubernamentales y de las inversiones de la industria.

Se destaca la importancia de contar con personal capacitado para manejar y optimizar el uso de los recursos de HPC, así como la necesidad de la colaboración que permita el desarrollo de la investigación y el manejo eficiente de los recursos computacionales. También se plantea la necesidad crítica de entrenar modelos de inteligencia artificial (IA) en idiomas nativos como el portugués y el español. Este enfoque es clave para garantizar la seguridad y fomentar la colaboración regional.

Introducción

Soy ingeniera en electrónica y me gradué en la década de 1980. En esa época, muchos ingenieros electrónicos se enfocaban en construir computadoras, y yo no fui la excepción. Pasé diez años trabajando en sistemas de computación en clúster. Durante ese tiempo, trabajé en un instituto de física en Río de Janeiro y con frecuencia me enviaban a Fermilab en los Estados Unidos. En ese entonces, Fermilab estaba desarrollando clústeres de computación específicamente para físicos, y tuve la oportunidad de contribuir a tres generaciones de estas máquinas.

Sin embargo, a medida que la tecnología avanzaba, se volvió posible comprar sistemas de cómputo comerciales que satisfacían las necesidades de los físicos, por lo que en la década de 1990, Fermilab decidió descontinuar el proyecto. Como consecuencia, el proyecto del Centro Brasileño de Investigaciones Física (CBPF) en Río de Janeiro, también se detuvo. Este cambio me llevó a cambiar de trayectoria profesional, y comencé a trabajar en el Laboratorio Nacional de Computación Científica (LNCC). En el LNCC, cambié mi enfoque de la ingeniería de hardware a la investigación en ciencias de la computación, marcando el comienzo de un nuevo capítulo en mi carrera.

Durante mi doctorado, me especialicé en ingeniería de software, con un enfoque específico en software para clústeres de computación. Desarrollamos un software que hacía que un clúster de computadoras funcionara como una máquina única y unificada. Esto se llamaba Memoria Compartida Distribuida (DSM), y era bastante común durante ese período, particularmente en el contexto de mi tesis doctoral.

Después de eso, todo cambió hacia la computación Grid. En el año 2000, comencé a trabajar en computación Grid y en la optimización y desarrollo de aplicaciones científicas paralelas para clústeres en el LNCC. Sin embargo, en 2015, recibimos el Supercomputador Santos Dumont, o SDumont, lo que marcó un cambio significativo. De repente, teníamos numerosos proyectos y muchas personas trabajando con el nuevo sistema. Este cambio requirió que inicialmente nos enfocáramos en la investigación de aplicaciones de programación paralela y luego en el desarrollo de investigación en infraestructura de HPC. Recientemente, nuestro trabajo se ha ampliado para incluir sistemas de archivos de E/S paralelos, la planificación con *SLURM* y los flujos de trabajo científicos. Actualmente nos enfocamos en mejorar todo el sistema de supercomputación.

Figura 1.

Fotografía del Supercomputador Santos Dumont

Fuente: Ministerio de Ciencia, Tecnología e Innovación del Gobierno de Brasil, https://www.gov.br/lncc/pt-br/supercomputador-santos-dumont

La primer supercomputadora de Brasil

Cuando hice la transición del CBPF al LNCC en 1997, las instalaciones de computación del LNCC contaban con un IBM SP2, grandes servidores SGI y clústeres *Beowulf*. Pasé aproximadamente 15 años trabajando en estos clústeres *Beowulf* antes de que finalmente recibiéramos el supercomputador.

En la década de los 2000, el gobierno adoptó el modelo europeo para establecer múltiples centros de HPC a nivel nacional. Esto llevó a la creación de lo que llamamos el sistema SINAPAD. Se establecieron nueve centros en nueve universidades en todo Brasil para proporcionar recursos de HPC a los usuarios, la mayoría de los cuales son investigadores universitarios. El LNCC es muy particular, porque es el único centro que depende del Ministerio de Ciencia y Tecnología. En contraste, los otros centros de HPC están en universidades bajo el Ministerio de Educación.

Figura 2.

Mapa del Sistema Nacional de Procesamiento de Alto Desempeño

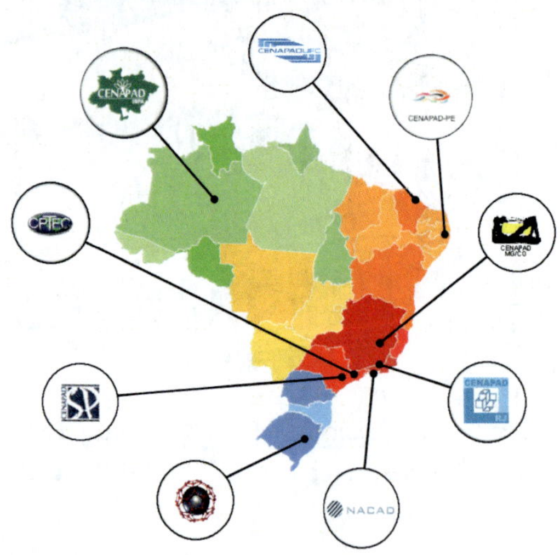

Fuente: SINAPAD https://www.lncc.br/sinapad/

Por eso, en 2010, comenzaron a considerar la idea de tener una máquina de *Thier 0*, mucho más poderosa que las existentes, para permitir a los investigadores abordar problemas significativos que requieren un poder computacional a gran escala, como la meteorología y las simulaciones atmosféricas. En ese momento, el director del LNCC, Pedro Díaz, un investigador en meteorología de la Universidad Estatal de São Paulo, desempeñó un papel clave al convencer al Ministerio de invertir una cantidad considerable de dinero en la adquisición de un supercomputador de gran tamaño. Sin embargo, desde el momento en que logró convencer a todos hasta que la máquina realmente comenzó a operar. Tomó casi cinco años, pero el supercomputador finalmente comenzó a operar en 2015. Esto fue un hito significativo para toda la comunidad de investigadores, ya que nos permitió ofrecer la posibilidad de realizar investigaciones de alto nivel tanto en el área de aplicaciones como en las áreas fundamentales de software de la ciencia de la computación. Gracias a las capacidades de esta poderosa máquina, se logró un avance importante para la investigación en Brasil. Sin embargo, a pesar de este progreso, todavía necesitamos más investigación en infraestructura y hardware, y solo unos pocos expertos a nivel mundial están realmente activos en este campo.

Es por eso que actualmente estamos colaborando con el Centro de Supercomputación de Barcelona (BSC). Ellos enfrentan desafíos similares en Europa y están trabajando para desarrollar conocimientos en infraestructura y hardware. A través de esta colaboración, nuestro objetivo es mejorar nuestras capacidades en estas áreas tan importantes, en las cuales actualmente necesitamos más recursos para desarrollar y ofrecerlas completamente a la comunidad.

El apoyo que hemos recibido del Ministerio de Ciencia ha sido fundamental para promover políticas que nos han permitido desarrollar esta infraestructura. Además, contamos con una ley nacional que establece que los contratos con empresas petroleras deben incluir una Cláusula de Investigación, Desarrollo e Innovación, que exige la aplicación de un porcentaje de los ingresos brutos provenientes de campos de alta producción. Esto es particularmente relevante para las empresas de petróleo y gas, como Petrobras, que generan ingresos significativos. Como resultado de esta ley, en 2019, SDumont recibió la primera actualización, financiada por el consorcio Libra de empresas petroleras y de gas.

Esta inversión ha sido beneficiosa tanto para las empresas como para la comunidad de investigadores. Un tercio de la capacidad de la máquina está destinado a la investigación en petróleo y gas, mientras que los dos tercios restantes están disponibles para la comunidad de investigación en general. Además, las empresas del sector petrolero y de gas tienen numerosos colaboradores, incluidos institutos de investigación y profesionales dedicados a la investigación en petróleo y gas. Estos colaboradores pueden acceder y utilizar parte del sistema dedicado del consorcio. Por lo tanto, los institutos de ciencia y tecnología vinculados al sector del petróleo y gas también se beneficiarán de esta configuración.

Las empresas de petróleo y gas tienen muchos colaboradores, incluidos numerosos institutos de investigación y profesionales dedicados a la investigación en petróleo y gas. Estos colaboradores pueden acceder y utilizar el sistema. También existen institutos de ciencia y tecnología vinculados al sector del petróleo y gas que se benefician de esta configuración. Aproximadamente el 50% de la capacidad de la máquina está dedicada a estas empresas de petróleo y gas y a los Institutos de Tecnología asociados que colaboran con ellas. La parte restante de la máquina está disponible para la comunidad de investigación en general.

Estas inversiones provienen principalmente de Petrobras y otras grandes empresas. Aunque un tercio de la máquina está reservado específicamente para Petrobras, alrededor del 50% está destinado a toda la comunidad de investigación.

Este acuerdo ha resultado ventajoso para todos los involucrados. Para este año estamos recibiendo una nueva actualización del sistema,financiada únicamente por Petrobras, que esperamos que esté operativa para usuarios de la industria y la investigación en el sector petrolero en 2024. Con esto se espera actualizar el poder de cómputo de SDumont de 5,1 petaflops a 23 petaflops.

Colaboración para proyectos de investigación

Reconocemos la necesidad de colaboración, la cual aún no hemos logrado plenamente, y es por eso que nos hemos unido a SCALAC (Sistema de Computación Avanzada para América Latina y el Caribe). Como miembros, enfrentamos varios desafíos para integrarnos con otros institutos de investigación y agencias de financiamiento dentro de Brasil, especialmente con las agencias que financian la investigación. A través de estas agencias, podemos recibir estudiantes de América Latina para colaborar estrechamente con ellos en intercambios estudiantiles e iniciativas de investigación conjunta.

Seguimos trabajando en poder brindar el acceso a la máquina. Por ejemplo, para usar el supercomputador Santos Dumont, debes tener un colaborador con un proyecto de investigación existente. Este colaborador, que debe ser brasileño, tiene que presentar una propuesta a un comité *ad-hoc* que evalúa si los recursos del supercomputador son necesarios para el trabajo propuesto. Después de recibir la aprobación, el colaborador puede otorgar una cuenta, pero este proceso podría mejorarse. Necesitamos trabajar para establecer colaboraciones más sólidas con otros países.

Recientemente, el director del LNCC lanzó un proyecto llamado "Embajadores". Este programa permite a una universidad federal o estatal seleccionar tres proyectos de investigación para ejecutarse en SDumont. El representante de la universidad es el 'Embajador', pero es esencial entender a qué nos referimos con un 'proyecto' en el LNCC. Un proyecto implica que un investigador sea responsable de su investigación, reciba cuentas y asigne tiempo en la máquina durante dos o tres años, dependiendo de la duración del proyecto; luego, el investigador debe informar sobre su trabajo y los resultados obtenidos durante su tiempo en la máquina. Después de ese período, la universidad puede rotar a otro proyecto, ya que los investigadores que utilizan la máquina ahora son elegibles para presentar sus proyectos para la revisión del comité..

Esta es una iniciativa reciente. Acabamos de iniciar este programa, y es algo que necesitamos evaluar con el tiempo para determinar su efectividad. Sin embargo, creo que ha mejorado significativamente el acceso a la máquina. Uno de los problemas que identificamos fue que muchas universidades y centros de investigación no estaban al tanto de que podían acceder a este recurso. A través del programa Embajadores, ahora contamos con representantes en cada universidad, instituto federal y universidad estatal.

Estos representantes, que son profesores de sus respectivas instituciones, actúan como enlace entre Santos Dumont y la universidad. Son responsables de informar a sus colegas sobre la disponibilidad del supercomputador y cómo pueden utilizarlo, aumentando así las oportunidades para que sus instituciones realicen más investigaciones utilizando este poderoso recurso.

Mayores capacidades para atender la demanda de procesamiento

Actualmente, contamos con una capacidad muy limitada con solo cinco petaflops. Si analizamos el número de trabajos en espera de ser sometidos y el número de trabajos que están en ejecución, observamos consistentemente un déficit. Siempre hay una larga cola de trabajos en espera. De hecho, muchos usuarios han expresado su frustración y han dejado de usar Santos Dumont porque los tiempos de espera eran excesivamente largos. Para abordar esta situación, hemos estado trabajando arduamente para mejorar el rendimiento de los trabajos.

Hemos realizado inversiones significativas, como la implementación de nodos compartidos para aumentar la cantidad de nodos disponibles en el sistema. Sin embargo, no se trata únicamente de invertir en hardware; también necesitamos enfocarnos en cómo los usuarios utilizan la máquina. A menudo, los usuarios ejecutan sus tareas sin comprender completamente los recursos computacionales que requieren. Esta falta de conocimiento puede ocasionar ineficiencias.

En la computación en la nube, existe una cantidad considerable de investigación dedicada a la optimización del uso de los recursos porque los proveedores de la nube ofrecen máquinas y servicios, y quieren asegurarse de que estos se utilicen de manera eficiente. Sin embargo, en la comunidad de HPC, particularmente con planificadores como *SLURM*, no se observa el mismo nivel de inversión en investigación. Esta discrepancia se debe a que, en la industria de la nube, los proveedores comercializan un servicio y, por lo tanto, están muy motivados para optimizar su uso. En contraste, el campo de HPC no ha puesto tanto énfasis en este tipo de investigación y optimización.

Sin embargo en el área de HPC, cuando señalamos que hay una larga fila de espera para las tareas, la respuesta habitual es que necesitamos adquirir una máquina más grande. Y eso es precisamente lo que estamos haciendo ahora. Estamos ampliando nuestra capacidad de cinco petaflops a casi 25 petaflops, y se espera que la nueva máquina esté operativa para finales de año. Al principio, todos estarán muy satisfechos porque habremos aumentado la capacidad de la máquina cinco veces. Sin embargo, también sabemos que los usuarios probablemente seguirán utilizando el sistema de manera ineficiente, y esa es una de las áreas de investigación en las que estamos realizando importantes inversiones.

Las personas de mi grupo están trabajando en el mismo campo en el que los proveedores de la nube están realizando importantes inversiones: optimización de la planificación. Necesitamos desarrollar sistemas de planificación que realmente optimicen la asignación de recursos computacionales para que coincidan con las necesidades específicas de cada tarea en el momento de su ejecución. Para mí, esta es actualmente un área de enfoque crucial.

Agencias de financiamiento para garantizar la investigación

Las agencias de financiamiento que han existido durante los últimos 50 años o más, son fundamentales para mantener la estabilidad en la investigación científica, independientemente de los cambios de gobierno. Aunque diferentes administraciones pueden optar invertir más o menos en ciencia, la existencia de estas agencias garantiza que siempre haya un nivel básico de apoyo. Algunas de estas agencias incluso están consagradas en la constitución, lo que significa que el estado está legalmente obligado a proporcionarles financiamiento. Esta inversión a largo plazo por parte de las agencias de financiamiento está dando frutos, proporcionando una base estable para el progreso científico.

Formación de recursos humanos in HPC

Hemos estado organizando una escuela de verano durante los últimos 15 años. Inicialmente, era una escuela de verano general, pero hace unos 15 años comenzamos una escuela de verano centrada en HPC cuando comenzamos a colaborar con NVIDIA. En ese momento, nuestro objetivo era aumentar el número de personas capaces de programar con GPUs. Después de recibir la supercomputadora Santos Dumont, ampliamos significativamente nuestros esfuerzos.

Ahora, la escuela de verano de HPC ha crecido enormemente. Cada año es un evento importante con casi 22 tutoriales, principalmente para nuestros usuarios de Santos Dumont. Desde la pandemia, trasladamos la escuela en línea, lo que condujo a un crecimiento significativo.

Anteriormente, cada tutorial tenía alrededor de 30 participantes, pero ahora tenemos 100 o más por tutorial. En la escuela más reciente, tuvimos alrededor de 2,000 inscripciones para los 22 tutoriales.

Dado el vasto tamaño del país y el hecho de que tenemos un supercomputador destinado a ser utilizado por universidades lejos de Petrópolis, planeamos seguir ofreciendo la escuela de verano de forma remota. También estamos considerando implementar un modelo híbrido porque reconocemos que las presentaciones y tutoriales presenciales suelen ser más efectivos que los en línea. Sin embargo, la escuela de verano sigue siendo en línea, lo que nos beneficia al permitirnos llegar a una gran audiencia.

La escuela de verano está dirigida principalmente a los usuarios de Santos Dumont, pero también está abierta a cualquier persona interesada en aprender sobre programación paralela, optimización del rendimiento, flujos de trabajo científicos y temas relacionados. Nuestro objetivo es enseñar a los participantes cómo hacer que su código se ejecute más rápido en varios tipos de hardware.

Plan Brasileño de Inteligencia Artificial (PBIA)

Actualmente, estamos enfrentando un desafío significativo con las aplicaciones de inteligencia artificial (IA). Estas aplicaciones han comenzado a dominar el uso de Santos Dumont, lo cual es una de las razones por las que tenemos tantos trabajos ejecutándose en el sistema. El problema es que la infraestructura de HPC está diseñada para aplicaciones tradicionales de HPC, que tienen un comportamiento diferente al de las aplicaciones de IA. Como resultado, el gobierno ha decidido adquirir una nueva máquina dedicada exclusivamente a la IA.

Vamos a recibir una inversión de 1,8 mil millones de reales para este propósito como parte de la inversión del PBIA. Para darte una idea, eso equivale aproximadamente a dividir entre cinco para convertirlo a dólares. La idea es contar con un supercomputador HPC poderoso para entrenar modelos de IA en el LNCC y sistemas HPC más pequeños para otras aplicaciones de IA en otros institutos de investigación brasileños.

Esta nueva máquina de IA en el LNCC va a ser masiva. Mientras ahora recibimos una máquina de 25 petaflops, el plan es llegar a una máquina de 400 petaflops dedicada a la IA. Esto representa un esfuerzo significativo para todos nosotros y marca el comienzo de una nueva era para el HPC con aplicaciones de IA.

Otro aspecto importante que hemos estado discutiendo, particularmente en el contexto de la IA, es el concepto de soberanía. Grandes cantidades de datos sensibles, como registros de salud, información de jubilación y otros datos gubernamentales, deben permanecer dentro del país. Estos datos no pueden ser entregados a grandes empresas tecnológicas porque son esenciales para la seguridad nacional.

Esta comprensión es la razón por la cual el gobierno ha decidido invertir en un supercomputador más grande y desarrollar la experiencia necesaria para crear aplicaciones en todos los niveles de la pila de software como parte del PBIA. Nos enfocamos en construir una pila de software abierta que podamos controlar y comprender completamente. Esta es la única manera de asegurar que nuestros datos permanezcan dentro de nuestras fronteras, seguros y protegidos.

Nuestro gobierno reconoce que los datos son poder, una forma de seguridad, al igual que los activos militares. Por lo tanto, no debemos confiar nuestros datos a ninguna de las grandes empresas tecnológicas globales. Europa está tomando medidas similares, y nosotros estamos siguiendo estas mejores prácticas para salvaguardar nuestra soberanía.

Una máquina para el desarrollo de la IA en portugués

Una gran máquina dedicada a la inteligencia artificial es crucial para entrenar nuestros modelos de lenguaje. ¿Por qué es esto importante? Porque nos permite trabajar con nuestros datos en nuestro idioma y dentro de nuestro país. Esto también está relacionado con la soberanía. Una gran máquina en Brasil nos permitiría desarrollar y ejecutar una aplicación de Modelo de Lenguaje Grande (LLM) brasileña construida en portugués, capaz de procesar nuestra diversa información brasileña. Por eso es tan importante contar con una infraestructura de IA significativa, y nos complace que el gobierno reconozca esta necesidad.

Es importante destacar que nuestro presidente visitó recientemente España, donde ambos líderes acordaron la importancia de tener grandes máquinas dedicadas al entrenamiento de modelos en español y portugués. Esto es esencial para las poblaciones de habla hispana y portuguesa. Este paso positivo ayudará a integrar a América Latina y Brasil a través del entrenamiento en inteligencia artificial en ambos idiomas. La colaboración en la que estamos actualmente enfocados se centra en entrenar modelos en español y portugués, lo que fortalecerá aún más los lazos entre nuestras regiones.

La importancia de contar con recursos humanos altamente calificados

Aunque ahora estamos recibiendo proyectos con inversión en infraestructura de HPC para IA, todavía hay una necesidad de recursos humanos en esta área. Sin embargo, esto es un desafío porque la infraestructura de HPC es un área de nicho. Si bien muchos expertos trabajan en aplicaciones y en la pila de software, el número de especialistas disminuye significativamente a medida que se avanza hacia el nivel de infraestructura. Además, debe haber un mayor enfoque en esta área porque los únicos lugares que realmente necesitan expertos en infraestructura son los centros de supercomputación y los centros de datos de HPC. Esta escasez es uno de los desafíos críticos que enfrentamos.

Apenas estamos comenzando a estudiar cómo las aplicaciones de IA consumen recursos computacionales y cómo optimizarlos. Esto representa un nuevo comportamiento de las aplicaciones en el que recién comenzamos a explorar e invertir. Es un momento emocionante y transformador para todos en la comunidad de HPC.

Hemos establecido colaboraciones con universidades cuyos investigadores están profundamente involucrados en la infraestructura. Por ejemplo, colaboramos estrechamente con la Universidad Federal de Rio Grande do Sul. Han pasado los últimos 15 años o más trabajando en E/S paralela y han formado un gran grupo que comprende cómo leer y escribir de manera eficiente en una máquina masiva. Esta colaboración es crucial para nosotros en el área de supercomputación.

Promoviendo la participación de las mujeres

Finalmente, es importante mencionar las políticas afirmativas del gobierno brasileño para aumentar el número de mujeres en la industria STEAM, específicamente en la industria de HPC.

Por ejemplo, el equipo del LNCC y yo hemos estado participando en varios programas como "Futuras Científicas"[1] y "Oficina Prog+"[2] para atraer a estudiantes de secundaria al área de STEAM. También participamos y promovemos talleres, por ejemplo, en la Conferencia de

---

[1] https://www.gov.br/cetene/pt-br/areas-de-atuacao/futuras-cientistas

[2] https://www.gov.br/lncc/pt-br/assuntos/noticias/ultimas-noticias-1/lncc-promove-oficina-prog-para-estimular-o-interesse-de-jovens-em-stem

Mujeres en HPC de América Latina[3], el capítulo LA-WHPC[4], la conferencia WHPC en Supercomputing[5], y Women in Data Science en ISC[6] y Super(computing) heroes[7], así como en conferencias brasileñas como WHPC en WSCAD[8] y en escuelas regionales de HPC[9], para difundir información sobre programas digitales para mujeres a estudiantes de posgrado y pregrado.

Conclusiones

Existe una oportunidad para fortalecer la conexión entre Brasil y el resto de América Latina y el Caribe. Sería beneficioso si pudiéramos seguir el ejemplo de Europa y trabajar hacia una mayor integración, realizando investigaciones, construyendo sistemas juntos y ofreciendo un sistema poderoso para nuestros usuarios. El enfoque de Europa es un buen ejemplo de éxito, y ellos enfrentan muchos de los mismos desafíos que nosotros. Espero que esta sea la dirección en la que podamos invertir, y soy optimista de que podemos lograr mejorar este aspecto de nuestra colaboración.

3 https://carla2024.org/

4 https://womeninhpc.org/

5 https://sc24.supercomputing.org/

6 https://sc24.supercomputing.org/

7 https://www.isc-hpc.com/

8 https://www2.sbc.org.br/ce-acpad/wscad/

9 https://eradrj.sbc.org.br/

ISIDORO GITLER

Laboratorio de Matemática Aplicada y Cómputo de Alto Rendimiento (ABACUS - CINVESTAV)
México

Isidoro Gitler dirige el Laboratorio de Matemática Aplicada y Cómputo de Alto Rendimiento "ABACUS" del Departamento de Matemáticas del Centro de Investigación y de Estudios Avanzados del Instituto Politécnico Nacional (Cinvestav) en México. Es profesor del Departamento de Matemáticas del Cinvestav. Hizo estudios de Licenciatura en Matemáticas en la Facultad de Ciencias de la Universidad Nacional Autónoma de México (UNAM). Tiene una Maestría en Matemáticas por el Instituto Tecnológico de Massachusetts (MIT) en EUA. Realizó su Doctorado en Matemáticas en la Universidad de Waterloo en el Departamento de Combinatoria y Optimización, en Canadá. Hizo una estancia posdoctoral en el Instituto de Matemática Discreta de la Universidad de Bonn en Alemania, financiado por una beca Alexander Von Humboldt, y una estancia posdoctoral en la Universidad de Grenoble en Francia.

Cuando la humanidad alcanzó 10^{18} operaciones de punto flotante por segundo

Resumen

Se aborda el impacto de la tecnología en el desarrollo económico de América Latina, con un enfoque particular en la creación del laboratorio ABACUS en México, un centro de supercómputo diseñado para apoyar la investigación en matemáticas aplicadas y cómputo de alto rendimiento. Inspirado en experiencias internacionales, ABACUS busca proporcionar recursos computacionales accesibles a los investigadores y fomentar avances tecnológicos y científicos en la región y que fomente la colaboración puede tener un impacto duradero.

Se resalta la importancia de contar con una infraestructura de conectividad robusta en México y Latinoamérica, así como el uso responsable de estas tecnologías para el bienestar social y económico, evitando efectos negativos como el calentamiento global y la crisis hídrica. Finalmente, se abordan temas sobre la evolución tecnológica en la investigación científica y la necesidad de usar estas herramientas de manera responsable para beneficio social y económico, haciendo un llamado a la importancia de la tecnología para transformar la región.

Introducción

¿Qué despertó mi interés en el tema de la computación de alto rendimiento? Puedo identificar algunas etapas en mi vida que me llevaron a comprender su importancia y capturar mi atención. La primera fue cuando pasé un año en el Instituto Courant de Ciencias Matemáticas en Nueva York, un reconocido centro de investigación en matemáticas y sus aplicaciones, especialmente en el ámbito de las ecuaciones diferenciales parciales. Desde mi juventud tuve inquietud por entender el funcionamiento del cerebro humano y en general del cuerpo humano. Esta inquietud derivó en inscribirme a un seminario para aprender cómo se podían aplicar las matemáticas a la modelación de distintos procesos del organismo y llevar este conocimiento a su uso en la medicina. En el Instituto Courant, me llamó la atención un grupo de investigación que se centraba en el modelado matemático y la simulación numérica de problemas que surgen en biología y medicina. En particular, el modelado matemático del flujo sanguíneo en el corazón, con énfasis en las válvulas del corazón. Estos cálculos serían útiles en el diseño de válvulas cardíacas artificiales.

De este trabajo ha surgido un método computacional para la interacción fluido-estructura que ahora se llama "método de límite sumergido", que permite manejar el acoplamiento entre estructuras sumergidas deformables y flujos de fluidos de una manera computacional manejable. La idea era interactuar en el desarrollo de un corazón artificial funcional que se pudiera utilizar en apoyo a la medicina. Esto me resultó fascinante. Quien dirige este grupo e impartía el seminario es el profesor Charles S. Peskin que para mi asombro tenía una formación disciplinaria en ingeniería y física aplicada, medicina, matemáticas y computación; claramente había seguido un camino académico inusual. Su formación multidisciplinaria me dio una nueva perspectiva sobre cómo se pueden integrar distintas áreas del conocimiento para lograr avances significativos en nuestro entendimiento de problemas científicos. Por primera vez constaté la importancia del cómputo avanzado para generar los modelos matemáticos y la importancia de contar con una infraestructura computacional robusta para las simulaciones numéricas asociadas con estos modelos. Es interesante mencionar que el hijo de este prestigioso investigador dirige el centro de cómputo de alto rendimiento de la Universidad de Yale.

Tiempo después, otro momento que captó mi interés fue durante mi postdoctorado en el Instituto de Investigación en Matemáticas Discretas de la Universidad de Bonn, que tenía entre sus objetivos diseñar microprocesadores (CHIP) con millones de transistores. Un proyecto en verdad retador para su época; unos años antes en 1989, Intel Corp., Santa Clara, California, asombró al mundo de la alta tecnología al presentar el primer microprocesador de 1 millón de transistores. El ambiente de trabajo era impresionante, los grupos de trabajo del Instituto colaboraban en secrecía, aplicando distintas áreas de las matemáticas, en particular, las matemáticas discretas, la optimización y los algoritmos de optimización combinatoria a distintos problemas relacionados con VLSI (*Very Large Scale Integration*) que permite la integración de millones de transistores y otros componentes en un solo chip, lo que permite la creación de circuitos integrados altamente complejos y potentes. Los posdoctorantes e investigadores invitados dábamos charlas y seminarios en temas que solían ser relevantes para los equipos de trabajo. Había un piso del edificio con un un enorme salón, donde se desplegaba un mapa detallado en todas sus paredes de piso a techo, que mostraba en distintos tonos la densidad y puntos de interconexión entre componentes. La idea era optimizar la red de interconexión reduciendo al máximo la transferencia de calor entre los diversos componentes.

El diseño de chips es una de las aplicaciones más interesantes de las matemáticas. Los chips modernos altamente complejos no pueden diseñarse sin el uso de métodos de matemáticas discretas. Muchos de estos métodos se han desarrollado en el Instituto en Bonn. La estrecha cooperación con la industria permite al Instituto trabajar con las últimas tecnologías y los chips más complejos. Las "*BonnTools*", que comprenden algoritmos innovadores para ubicación, enrutamiento, optimización, sincronización, diseño a nivel de transistor y más, se utilizaban en todo el mundo. El Instituto mantenía una estrecha cooperación con la *International Business Machines* (IBM) en "optimización combinatoria y diseño de chips". De esta experiencia, extraje algunas lecciones memorables.

La primera, el uso intensivo del cómputo para resolver los distintos retos matemáticos que constantemente aparecían y la importancia de obtener algoritmos cada vez más eficientes que les dieran solución. La segunda, corresponde a la organización del Instituto, los niveles de secrecía y seguridad implementados para salvaguardar el conocimiento generado, los métodos y los avances sustantivos en la resolución de los problemas que se abordaban. Un museo llamado ARITHMEUM está bajo el mismo techo que el Instituto. El museo presenta los aspectos más destacados de la historia del cómputo mecánico. Un período de 300 años de desarrollo de máquinas de cómputo mecánico cada vez más complejas. El director del Instituto, el profesor Bernhard Korte, decidió que un legado del Instituto será la colección de estas máquinas calculadoras mecánicas que datan desde el siglo XVII. En contraste, los chips lógicos modernos altamente integrados se encuentran entre las estructuras más complejas ideadas y fabricadas por el hombre. Los métodos de la matemática discreta desempeñan un papel esencial en el desarrollo de estas diminutas estructuras electrónicas. Como mencionan en la descripción del museo, "Se puede admirar su belleza inherente con un microscopio de polarización... que los lleva a dimensiones mucho más allá de las de la imaginación humana. ¡Un millón de transistores encuentran espacio en la punta de un lápiz!"

En ese momento, me intrigaba comprender cómo este Instituto que entonces era una parada obligada para muchos de nosotros en matemáticas discretas, en particular optimización combinatoria, había logrado funcionar con un grupo tan reducido de personas. La planta fija de investigadores adscritos a la Universidad de Bonn, apenas superaba la media docena, y todos los demás éramos invitados de todo el mundo: estudiantes, posdoctorantes y profesores visitantes que contribuíamos a crear esa atmósfera creativa y colaborativa. Años después volvería a encontrar un entorno semejante pero dimensionado a niveles difícilmente imaginables: El *Barcelona Supercomputing Center*, dirigido por el profesor Mateo Valero. Uno de los centros de generación de conocimiento más vibrantes que he conocido. Esto me llevó a pensar que valdría el esfuerzo concebir, en otra escala y bajo circunstancias propias, algo análogo en México, un espacio con un ambiente de colaboración como el que viví en Bonn y descubrí años después en Barcelona.

Ese fue mi segundo gran acercamiento a la interacción de diferentes campos científicos y el papel crucial del cómputo de alto rendimiento. Aún conservo un recuerdo tangible de esa experiencia: una reproducción fotográfica gigante de un chip que lleva mi nombre.

Figura 1.

Imagen de la reproducción fotográfica del chip que lleva el nombre de Isidoro Gitler

Fuente: Isidoro Gitler

Terminado mi doctorado, regresé a México y me incorporé al Departamento de Matemáticas del Cinvestav. Motivado por múltiples inquietudes, impulsé junto con otros colegas un nuevo laboratorio de cómputo en el Departamento. Posteriormente, establecimos una opción en matemáticas computacionales dentro del programa de Maestría del Departamento. Tenía muy claro que nuestro Departamento mundialmente reconocido, de gran prestigio y renombre internacional en ramas clásicas de la matemática como son la topología, la geometría, el análisis, el álgebra y la probabilidad, se mantenía distante de la matemática discreta y la matemática computacional. Sin embargo, estaba ocurriendo algo diferente en el mundo; la matemática discreta había lentamente migrado de los departamentos de computación para pasar a ser parte de los departamentos de matemáticas, sin romper su vínculo con distintos aspectos del cómputo avanzado y de la teoría de algoritmos.

Mis primeros estudiantes de posgrado venían del Departamento de Ingeniería Eléctrica y Cómputo. Era difícil convencer a los estudiantes del Departamento de Matemáticas para que se involucraran en estas áreas nuevas para el Departamento, a diferencia de los estudiantes provenientes de Ingeniería Eléctrica y Cómputo, quienes se mostraban entusiastas en participar en nuestros seminarios. Actualmente el Departamento cuenta con un número importante de profesores que desarrollan investigación de frontera en distintas áreas de la matemática discreta, combinatoria, teoría de grafos, algoritmos y sus aplicaciones; y una proporción considerable de los alumnos hacen sus tesis de posgrado en estas áreas.

ABACUS, la oportunidad para pensar en un nuevo espacio para la investigación de frontera

En el 2011 se presentó un punto de inflexión crucial en mi trabajo. El Gobierno del Estado de México y el Consejo Nacional de Ciencia y Tecnología lanzaron una convocatoria en la cual demandaban acciones para impulsar el aumento de la infraestructura científica y tecnológica del Estado de México, orientada a impulsar el desarrollo de matemáticas aplicadas y el cómputo de alto rendimiento con impacto a los diferentes sectores económicos, sociales e industriales de la región para el desarrollo de proyectos que generen conocimiento de frontera, consoliden la capacidad científica y mejoren la capacidad competitiva de estos sectores.

¿Se podría establecer un espacio con un ambiente de colaboración semejante al que viví en Bonn y que descubrí años después en Barcelona? Inmediatamente varios colegas formamos un equipo multidisciplinario para redactar un proyecto, con visión a futuro. Después de mucho trabajo, discusiones y colaboraciones, se logró que en atención a dicha demanda, el Cinvestav, presentara por conducto del Departamento de Matemáticas la propuesta de: Un Espacio Nacional de Ciencia y Tecnología de Clase Mundial Especializado en Matemática Aplicada y Cómputo de Alto Rendimiento como base para la formación del Laboratorio de Matemática Aplicada y Cómputo de Alto Rendimiento, denominado "ABACUS". Dicha propuesta fue aprobada a finales del 2011 e inició formalmente en 2012.

El ganar la convocatoria me provocó un compromiso profundo con el proyecto, decidí involucrarme de lleno en esta iniciativa, al grado de cancelar mi ansiado periodo sabático. Fue un enamoramiento inmediato; me involucré en todas las etapas del proyecto y con los años logramos crear una experiencia novedosa e interesante. Ese fue el objetivo principal al montar ABACUS tal como lo hicimos. Sabíamos que había grandes centros de cómputo, como los de la UNAM, que siendo robustos, utilizaban gran parte de sus recursos para satisfacer las necesidades internas de la universidad. Otros centros enfrentaban situaciones similares, vinculadas a sus respectivas instituciones.

En el Cinvestav, ya teníamos otra computadora que cubría las necesidades institucionales primordiales de cómputo. Pero con ABACUS, nuestra meta era ir un paso más allá: aspirábamos apoyar la investigación y la tecnología nacional incorporando un pilar fundamental: el cómputo de alto rendimiento. Así fue como se concibió y se conformó ABACUS. La visión era clara: procesar la simulación numérica de distintos problemas científicos y tecnológicos a gran escala, permitiendo utilizar en cada proyecto considerado de gran envergadura e impacto hasta 8000 núcleos (cores) simultáneamente. También permitimos en otros proyectos la utilización de hasta 100 GPU que ABACUS disponía como parte de su infraestructura.

Seguimos una línea particular, un enfoque que diseñamos a partir de analizar otras experiencias en la implementación de centros de supercómputo. Si pretendíamos crear algo significativo, necesitábamos identificar cuáles eran los centros de excelencia en supercómputo en el mundo y aprender cómo funcionaban, sus infraestructuras computacionales, su estructura organizacional y políticas de uso.

Con ese objetivo en mente, contactamos algunos de esos centros para conocerlos en sus entrañas, con la intención de entender qué implicaba implementar y operar un centro de cómputo avanzado. Posteriormente, nos dimos cuenta de que no contábamos con el personal especializado necesario. Por lo tanto, nos comunicamos con el profesor Mateo Valero, director del *Barcelona Supercomputing Center* y le solicitamos la posibilidad de enviar a tres personas de nuestro equipo para recibir entrenamiento en sus instalaciones durante un período de cuatro a seis meses. La idea era que aprendieran detalles finos de cómo administrar un centro de cómputo, qué implicaba operar una supercomputadora y que comprendieran cuáles eran las distintas dinámicas entre los usuarios y los operadores del equipo; los retos involucrados. Estos jóvenes pasaron ese tiempo en Barcelona y adquirieron la formación necesaria para apoyar el desarrollo del proyecto.

Es importante señalar que sin el apoyo irrestricto del Dr. Mateo Valero, ABACUS se hubiera quedado en el tintero de los buenos deseos como muchas otras iniciativas que terminan en un suspiro, y sin aliento. Pasamos más de seis meses trabajando estrechamente con los arquitectos e ingenieros para diseñar el site. Mantuvimos reuniones con ingenieros de diversas compañías de hardware, participando en seminarios durante meses, para entender a fondo las distintas tecnologías, las diversas disposiciones y posibles distribuciones de los bastidores de la computadora y las distintas formas de enfriamiento del equipo.

Nuestro sitio está ubicado en un lugar privilegiado, en lo alto de la montaña, a más de 3,000 metros de altura, lo cual queríamos aprovechar para mitigar el problema del calor generado por el equipo y convertirlo en una ventaja. Al mismo tiempo, estar a esa altura traía otros retos en la integración y funcionamiento del equipo y del *site*. Vislumbramos un edificio con características distintivas que reflejaran la trascendencia del uso que se le daría. Que además funcionara como un centro de aprendizaje del cómputo avanzado mediante visitas y talleres para estudiantes de todas las edades. El edificio debía ser un espacio que invitara a explorar en distintas ramas de la ciencia e indujera al descubrimiento e innovación tecnológica: un edificio donde científicos, matemáticos y computólogos se sintieran en casa, inmersos en el ámbito de un objeto matemático. Queríamos conceptualizar un espacio que invitara tanto a estudiantes, colegas y a la población en general, a una atmósfera que captara la atención y despertara la curiosidad por la investigación que se desarrollaba con el uso de la supercomputadora de ABACUS.

Fuimos muy afortunados y especialmente honrados en contar con el interés y compromiso intelectual del escultor Enrique Carbajal "Sebastián", quien diseñó un edificio extraordinario. Este diseño, su concepción geométrica y su solución arquitectónica merecen una historia propia, que superó todas las expectativas y requerimientos planteados. Su contribución estética, arquitectónica y funcional hizo que este proyecto resultará excepcional.

Figura 2.

Fotografía del edificio del Laboratorio de Matemática Aplicada y Cómputo de Alto Rendimiento (ABACUS)

Fuente: ABACUS

Mientras esperábamos la llegada de la computadora, IBM nos ofreció en comodato un equipo con rendimiento de siete teraflops. Lo instalamos y comenzamos a impartir cursos y a brindar talleres de formación en programación en paralelo y uso de software especializado, aprovechando el conocimiento que ese grupo inicial de tres jóvenes, podía compartir con todos los estudiantes e investigadores interesados en involucrarse en proyectos que usarían ABACUS. Durante ese tiempo, organizamos numerosos talleres y cursos con convocatorias abiertas a instituciones de todo el país, invitamos a personal de centros de cómputo internacionales a impartir cursos especializados y participamos en diversas actividades para consolidar el núcleo inicial del laboratorio, al que en ese entonces simplemente llamábamos ABACUS.

Gracias a toda esta actividad, tuvimos la oportunidad de conocer a colegas de todo el país y del mundo, especialmente de América Latina. Hemos podido interactuar muy de cerca con ellos, y ahora puedo decir con agradecimiento que son además de increíbles colegas, entrañables amigos. Hemos aprendido mucho de la experiencia de los colegas de Brasil, Colombia, Argentina, Chile, Costa Rica y de nuestro país.

ABACUS es la conjunción del esfuerzo de muchas personas, ha sido el trabajo colectivo y colaborativo de tantas personas que no quisiera cometer la injusticia de intentar enlistarlas y dejar a algunas sin mencionar. Han participado renombrados investigadores del Instituto Nacional de Investigaciones Nucleares, de los Institutos de Geofísica e Ingeniería de la UNAM, de la Universidad Autónoma Metropolitana, del Instituto Politécnico Nacional, de varias Universidades Estatales del país y de varios Departamentos del Cinvestav como los de Matemáticas, Computación, Química, Física, Biotecnología y Bioingeniería además de colegas del Cinvestav de los Estados de Yucatán, Guanajuato y Tamaulipas, entre otros.

Quiero particularmente destacar a tres personas que estuvieron desde el inicio y siguen comprometidos con el funcionamiento del Laboratorio de Matemática Aplicada y Cómputo de Alto Rendimiento, y que sin temor a equívocos podemos decir que ABACUS jamás hubiera existido, ni existiría hoy día sin el trabajo invaluable de: Daniel Ortiz Gutiérrez, Apolinar Martínez Melchor y Luis Arturo Núñez Pablo (QEPD). Este equipo llevó el proyecto a niveles superiores y han permitido que ABACUS trascienda en mucho, sus objetivos originales. Son el equipo técnico que ha administrado y mantenido a ABACUS desde su gestación, implementación y consolidación. Creo que es algo que merece ser valorado profundamente, entre muchas razones por la cantidad de personas que han formado. Hubo épocas en que ABACUS solía llenarse de jóvenes que venían de los tecnológicos de la región, atraídos por los cursos y la formación que ellos impartían. No tengo ninguna duda en afirmar que ellos son el pilar más fuerte sobre el cual se ha sostenido ABACUS.

Una supercomputadora en el TOP500

Para nuestro equipo, era fundamental que estuviéramos completamente listos desde el primer minuto, para operar en cuanto llegara la computadora. Y así, después de tres largos años preparándonos, recibimos la computadora a principios de 2015, una Silicon Graphics. Tras discutir con muchos expertos, nos habían expresado que entre las opciones disponibles, esta era una de las más robustas, mejor diseñadas y con una ingeniería de calidad admirable. Aunque hubo otras ofertas, sus soluciones no nos parecían tan robustas y confiables. Queríamos una computadora que pudiera servir a la comunidad científica y tecnológica del país durante mucho tiempo; la fiabilidad y durabilidad eran cruciales para garantizar que nuestra inversión tuviera un impacto a largo plazo.

Debo decir que en 2015 aparecimos en el lugar 255 (solo en CPU) en la lista TOP500 de las supercomputadoras con mayor capacidad de cómputo en el mundo, lo cual fue un logro inesperado para el proyecto, considerando que nunca se contempló como meta; nuestro enfoque era implementar un centro de supercómputo de clase mundial que fungiera como un pilar esencial para la investigación científica y el desarrollo tecnológico. Como suele ocurrir, pronto salimos de la lista y pasamos a formar parte de su historia. Desde entonces, no ha habido otra computadora en México, al menos en el ámbito académico, que vuelva a figurar en la lista de las computadoras TOP500; a diferencia de Brasil (que lleva años apareciendo en la lista) y recientemente Argentina. Estos países han hecho inversiones significativas por parte del gobierno y la industria para adquirir equipos de gran capacidad computacional. Estas inversiones tienen como meta principal su uso para resolver problemas complejos de impacto sustantivo en el bienestar social y económico de la población.

Figura 3.

Certificado del TOP500 de julio de 2015

Fuente: ABACUS

La ingeniería en las computadoras modernas

A lo largo de los años he reflexionado mucho y he llegado a pensar que hay algo intrínsecamente erróneo en la percepción de las personas sobre el supercómputo. Celebramos los avances científicos y nos asombramos ante nuevos descubrimientos científicos, pero me pregunto: ¿por qué no nos maravillamos ante la increíble ingeniería detrás de estas asombrosas computadoras; ante el ingenio humano en la invención, diseño, elaboración, perfeccionamiento e innovación continua de las supercomputadoras?

Los ingenieros, tecnólogos y científicos, hoy día, han logrado implementar computadoras capaces de realizar más de 10^{18} operaciones de punto flotante por segundo (exaflop), un hito que simplemente deja sin aliento. Han creado un instrumento que ha revolucionado la simulación numérica, que ha impulsado el resurgimiento vertiginoso de la inteligencia artificial, y que ha permitido el análisis y uso de cantidades inmensas (estratosféricas) de datos. Sin embargo, parece que no somos conscientes y no lo valoramos como deberíamos. Nos olvidamos del gran esfuerzo intelectual subyacente en su creación, de la impresionante labor de integración de tecnologías que se requiere para construir estos equipos tan formidables. Me atrevo a afirmar que no hay avance actual en ciencia, tecnología, humanidades y en general en cualquier área del conocimiento y su aplicación, que no utilice de manera fundamental estos portentos computacionales.

Estos equipos, capaces de procesar 10^{18} operaciones de punto flotante por segundo son instrumentos esenciales para profundizar en nuestro conocimiento micro y macro del universo, para el entendimiento del ser humano, de la vida y su evolución. Son fundamentales para estudiar el comportamiento humano, los fenómenos sociales y de comunicación. Cálculos que antes podrían haber llevado muchos años, ahora con el paralelismo masivo que permiten estos equipos, se pueden realizar en una pequeña fracción de ese tiempo. Reflexionemos, 10^{18}=1,000,000,000,000,000,000 es un número enorme; para igualar lo que una computadora exaflop realiza en solo un segundo, tendríamos que realizar un cálculo cada segundo por 31,688,765,000 años; sin embargo según la teoría de la gran explosión (Big Bang), esta cantidad de años no nos alcanzaría, ya que esta teoría estima la edad del universo en aproximadamente 13,800,000,000 años.

Brechas tecnológicas y sus efectos en México

Cuando era muy joven, participé en una convocatoria para embarcarme en la corbeta Virgilio Uribe de la Armada Mexicana, un barco enfocado al estudio oceanográfico. Un día, recibí un telegrama en casa que decía que me presentara en un lugar específico en el puerto de Veracruz, ya que había sido seleccionado para unirme a la expedición. Fueron semanas navegando en alta mar, recopilando información oceanográfica y registrando los resultados en libretas y dispositivos muy simples. Al regresar a México, se vaciaba toda la información recopilada para ser analizada por diversos grupos de investigación que estudiaban contaminantes, corrientes, temperaturas, salinidad, tormentas entre otros fenómenos del Océano Atlántico.

Durante el viaje, nos encontramos con un barco soviético y uno americano, y tuve la suerte de ser elegido como intérprete en esos encuentros. Fue entonces cuando noté cómo, incluso en ese entonces, los soviéticos y los americanos ya enviaban satelitalmente desde sus embarcaciones toda la información generada a sus respectivos países. Me asombraba cómo en México existía tal desfasamiento en la manera de obtener, procesar y analizar la información que se iba recolectando. Esta experiencia me marcó profundamente. Me preguntaba cómo era posible que hubiera una brecha tan grande entre lo que era factible hacer en nuestra embarcación comparado con las otras dos.

Siempre hemos contado con enorme talento humano, personal altamente calificado, experiencia y profesionalismo sin duda al mismo nivel de los centros más importantes de generación de conocimiento del mundo. Comprendí que gran parte de nuestra desventaja, radicaba en una brecha tecnológica. Mientras que nosotros tardábamos hasta un año en compilar y procesar la información para obtener resultados, los colegas de los barcos extranjeros estaban enviando, procesando y compartiendo la información con el mundo casi en tiempo real. Esta experiencia fue una gran lección para mí, una infraestructura de telecomunicaciones y computacional robusta, daba pauta a las diferencias más notorias.

Proyectos de relevancia para el país

Considero que unas de las razones primordiales para utilizar el cómputo de alto rendimiento es, que permite abordar problemas complejos que sin su uso serían muy difíciles, casi imposibles, de estudiar. Son equipos que permiten hacer millones de experimentos virtuales, medir sus consecuencias, modular sus parámetros y determinar su éxito sin tener que hacer inversiones costosas en la realización de cada variante en un experimento real; por ejemplo para la producción de vacunas y fármacos.

En ABACUS comenzamos adquiriendo experiencia primero en un círculo pequeño de usuarios y poco a poco interactuando con centros de investigación y educativos en otros estados del país. Con el tiempo esta red colaborativa fue extendiéndose a instituciones en otros países de Latinoamérica, así como en Europa y Estados Unidos. Esta red de colaboraciones nos permitió participar en proyectos de gran relevancia, como ENERXICO, un proyecto liderado por el Instituto Nacional de Investigaciones Nucleares y el *Barcelona Supercomputing Center.* El proyecto involucró a 16 instituciones, ocho europeas y ocho mexicanas, siendo ABACUS una de ellas.

Este proyecto fue relevante en muchos sentidos, su nombre resume claramente su trascendencia: *Supercómputo y Energía para México*. Fue un proyecto de gran envergadura que nos dejó numerosos aprendizajes y una derrama de experiencia, no solo en términos de formas de trabajo y conocimientos académicos, sino también en el desarrollo de software nacional de clase mundial.Durante el proyecto ENERXICO, se validaron varios paquetes de software para el estudio de diversas fuentes de energía utilizados en centros de cómputo de Europa y otras partes del mundo. Estos softwares fueron analizados para su uso en esta era del cómputo a exaescala.

Se han desarrollado otros proyectos significativos, como el de la hemodinámica cerebral, en colaboración con dos hospitales de especialidades médicas. El sistema circulatorio evolucionó para permitir el transporte activo de oxígeno y nutrientes a las células de grandes organismos multicelulares. Durante el desarrollo, las redes de vasos sanguíneos se adaptan a cambios graduales en el oxígeno requerido por el tejido circundante, la tensión de corte y el estiramiento mecánico. Las posibles adaptaciones incluyen la remodelación de la red vascular y engrosamiento de las paredes de los vasos sanguíneos.

El tratamiento de varias enfermedades vasculares, incluidas las malformaciones arteriovenosas cerebrales, arterioesclerosis, aneurismas y trastornos vasculares de la retina, pueden ocasionar cambios bruscos y provocar hemorragias u otros problemas muy serios para el cuerpo humano. El modelo hemodinámico obtenido puede ayudar a evaluar o incluso disminuir los riesgos asociados a diversos tratamientos. Uno de los desafíos en este proyecto consistía en modelar el flujo sanguíneo en las llamadas malformaciones arteriovenosas cerebrales y los aneurismas.

Para los médicos, estas malformaciones y aneurismas son un problema delicado, ya que intervenir en estas afecciones implica alto riesgo de derrames o daños cerebrales irreversibles. Las herramientas y modelos creados permiten utilizar datos reales de los pacientes, extraídos de tomografías, para planificar con más detalle la intervención quirúrgica. Alcanzar un apoyo computacional en tiempo real sigue siendo el objetivo más relevante, pero requiere de mayores capacidades computacionales.

Otro proyecto interesante involucró nuevos métodos criptográficos, los cuales permitieron obtener nuevos récords de criptografía a nivel mundial. Otro grupo trabajó exitosamente en nuevos algoritmos que se utilizan para probar sistemas deterministas donde se producen fallas como resultado de interacciones entre componentes o subsistemas. El objetivo del diseño es revelar si alguna interacción induce una falla en el sistema. Las áreas de aplicación incluyen diseño de software, circuitos y redes. También obtuvimos nuevas experiencias al reunirnos con varias empresas, en particular con una automotriz, que nos invitó a visitar su planta de producción.

Nos propusieron colaborar en algunos procesos de optimización para mejorar la eficiencia en puntos clave de su cadena de producción, este tipo de interacción muestra cómo el uso del supercómputo tiene aplicaciones directas en diversas industrias, mejorando sus procesos y productos. Y así como estos, hubo otras propuestas de proyectos interesantes, como la generación de escenarios climáticos regionalizados para la zona metropolitana de la Ciudad de México como preámbulo para el diagnóstico de afecciones en el sector forestal. Esto implicaba tomar en cuenta variables climáticas globales para desarrollar un modelo del microclima del área a reforestar.

Hay proyectos de gran envergadura en áreas como la astrofísica, la mecánica de fluidos, la química, el estudio del impacto de la dispersión de la ceniza volcánica en aeropuertos nacionales, así como el estudio de alertas tempranas ante desastres naturales. Al colaborar con grupos de todo el país, aprendimos de problemáticas que todos compartíamos.

Colaboración para la formación de talento humano

El poder apoyar con nuestra experiencia a otros centros de supercómputo del país fue uno de nuestros compromisos sustantivos. Contábamos con un grupo de personas respetadas y muy queridas por la comunidad de supercómputo en México, que visitaban cada uno de los centros de supercómputo que nos solicitaban apoyo. Estas visitas podrían durar desde un día hasta dos o tres semanas dependiendo de las necesidades del centro.

Un eje primordial de nuestro trabajo es brindar apoyo y colaborar, bajo la convicción de que sumar esfuerzos siempre fortalece. Mientras más experiencias sumemos, mayores serán las posibilidades de que el país desarrolle una infraestructura computacional robusta que permita abordar los problemas complejos que necesitamos resolver. Nuestra motivación ha sido fortalecer el supercómputo en México, coadyuvando al avance científico y tecnológico del país. Por ello, la formación de personal altamente capacitado en todos los aspectos relacionados al cómputo avanzado es un eje prioritario que hemos desarrollado desde nuestro inicio y lo consideramos sustantivo en toda iniciativa de colaboración tanto nacional como internacional.

Soberanía nacional

Cuando hablamos de soberanía de datos y de soberanía computacional, nos referimos a conceptos que abarcan múltiples niveles. Uno de los ejemplos más claros para mí es cuando se realizan simulaciones numéricas y se participa en proyectos que manejan datos estratégicos del país, por dar un ejemplo, datos reales de pozos petroleros, esa información es claramente sensible para el país. Durante la simulación, se obtiene una descripción detallada de un pozo: cuáles son los lugares óptimos para perforar, cuánto petróleo se estima que contiene, entre otros tantos datos críticos, si esta información se sube a la nube o se envía al extranjero, no hay garantía de que el uso de esa información beneficien al país.

Otro ejemplo, son mapas de información geográfica detallada de los puntos del país, con potencial para generar energía eólica, o para identificar los puntos de la costa idóneos para generar energía mareomotriz, esta información es estratégica y crucial para la planificación energética del país. Quienes obtienen acceso no autorizado a estos datos pueden, en última instancia, utilizarlos y no siempre en el mejor interés nacional. Otro ejemplo es la gestión de los expedientes médicos de los pacientes del sistema público de salud del país. Esa información tiene un valor estratégico enorme, ya que refleja el tipo de enfermedades, la nutrición, y la salud general de la población. Aunque es cierto que es importante tener bancos de datos abiertos para la investigación y avances médicos -como predecir el cáncer de mama, por ejemplo- es esencial establecer políticas de acceso y uso bien definidos y delimitados. No se debe bajo ninguna circunstancia dejar esta información vulnerable y sin restricciones.

Necesitamos garantizar que toda la información sensible que se genera en el país, sea utilizada en beneficio de nuestra población. Recordemos que la información puede ser manipulada fácilmente, y que con las tecnologías actuales de inteligencia artificial es sencillo obtener conclusiones falsas a partir de datos sesgados. Las respuestas que obtenemos dependen de la información que les proporcionamos, si alimentamos a los sistemas inteligentes con estereotipos o datos de fenotipos específicos, las respuestas estarán influenciadas por esos sesgos. Esto puede llevar a resultados éticamente cuestionables y a la generación de conclusiones poco fiables o incluso perjudiciales.

La ciencia, por definición requiere validar su información, de ahí la importancia de realizar experimentos replicables. Pero en este nuevo entorno, con cantidades masivas de datos generados en millones de dispositivos y sensores, la cuestión es: ¿cómo discernir? Existen técnicas matemáticas avanzadas para el análisis de datos, pero los retos que enfrentamos requieren de nuevos métodos, algoritmos, paradigmas y nuevas teorías matemáticas que nos permitan extraer la información relevante inmersa en esos océanos de datos.

Cuando hablo de soberanía computacional, me refiero a tener la capacidad de generar estos modelos matemáticos, prospectivas y simulaciones numéricas dentro de nuestro país. Esto no significa que debamos cerrarnos al resto del mundo; todo lo contrario, debemos colaborar con nuestros colegas de otros países, generar resultados y avanzar en conjunto. Sin embargo, es crucial que México no dependa de ejecutar y procesar esta información en el extranjero para luego recibirla en forma de una caja negra, donde nuestros propios desarrollos y su uso se vuelven inciertos.

Invertir en infraestructura de conectividad e infraestructura computacional

Considero fundamental contar con una infraestructura de conectividad robusta en el país; autopistas de la información. Necesitamos la capacidad de interactuar y tener acceso a nuestras infraestructuras computacionales, no sólo entre los centros de investigación, sino también con nuestras comunidades alrededor. Es un error implementar grandes infraestructuras computacionales que luego queden aisladas y sin capacidad de generar sinergias con las instituciones de salud, educativas, de energía, comunicación, gobierno e industria entre tantas otras. Es esencial que existan esas autopistas de conectividad que permitan una colaboración expedita, segura y confiable. Esto nos facilitaría colaborar en proyectos de relevancia para el país y cooperar en la resolución de importantes problemas nacionales.

Por otro lado, debemos renovar la infraestructura computacional, aunque seguiremos aprovechando al máximo la actual. La infraestructura computacional del país ha rebasado significativamente la vida útil de los equipos y existe un déficit creciente y agudo en nuestra capacidad computacional. Hoy, la inteligencia artificial y el manejo de cantidades enormes de datos que sus algoritmos requieren, así como la implementación de sus aplicaciones, hacen indispensable contar con equipos de nueva generación tecnológica y gran capacidad computacional.

Países como Brasil, Argentina y Chile han renovado en los últimos años sus infraestructuras para impulsar su investigación científica, innovación tecnológica y la formación educativa de sus jóvenes. Es importante comprender esto y actuar en consecuencia; el cómputo de alto rendimiento es un pilar esencial para el avance en aspectos prioritarios del bienestar de nuestra población.

Conclusiones

Se habla insistentemente de desarrollo económico, pero el desarrollo económico en sí, no es sinónimo de bienestar para las personas de un país. En nombre del desarrollo económico *per se*, nos enfrentamos actualmente a problemas como el calentamiento global, la crisis hídrica, la extinción de especies animales, la deforestación global y otros fenómenos devastadores que los seres humanos estamos provocando.

Es el momento de utilizar estas maravillosas herramientas tecnológicas para evitar generar más pobreza, crisis migratorias y otros problemas sociales. Debemos ser responsables en el uso de estas nuevas tecnologías. Hay una inmensa responsabilidad en tener acceso a estas tecnologías y enseñarle a las futuras generaciones a utilizarlas, a menudo se nos olvida enfatizar que hay un aspecto educacional, un aspecto ético fundamental que debemos transmitir a los jóvenes; que al no señalarse puede desencadenar acciones que se encaminen al detrimento del ser humano, sus poblaciones y el planeta; una posibilidad real que debe evitarse concientizando a la población en general, empezando por los estudiantes de todos los niveles escolares.

Debemos trabajar colectivamente y consolidar una visión latinoamericana, donde la colaboración sea el ingrediente primordial. Es importante contar con una infraestructura computacional acorde con los grandes retos que debemos enfrentar como región. Aportar en, la formación de sociedades más justas, en el cuidado y la distribución del agua, en la resolución de los problemas energéticos, en la implementación de una dinámica poblacional humanista, en el estudio y control de epidemias, entre muchos otros retos de nuestra era, que nos permitirá transitar a un futuro promisorio.

Cuando hablo con los jóvenes, les comento, que tengo mucha curiosidad por saber cómo será el mundo en las próximas décadas, digamos en un horizonte de 50 años. Siento que se avecina un cambio muy profundo en la humanidad, en el ser humano. La forma en que interactuamos, nos comunicamos, nos transportamos y entendemos el mundo está por transformarse de manera radical. En un futuro no muy lejano, dispondremos de modelos precisos y detallados del cerebro humano, tendremos predicciones climáticas en tiempo real, contaremos con computadoras cuánticas y comprenderemos muchos fenómenos naturales y sociales con una precisión que nunca antes habíamos alcanzado. El cómputo de alto rendimiento a exaescala como impulsor de la inteligencia artificial, la analítica de datos y la simulación numérica actuales, nos está brindando la capacidad de comprender el universo de una manera que supera todo lo que hemos logrado en los siglos anteriores. Espero sinceramente que estos avances tecnológicos sean para el bien de la humanidad y el planeta; que todo lo que hacemos hoy, valga la pena por ello. Me encantaría poder ser testigo de ese futuro. Sé que no estaré ahí para verlo, pero me ilusiona pensar como será ese mundo.

Avances y desafíos en la implementación de Cómputo de Alto Rendimiento y Tecnologías Emergentes en América Latina, se terminó de imprimir en xxxxx de 2024 en los talleres:
xxxxxxxx

Esta obra tuvo un tiraje de xxxxx ejemplares